Python金融数据分析

微课视频版·题库版

李蕾 张春越 郭瑞波 高炜 主编

清华大学出版社

北京

内 容 简 介

本书全面介绍了关于金融数据的存储方式等基础知识，着重介绍了 NumPy 模块、Pandas 模块和 Matplotlib 模块对金融数据的计算、统计和可视化方法，以及金融数据中的线性回归问题、时间序列分析和投资组合理论等在 Python 中的实现方法，并较为全面地补充了金融数据处理中涉及的 Python 常用函数，形成四个函数专辑。

本书共分为三个部分：第一部分（第 1～7 章）为理论篇，着重介绍金融数据的存储与处理，包括 NumPy、Pandas 和 Matplotlib 三大模块；第二部分（第 8 章）为实验篇，着重介绍如何实现数据存储、计算、可视化和回归分析；第三部分（第 9 章）为函数篇，介绍本书中常用的函数或模块。本书提供了大量应用实例，每章后均附有习题。

本书可作为高等院校计算机相关专业、金融学相关专业、电子商务专业等高年级本科生、研究生的教材，也可作为对 Python 语言比较熟悉并且对金融数据处理有所了解的专业人员、广大数据分析爱好者和研究人员的参考用书。

图书在版编目（CIP）数据

Python 金融数据分析：微课视频版：题库版/李蕾等主编. —北京：清华大学出版社，2024.4
ISBN 978-7-302-66097-2

Ⅰ.①P…　Ⅱ.①李…　Ⅲ.①软件工具－程序设计－应用－金融－数据处理－高等学校－教材
Ⅳ.①F830.41-39

中国国家版本馆 CIP 数据核字（2024）第 072769 号

责任编辑：薛　杨　薛　阳
封面设计：刘　键
责任校对：胡伟民
责任印制：曹婉颖

出版发行：清华大学出版社
　　　　　网　　　址：https://www.tup.com.cn，https://www.wqxuetang.com
　　　　　地　　　址：北京清华大学学研大厦 A 座　　　　　邮　　编：100084
　　　　　社 总 机：010-83470000　　　　　　　　　　　　　邮　　购：010-62786544
　　　　　投稿与读者服务：010-62776969，c-service@tup.tsinghua.edu.cn
　　　　　质量反馈：010-62772015，zhiliang@tup.tsinghua.edu.cn
　　　　　课件下载：https://www.tup.com.cn，010-83470236
印 装 者：定州启航印刷有限公司
经　　销：全国新华书店
开　　本：185mm×260mm　　印　张：21　　插　页：1　　字　　数：525 千字
版　　次：2024 年 5 月第 1 版　　　　　　　　　　　　　　印　　次：2024 年 5 月第 1 次印刷
定　　价：68.00 元

产品编号：097194-01

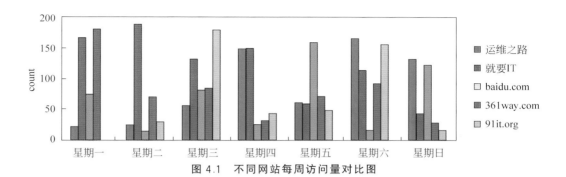

图 4.1　不同网站每周访问量对比图

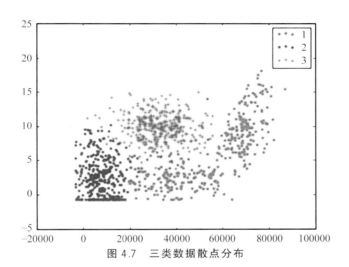

图 4.7　三类数据散点分布

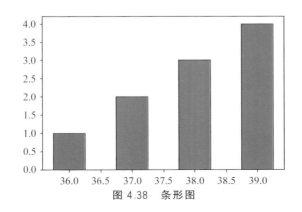

图 4.38　条形图

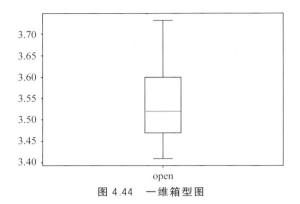

图 4.44　一维箱型图

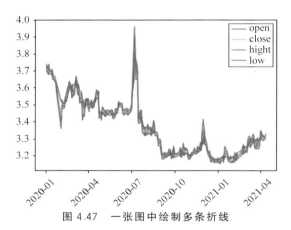

图 4.47　一张图中绘制多条折线

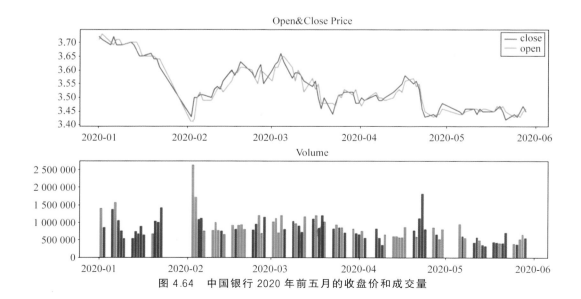

图 4.64　中国银行 2020 年前五月的收盘价和成交量

随着金融行业的信息化进程不断向深度和广度快速推进,对基于金融行业背景的多学科交叉知识的需求越来越强烈。高等学校课程建设及时抓住新的发展机遇和挑战,确立课程建设要既具有较强行业背景知识、满足行业发展需求,又要注重工程类知识的实践性和技术技能性的建设目标,主动服务国家创新驱动发展和"中国制造 2025"等重大战略实施,探索和建设一批适合区域经济发展、更好地服务实体经济建设的多学科交叉融合型课程体系。

计算机技术全面融入人类社会生活后,网络数据得到了爆炸式的增长,驱使着人们进入了一个崭新的大数据时代。数据分析技术是从海量数据中获得潜在的、有价值的信息,帮助企业或个人预测未来的趋势和行为。金融业属于数据密集型产业,其数据特征和数据处理过程符合计算机和信息产业的基本条件,因此金融业与计算机行业的联姻就成为可能。银行业因其海量数据及激烈的市场竞争,急需率先采用最先进的 IT 技术创新产品与服务,提高行业服务水平,进一步提高市场竞争力。银行业纷纷利用 IT 技术研发新型用户交互界面,以提升用户体验质量,秉持技术引领行业变革、走在金融行业的技术前沿,实施客户个性化服务理念。随后,证券业、保险业、信托和直接投资领域都纷纷抓住IT 技术应用浪潮,驱动企业价值提升。

目前,有关金融数据分析的相关教材大体可以分为以下三类:第一,侧重 Python 技术,即聚焦金融大数据方面的应用,难度较大,适合有计算机硕士研究生水平的学生学习;第二,侧重金融理论分析,在理论研究上较为深入,但不适合作为强调学生的动手能力和实际操作能力的课程教材;第三,集 Python 技术与金融模型于一体,但难度较大,适合研究生阶段学生的自主学习,不适合应用型本科学生学习。

本书的特色在于:第一,基于课程组多年的教学经验,从使用 MATLAB 工具进行数据分析,到使用 Python 进行 56 学时的授课教学,积累了大量的教学经验和教学内容上的创新想法;第二,在 2021 年,成功与智慧树公司合作上线了一门"金融数据分析"线上课程,800 分钟的授课内容,以及配套章节测试和期中、期末的测试题,完整地将本门课程呈现在网络上,便于学生在课下自主学习和复习;第三,本课程在 2023 年被认定为省级一流课程。

本书由哈尔滨金融学院李蕾、张春越、郭瑞波、高炜共同担任主编,负责整本书的统筹和编辑,吴波负责主审本书。本书分为三大部分:第一部分(第 1~7 章)为教学内容与习题篇,着重介绍金融数据的存储与处理,包括 NumPy、Pandas 和 Matplotlib 三大模块。本书第 1 章由李蕾、郭瑞波共同编写,第 2 章由郭瑞波编写,第 3 章由高炜编写,第 4 章、

第 6 章由张春越编写，第 5 章、第 7 章由李蕾编写，第二部分（第 8 章）为实验篇，着重介绍如何实现数据存储、计算、可视化和回归分析，由李蕾、郭瑞波共同编写，第三部分（第 9 章）为函数篇，介绍本教材中常用的函数或模块，由李蕾和郭瑞波共同编写。

编　者

2024 年 5 月

目　录

大数据与 Python 基础知识

本章学习目标

- 熟练掌握字符串、列表数据类型的使用方法。
- 熟练掌握 Python 语言基础及其分支结构和循环结构。
- 了解字典数据类型的使用方法。

本章首先介绍大数据、金融大数据的基本概念，金融数据分析的基础知识，数据分析方法与流程，再介绍如何使用字符串和列表对金融数据进行存储。

Python 基本数据类型包括数值、字符串、列表、元组、集合、字典。其中，列表、元组、集合、字典有时也称为数据容器或者数据结构，通过数据容器或者数据结构可以把数据按照一定的规则存储起来。程序的编写和应用就是通过操作数据容器中的数据来实现的，利用顺序、分支、循环结构，或者函数等形式，实现数据的处理、计算，最终达到应用目的。

1.1 金融数据分析概述

1. 金融大数据

大数据(Big Data)没有统一的定义，一般认为大数据是无法在一定时间范围内用常规软件工具进行捕捉、管理和处理的数据集合，是需要新处理模式才能具有更强的决策力、洞察发现力和流程优化能力的海量、高增长率和多样化的信息资产。IBM 提出了大数据的"5 V"特点：Volume(大量)、Variety(多样)、Velocity(高速)、Value(低价值密度)、Veracity(真实性)。

最早提出"大数据"时代到来的是全球知名咨询公司麦肯锡，麦肯锡公司称："数据，已经渗透到当今每一个行业和业务职能领域，成为重要的生产因素。人们对于海量数据的挖掘和运用，预示着新一波生产率增长和消费者盈余浪潮的到来"。大数据又被引申为解决问题的方法，即通过收集、分析海量数据获得有价值的信息，并通过实验、算法和模型，从而发现规律、收集有价值的见解和帮助并形成新的商业模式。

在金融信息服务业，存在"金融就是数据"的提法，金融行业是数据的重要产生者，交易、报价、业绩报告等信息都是数据来源。那么金融数据到底包括哪些呢？

首先，从内容上来看，宏观层面主要有银行市场、货币市场、宏观经济统计方面的数据；中观层面主要有行业方面的指标数据，如房地产、汽车、保险、能源等；微观层面主要包括上市公司研究和股票、债券、基金方面的数据。金融数据的内容如图 1.1 所示。

其次，从数据来源上来看，金融数据可能是新闻、股吧、股评、调查、消费者研究报告、

宏观层面		
银行市场	货币市场	宏观经济统计
银行财务、货款、银行间交易……	货币政策、外汇与黄金交易……	进出口统计、工业行业统计……

中观层面
行业研究
房地产、汽车、保险、能源……

微观层面		
上市公司研究	股票市场	基金、债券
财务、治理、经营、投资、公告……	个股日交易、指数、板块日交易、高频交易……	日交易、高频交易……

图 1.1　金融数据内容

电视节目、博客，也可能是指定披露的官方网站，或者是官方渠道公布的数据源。

最后，从数据类型和数据结构上来看，金融数据可能是数值、文本和标准的结构化数据（Excel、数据库等），也可能是非结构或者半结构化的数据（文本、网页、图片、视频等）。

事实上，金融行业是我国信息化程度最高的行业之一，其产生及积累的数据量非常庞大，其更新速度也非常快，数据也呈现大数据的特点。因此，金融数据实际上属于大数据范畴，而且是大数据应用非常广泛的一个领域。

2. 什么是数据分析

数据分析是将数学、统计学的理论结合科学的统计分析方法（如线性回归、聚类分析、方差分析、时间序列分析等）对数据库中的数据、Excel 数据、收集的大量数据、网页抓取的数据等进行分析，从中提取有价值的信息形成结论并进行展示的过程。数据分析的目的在于将隐藏在一大堆看似杂乱无章的数据背后的有用信息提取出来，总结出数据的内在规律，以帮助在实际工作中的管理者做出决策和判断。简单来说，金融数据分析能让管理者知道企业面临的问题，并以有效的方式去解决问题，以提高生产力和经验收益。

用于分析的金融数据一般来源于以下 3 方面。

（1）专业性网站。

常见的专业性网站有国家统计局网站、中国人民银行网站、中国证券监督管理委员会网站、世界银行网站、国际货币基金组织网站等。

（2）专业数据公司和信息公司。

国外商业数据库主要有芝加哥大学商学院证券价格研究中心（CRSP）、路透（Reuters）终端、彭博（Bloomberg）终端、雅虎财经等。国内商业数据库主要有中国商业数据库（CCER）、国泰安数据库（GTA）、万德数据库（Wind）、锐思数据库、挖地兔数据库等。

（3）抽样调查。

抽样调查是针对某些专门的研究开展的一类获取数据的方式。

3. 金融数据分析的应用

金融数据分析的主要应用方向如下。

(1) 进行风险控制,监控异常数据,如信用欺诈等。

(2) 建立模型并预测,如产品分析等。

(3) 进行关键变量分析并预测,如潜在客户分析等。

(4) 进行预测性分析,如客户流失预测等。

金融行业是一个与信息技术深度结合的行业,互联网思维和决策数据化已开始嵌入金融业的经营管理全流程。当前金融大数据应用状况较好的领域有银行业、保险业、证券业、信托业、直接投资领域、小额贷款领域。大数据的实质是"深度学习",能够为金融机构提供全方位、精确化和实时的决策信息支持。金融机构的经营转型、产品创新和管理升级等都需要充分用好大数据。目前,各金融机构在客户分析、风险管理方面已经对大数据运用初步积累了一定的经验,为未来过渡到全面大数据运用奠定了良好基础。

4. 数据分析方法

数据分析方法一般分为描述性数据分析、探索性数据分析和验证性数据分析。其中,描述性数据分析是最基础、最初级的分析。例如,本月收入增加了多少、客户增加了多少、哪个单品销量最好等都属于描述性数据分析。探索性数据分析则侧重于发现数据的规律和特征。例如有一份数据,你对这份数据完全陌生,又不了解业务情况,这时就需要先进行数据探索,找到数据的规律和特征,知道数据中有什么、没有什么。验证性数据分析就是已经确定使用哪种假设模型,通过数据分析来对假设模型进行验证。

数据分析方法从技术层面又可分为 3 种:统计分析类,以基础的统计分析为主,包括对比分析法、同比分析法、环比分析法、定比分析法、差异分析法、结构分析法、因素分析法、80/20 法则等;高级分析类,以建模理论为主,包括回归分析法、聚类分析法、相关分析法、矩阵分析法、判别分析法、主成分分析法、因子分析法、对应分析法、时间序列分析法等;数据挖掘类,以机器学习、数据仓库等复合技术为主。

5. 数据分析工具

Excel 是常用的数据分析工具,可以实现基本的数据分析工作,但在数据量较大、公式嵌套又很多的情况下,Excel 处理起来会很麻烦,处理速度也会变慢。此时,Python 可作为数据分析首选工具,因为 Python 提供了大量的第三方扩展库,如 NumPy、Pandas、Matplotlib、SciPy、Scikit-Learn 和 Keras 等。这些库不仅可以对数据进行处理挖掘,还可以进行可视化展示,其自带的分析方法模型也使得数据分析变得简单高效,只需要编写少量的代码就可以得到分析结果。

Python 数据分析常用模块为:数值计算使用 NumPy 模块;数值处理使用 Pandas 模块;数据可视化使用 Matplotlib 模块;机器学习使用 sklearn 模块,sklearn 模块是一个简单高效的数据挖掘和数据分析工具,可以实现数据的预处理、分类、回归、PCA 降维、模型选择等工作。

6. 数据分析流程

数据分析的基本流程如图 1.2 所示。其中,数据分析的重要环节是明确分析目的和思路,这也是数据分析中最有价值的部分。

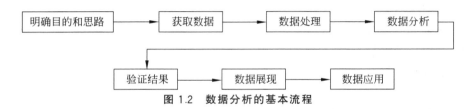

图 1.2　数据分析的基本流程

这里引用爱因斯坦的一句名言:"如果给我 1 个小时解答一道决定我生死的问题,我会花 55 分钟来弄清楚这道题到底是在问什么。一旦清楚了它到底在问什么,剩下的 5 分钟足够回答这个问题"。在数据分析过程中,首先要花些时间搞清楚究竟要分析什么,要达到什么样的结果,待到明确分析目的和思路后,再考虑用哪种分析方法,然后进行数据处理和数据分析等后续工作。

获取数据的方式有很多种,如公开的数据集、爬虫、数据采集工具、付费 API 等。

数据处理是从大量的、杂乱无章的、难以理解的、缺失的数据中,抽取并推导出对解决问题有价值、有意义的数据。数据处理主要包括数据规约、数据清洗、数据加工等处理方法,具体内容如图 1.3 所示。

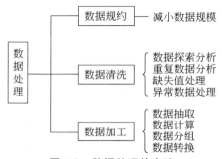

图 1.3　数据处理的方法

数据分析过程中,选择合适的分析方法和工具很重要,所选择的方法应兼具准确性、可操作性、可理解性和可应用性。

验证结果,通过工具和方法分析出来的结果有时并不一定准确,所以必须要进行验证。例如,一家淘宝电商销售业绩下滑,分析结果可以是价格平平,客户不喜欢;也可以是产品质量不佳,和同期竞争对手相比没有优势。但这只是现象,不是因素。具体为什么客户不喜欢,是宣传不到位不吸引眼球,还是不喜欢产品的设计,还是产品质量不佳? 要分析出背后真正的原因。

数据展现即数据可视化的部分,是把数据分析结果展示给业务部门的过程。数据展现除遵循各公司统一规范原则外,具体形式还要根据实际需求和场景而定,以图表的方式展现数据往往显得更清晰、更直观。

数据应用是指将数据分析结果应用到实际业务当中,是数据产生实际价值的直接体现。例如,网购时经常发现电商平台向我们推荐商品,往往这类商品都是我们最近浏览的,之所以电商平台能够如此了解用户的需求,主要是根据用户上网行为轨迹的相关数据进行分析,以达到精准营销的目的。

字符串

1.2　字符串

Python 基本数据类型包括数值、字符串、列表、元组、集合、字典。数值类型数据在现实中最为广泛,常见的数值类型数据包括整型数据和浮点型数据。整型数据常用来表示整数,如 1、2、6005;浮点型数据用来表示实数,如 1.9、3.78。布尔型数据可以看成是一种特殊的整型数据，只有 True 和 False，分别对应整型数据的 1 和 0。

在 Python 基本数据类型中，字符串类型数据是包含若干字符的容器对象，其中可以包含英文字母、数字、符号、汉字等任意字符。文本在程序中用字符串类型数据表示，可以将字符串看作一个字符序列。

1.2.1　字符串类型数据

使用单引号或双引号括起来的内容称为字符串类型数据(str)，Python 语言的解释器会自动创建 str 类型对象实例。Python 语言中的字符串数据类型可以使用以下 4 种方式定义。

(1) 单引号('')。包含在单引号中的内容为字符串类型数据，其中可以包含双引号。

(2) 双引号("")。包含在双引号中的内容为字符串类型数据，其中可以包含单引号。

(3) 三单引号('' '')。包含在三单引号中的内容为字符串类型数据，其中可以包含单引号和双引号，可以跨行。

(4) 三双引号(""" """)。包含在三双引号中的内容为字符串类型数据，其中可以包含单引号和双引号，可以跨行。

【例 1-1】　字符串类型数据使用方法。

```
s1 = 'hello'
s2 = "world"
s3 = '''Python
程序设计'''
s4 = """I like 'Python.'"""
print(s1)
print(s2)
print(s3)
print(s4)
```

运行结果如下。

```
hello
world
Python
程序设计
I like 'Python.'
```

Python 语言中的输入函数 input() 和输出函数 print() 可以实现程序和用户的交互。print 语句以文本的形式显示信息，所有提供的表达式都从左往右求值，结果值也是以从左往右的方式显示输出。print() 函数默认输出完所有表达式后会自动换行，如果希望不换行需要在变量末尾加上参数 end，如 print(s1,end="")。

input() 函数括号内的字符串用于提示用户该输入什么样的数据，当程序运行到 input 语句时，将在屏幕上显示提示字符串，然后暂停程序并等待用户输入一些文本，输入结束后按 Enter 键，用户输入的任何内容都以字符串形式存储。

【例 1-2】　字符串类型数据的输入和输出。

```
name = input("请输入姓名:")
age = input('请输入年龄:')
```

```
print(name,"今年",age,"岁了。")
```

运行结果如下。

请输入姓名:李白

请输入年龄:18
李白 今年 18 岁了。

1.2.2 字符串的索引与切片

字符串是一个字符序列,那么如何访问字符串中的一个或多个字符呢? Python 语言中,可以通过索引和切片的操作来完成。

1. 索引

Python 语言中的字符串包括两种序号体系:正向递增序号和反向递减序号。字符串"Python 程序设计"由 11 个字符组成,正向递增序号从左向右编号,最左侧字符"P"的索引号为0。反向递减编号则是将这些字符从右向左编号,最右侧字符"计"的索引号为-1。有了索引号,就可以方便快速地访问字符串中的每一个字符。字符串索引序号如图 1.4 所示。

正向递增序号

0	1	2	3	4	5	6	7	8	9	10
P	y	t	h	o	n		程	序	设	计
-11	-10	-9	-8	-7	-6	-5	-4	-3	-2	-1

反向递减序号

图 1.4　字符串的正向与反向索引

若访问字符串变量 s 中的某个字符,只需要用 s[索引号]就可以指代对应位置的字符了。

【例 1-3】 字符串的索引访问。

```
s = "Python 程序设计"
print(s[0])                    #输出"P",正向序号访问"P"
print(s[-1])                   #输出"计",反向序号访问"计"
print(s[7])                    #输出"程",正向序号访问"程"
print(s[-4])                   #输出"程",反向序号访问"程"
```

2. 切片

Python 语言中字符串也提供区间访问方式,具体语法格式为:[头下标:尾下标],这种访问方式称为"切片"。s[头下标:尾下标]表示在字符串 s 中取索引值从头下标到尾下标(不包含尾下标)的子字符串。切片方式中,若头下标省略,表示从字符串的开始取子串直到尾下标位置;若尾下标省略,表示从头下标位置开始取到字符串的最后一个字符;若头下标和尾下标均省略,则表示取整个字符串。

【例 1-4】 字符串的切片访问。

```
s = "Python 程序设计"
print(s[0:6])                  #输出'Python'
```

```
print(s[7:-1])                    #输出'程序设',无法读取到最后一个字符
print(s[7:])                      #输出'程序设计'
print(s[:])                       #输出全部字符串'Python 程序设计'
```

字符串切片还可以设置取子串的顺序和方式,只需要再增加一个步长的参数,具体格式为:[头下标:尾下标:步长]。当步长值大于 0 的时候,表示从左向右取字符;当步长值小于 0 的时候,表示从右向左取字符。步长的绝对值减 1,就表示了每次取字符的间隔是多少。

【例 1-5】 字符串的复杂切片访问。

```
s = "Python 程序设计"
print(s[0:6:1])                   #输出'Python'
print(s[0:6:2])                   #输出'Pto',间隔一个字符
print(s[0:6:-1])                  #输出为空,因头下标小于尾下标,无法反向读取字符串
print(s[5:0:-1])                  #输出'nohty',索引值为 0 的字符无法取到
print(s[5::-1])                   #输出'nohtyP',从索引值为 5 的字符依次取到起始
                                  #字符
print(s[::-1])                    #输出'计设序程 nohtyP',字符串逆序
print(s[::-3])                    #输出'计程 oy',间隔两个字符
```

1.2.3　内置的字符串运算符

Python 解释器内置的基本字符串运算符如表 1.1 所示。

表 1.1　基本字符串运算符

运算符	描　　　　述
＋	字符串拼接,如语句"hello"＋"world",结果为"helloworld"
＊	字符串复制,如语句"hello"＊3,结果为"hellohellohello"
in	判断是否为子串,语句如"h"in"hello",结果为 True;语句如"h"in"world",结果为 False

1.2.4　内置的字符串处理函数

Python 解释器内置了 6 个与字符串处理相关的函数,如表 1.2 所示。

表 1.2　内置字符串处理函数

函　　　数	描　　　　述
len(x)	返回字符串 x 的长度
str(x)	将任意类型 x 转换为字符串类型
chr(x)	返回 Unicode 编码为 x 的字符
ord(x)	返回字符 x 的 Unicode 编码值
hex(x)	将整数 x 转换为十六进制数,并返回其小写字符串形式
oct(x)	将整数 x 转换为八进制数,并返回其小写字符串形式

Python 中字符使用的是 Unicode 编码标准,函数 chr()和 ord()可以实现编码与字符之间的转换。

【例 1-6】 字符串处理函数示例。

```
a = "Hello"
b = "Python"
print(a+b)                      #输出"HelloPython"
print(a * 3)                    #输出"HelloHelloHello"
print("h" in a)                 #输出 False
print(len(a))                   #输出 5
print(b+str(3))                 #输出"Python3"
print(hex(256))                 #输出 0x100
```

大写字母、小写字母和数字字符的 Unicode 编码都是顺序排列的,例如,"a"的编码为 97,"b"的编码为 98,可以推出"d"的编码为 100。

注意:在 Unicode 编码中,48~57 是数字字符(0~9);65~90 是大写字母(A~Z);97~122 是小写字母(a~z)。小写字母的 Unicode 编码整体大于大写字母的 Unicode 编码,大写字母的 Unicode 编码整体大于数字字符的 Unicode 编码。

1.2.5 内置的字符串处理方法

Python 对字符串对象提供了大量的内置方法用于字符串的检测、替换和排版等操作。使用时需要注意,字符串对象是不可变的,所以字符串对象提供的涉及字符串"修改"的方法返回的都是修改之后的新字符串,原字符串依然按原样存在,并未被修改。

1. 字符串查找类方法

字符串查找类方法有 find()、rfind()、index()、rindex()、count()等。

find()和 rfind()方法分别用来查找一个字符串在另一个字符串指定范围(默认是整个字符串)中首次和最后一次出现的位置,如果不存在则返回 -1。

index()和 rindex()方法分别用来查找一个字符串在另一个字符串指定范围(默认是整个字符串)中首次和最后一次出现的位置,如果不存在则抛出异常。

count()方法用来返回一个字符串在另一个字符串中出现的次数,如果不存在,则返回 0。

【例 1-7】 find()、rfind()、index()、rindex()和 count()方法使用示例。

```
s = "bird,fish,monkey,rabbit"
print(s.find('fish'))           #输出 5
print(s.find('b'))              #输出 0
print(s.rfind('b'))             #输出 20
print(s.find('panda'))          #输出 -1,指定字符串不存在
print(s.index('bird'))          #输出 0
print(s.rindex('panda'))
#字符串 s 中不包含'panda',因此运行后会输出错误提示 ValueError: substring not
#found,删除这条代码,程序可以正常运行
print(s.count('b'))             #输出 3
```

2. 字符串分隔类方法 split()

split()用来以指定字符为分隔符,从原字符串左端开始将其分隔成多个字符串,并返

回包含分隔结果的列表。默认按空白符号分隔字符串,如空格、换行符、制表符等都可以分隔字符串。

【例 1-8】　split()方法使用示例。

```
s1 = "bird,fish,monkey,rabbit"
sp1 = s1.split(',')              #按逗号分隔字符串
print(sp1)
s2 = "I am a boy"
sp2 = s2.split()                 #按空格分隔字符串
print(sp2)
```

运行结果如下。

```
['bird', 'fish', 'monkey', 'rabbit']
['I', 'am', 'a', 'boy']
```

3. 字符串连接方法 join()

字符串的 join()方法用来将列表中多个字符串进行连接,并在相邻两个字符串之间插入指定字符,返回新字符串。具体用法是:连接字符.join(字符串列表)。

【例 1-9】　join()方法使用示例。

```
li = ['apple','banana','pear','peach']
lia = ':'.join(li)               #用':'作为连接符
print(lia)
lib = '-'.join(li)               #用'-'作为连接符
print(lib)
```

运行结果如下。

```
apple:banana:pear:peach
apple-banana-pear-peach
```

4. 大小写字符转换方法

大小写字符转换方法主要有 lower()、upper()、capitalize()等。

lower()方法用来将大写字符串转换为小写字符串;upper()方法用来将小写字符串转换为大写字符串;capitalize()方法用来将字符串首字母变为大写。

【例 1-10】　lower()、upper()和 capitalize()方法使用示例。

```
s = "Mount Qomolangma is the world's highest peak."
print(s.lower())
print(s.upper())
print(s.capitalize())
```

运行结果如下。

```
mount qomolangma is the world's highest peak.
MOUNT QOMOLANGMA IS THE WORLD'S HIGHEST PEAK.
Mount qomolangma is the world's highest peak.
```

5. 字符串替换方法 replace()

replace()方法用来替换字符串中的指定字符或子字符串,每次只能替换一个字符或

子串,类似于 Word 和记事本等文本编辑器的"查找和替换"功能。该方法不修改原字符串,而是返回一个新字符串。

【例 1-11】 replace()方法使用示例。

```
s = "I like camping."
#用 climbing 替换 camping
s1 = s.replace('camping','climbing')
print(s1)
```

运行结果如下。

```
I like climbing.
```

6. 删除空白字符或指定字符方法

这里主要介绍 strip()、rstrip()、lstrip()方法。

strip()方法用于删除字符串头尾指定的字符(默认为删除空格)或字符序列。该方法只能删除开头或结尾的字符,不能删除中间部分的字符。

rstrip()方法用于删除 string 字符串末尾的指定字符,默认为删除空白符,包括空格、换行符、回车符、制表符。

lstrip()方法用于删除字符串左边的空格或指定字符。

【例 1-12】 strip()、rstrip()、lstrip()方法使用示例。

```
s = "  Python  "
print(s.strip())              #删除两端空白字符,返回'Python'
print(s.rstrip())             #删除右端空白字符,返回'  Python'
print(s.lstrip())             #删除左端空白字符,返回'Python  '
a = "...hello..."
print(a.strip('.'))           #删除两端指定字符'.',返回'hello'
```

运行结果如下。

```
python
  python
python
hello
```

7. 判断字符串类型方法

判断字符串类型的方法主要包括 isupper()、islower()、isdigit()和 isalpha()。

isupper()方法用于检测字符串中是否所有的字母都为大写。如果所有字母都是大写,则返回 True;否则返回 False。

islower()方法用于检测字符串中是否所有的字母都为小写。如果所有字母都是小写,则返回 True;否则返回 False。

isdigit()方法用于检测字符串是否只由数字组成。如果字符串只包含数字,则返回 True;否则返回 False。

isalpha()方法用于检测字符串是否只由字母或文字组成。如果字符串中所有字符都是字母或文字,则返回 True;否则返回 False。

【例 1-13】　isupper()、islower()、isdigit()、isalpha()方法使用示例。

```
s1 = "year"
print(s1.islower())                    #判断字符串是否为全小写,返回 True
s2 = "DAY"
print(s2.isupper())                    #判断字符串是否为全大写,返回 True
s3 = "2022"
print(s3.isdigit())                    #判断字符串是否为全数字,返回 True
s4 = "He is 18 years old"
s5 = s4.replace(" ","")                #去除字符串中的空格,返回"Heis18yearsold"
print(s5)
print(s5.isalpha())                    #判断字符串是否为全字母,返回 False
```

1.2.6　format()格式化方法

格式化字符串的方法是 format(),该方法增强了字符串格式化的功能。

使用方法:在字符串相应位置中放入"{}"和":",用 format()方法写明输出项,可以指定顺序。

【例 1-14】　format()方法的默认顺序和指定顺序使用示例。

```
print("{}班{}号的学生是{}".format("金融工程 01",3,"李白"))
#不指定字符串位置,按默认顺序输出
print("{1}班{2}号的学生是{0}".format("张飞","金融工程 02",17))
#按指定字符串位置顺序输出,序号从 0 开始
```

运行结果如下。

```
金融工程 01 班 3 号的学生是李白
金融工程 02 班 17 号的学生是张飞
```

当使用 format()方法格式化字符串时,需要先在"{}"中输入":",这里的":"称为格式引导符。":"之后分别设置填充字符、对齐方式、宽度,如表 1.3 所示。

表 1.3　format()方法中的格式设置项

设　置　项	可　选　值
填充字符	"＊""＝""-"等,但只能是一个字符,默认为空格
对齐方式	^(居中)、<(左对齐)、>(右对齐)
宽度	一个整数,指格式化后整个字符串的字符个数

format()格式化数字的常用方法如表 1.4 所示。

表 1.4　format()格式化数字常用方法

数　　字	格　　式	输　　出	描　　述
3.1415926	{:.2f}	3.14	保留小数点后两位
3.1415926	{:+.2f}	＋3.14	带符号保留小数点后两位

续表

数　　字	格　　式	输　　出	描　　述
−1	{:−.2f}	−1.00	带符号保留小数点后两位
2.71828	{:.0f}	3	不带小数
5	{:0>2d}	05	数字补零(填充左边,宽度为2)
5	{:x<4d}	5xxx	数字补 x(填充右边,宽度为4)
10	{:x<4d}	10xx	数字补 x(填充右边,宽度为4)
1000000	{:,}	1,000,000	以千分号分隔的数字格式
0.25	{:.2%}	25.00%	百分比格式
1000000000	{:.2e}	1.00e+09	指数记法
21	{:>10d}	□□□□□□□□21	右对齐(默认,宽度为10,补空格)
21	{:<10d}	21□□□□□□□□	左对齐(宽度为10,补空格)
21	{:^10d}	□□□□21□□□□	中间对齐(宽度为10,补空格)

【例 1-15】 format()方法对字符串和数值的使用示例。

```
print("{:*^20}".format("Python"))          #宽度 20,居中对齐,用'*'填充
print("{:=<20}".format("Python"))          #宽度 20,左对齐,用'='填充
print("{:.2f}".format(3.1415926))          #结果保留 2 位小数
print("{:.4f}".format(3.1415926))          #结果保留 4 位小数
print("{:5d}".format(12))                  #宽度 5,右对齐,用空格填充
```

运行结果如下。

```
*******python*******
python==============
3.14
3.1416
   12
```

1.2.7　Python 转义字符

需要在字符串中使用特殊字符时,Python 用反斜杠"\"作为转义字符。当"\"在行尾时,表示续行符;"\\"表示一个反斜杠符号;"\n"表示换行。

【例 1-16】 转义字符的使用示例。

```
print("Python\
    程序\
    设计")
print("输出一个反斜杠\\")
print('hello\nworld')
```

运行结果如下。

```
python        程序        设计
输出一个反斜杠\
hello
world
```

1.3　分支结构与循环结构

Python
语言基础

在 C 语言或其他高级编程语言中,分支结构又被分为单分支、双分支和多分支结构等多种不同结构,Python 语言仅提供一种较为全面的分支结构,大大简化了编程语言基础知识的识记范围。

1.3.1　分支结构的语法结构

分支结构

分支结构完整的语法结构如下。

```
if   条件表达式 1:
    语句块 1
elif   条件表达式 2:
    语句块 2
    …
elif   条件表达式 N:
    语句块 N
else:
    语句块 N+1
```

其中,条件表达式 1~N 中可以是比较运算、成员运算和逻辑运算等。而语句块 1~N 为条件表达式为真(True)时执行的代码,语句块 N+1 是以上所有条件表达式都不满足时执行的代码。

注意:使用 Python 编程时,必须对语句块进行缩进(大多数情况下为 4 个英文字符)。Python 语言依靠缩进来界定语句的作用域。

【例 1-17】 某高校某课程期末成绩以五级等级形式给定。编写程序,如输入某学生 79 分会输出“中等”,输入 65 分则输出“及格”,输入 100 则输出“优秀”等。

```
score=eval(input("请输入学生成绩(0~100):"))
if score>=90:
    print("优秀")
elif score>=80:
    print('良好')
elif score>=70:
    print('中等')
elif score>=60:
    print('及格')
else:
    print("不及格")
```

1.3.2 三元操作

将上述分支结构再度简化，就形成了三元操作：

```
a=X   if  表达式   else  Y
```

其含义是：当表达式返回值为 True 时，执行语句 a＝X；当表达式返回值为 False 时，执行语句 a＝Y。

三元操作类似 C 语言中的问号表达式 表达式？X；Y ，是一种二者择其一的操作，也可以说三元操作与 C 语言中的双分支结构一致，结果只有一种可能，要么是 X 的值，要么是 Y 的值，不会同时出现两个值。

【例 1-18】 执行下列代码，分析其输出结果。

```
a=eval(input('请输入 a 值:'))
y="a 大于或等于零" if a>=0 else "a 小于 0"
print(y)
```

运行结果如下。

```
请输入 a 值:-9
a 小于 0
```

```
请输入 a 值:10
a 大于或等于零
```

1.3.3　while 循环

循环结构

Python 中的循环结构主要有 while 和 for 两种形式。其中，while 循环的语法结构如下。

```
while 条件表达式:
    语句块
```

其含义是，当条件表达式为真（True）时，执行语句块。

【例 1-19】 用 while 循环求 1～100 的和。

```
sumX=0
i=1
while i<=100:
    sumX+=i
    i+=1
print("1~100 的和为:",sumX)
```

【**思考**】　程序执行结束后,i 值是多少?

1.3.4　for 循环

for 循环的语法结构如下。

```
for 变量 in 可迭代对象:
    语句块
```

其含义是,变量将遍历可迭代对象中的每一个值,遍历一次执行一次语句块,直到可迭代对象被全部遍历完毕,结束循环。

其中,可迭代对象有字符串、列表、元组、字典、range 对象、enumerate 对象等。

【**例 1-20**】　用 for 循环求 1~100 的和。

```
sumX=0
for i in range(1,101):              #遍历 range 对象
    sumX+=i
print("1~100 的和为:",sumX)
```

【**思考**】

(1) 程序执行结束后,i 值是多少?

(2) 对比例 1-19 和例 1-20,for 和 while 两种循环结构实现的功能和执行结果都相同,那么在什么情况下,使用 for 循环结构会比使用 while 更节省代码?

【**例 1-21**】　用 for 循环输出 1~100 所有的奇数。

```
for i in range(1,101,2):
    print(i,end=' ')
```

for 循环常被用作遍历一个可迭代对象,此外,也可在列表解析式或其他生成器表达式中使用。我们先看两个可迭代对象的例题,for 与列表解析式或其他生成器表达式的例题在后面的 1.7 节有详细解释。

【**例 1-22**】　输出一句话中标点符号的个数。

```
stringA='你好,世界!'
num=0
for i in stringA:                   #遍历字符串
    if i in ',。? 、!;:':
        num+=1
print("这句话中有{}个标点符号".format(num))
```

运行结果如下。

```
这句话中有 2 个标点符号
```

【例 1-23】 输出一个字符串中的每个字符及其对应的位置。

```
stringB='Hello'
for i,ch in enumerate(stringB,start=1):        #遍历 enumerate 对象
    print('第{}个字符: {}'.format(i,ch))
```

运行结果如下。

```
第1个字符: H
第2个字符: e
第3个字符: l
第4个字符: l
第5个字符: o
```

注意：与 C 语言等其他高级语言相似，Python 的循环结构中依然可以使用 break 和 continue 语句来结束整个循环和结束一次循环，功能与使用方法与 C 语言中完全一致，读者可以查找相关资料学习 break 和 continue 语句的具体用法。

1.4 函数

1.4.1 内置函数

Python 中的函数包含系统内置函数，同时也包含用户自定义函数。使用 dir(__builtin__)命令来查看时，会发现系统提供了包括 print()函数在内的丰富的内置函数，有了这些种类繁多的函数，程序就可以实现丰富多彩的功能。下面列出了一些常见的 Python 内置函数。

abs	all	any	ascii
bin	bool	breakpoint	bytearray
bytes	callable	cell_count	chr
classmethod	compile	complex	copyright
credits	debugcell	debugfile	delattr
dict	dir	display	divmod
enumerate	eval	exec	filter
float	format	frozenset	get_ipython
getattr	globals	hasattr	hash
help	hex	id	input
int	isinstance	issubclass	iter
len	license	list	locals
map	max	memoryview	min
next	object	oct	open

ord	pow	print	property
range	repr	reversed	round
runcell	runfile	set	setattr
slice	sorted	staticmethod	str
sum	super	tuple	type
vars	zip		

这里不一一介绍上述内置函数的功能,读者一方面可以在帮助文档中获得各函数的使用方法,例如,help(print);另一方面也可以在后续学习中不断积累,逐渐认识和使用内置函数,直到熟练驾驭的程度。本书要重点介绍的是用户自定义函数。当上述内置函数不能满足用户需求时,可以借助自定义函数来实现个性化功能的创建。

1.4.2　自定义函数

自定义函数的语法规则如下。

```
def 函数名(参数 1,参数 2,…,参数 n):
    函数体
    [return 语句]
```

其中,return 语句表示停止执行函数并返回"语句"的结果。

自定义函数中也可以没有 return 语句,此时,Python 会在函数末尾自动加上 return None,即返回 None 值(若没有返回值也可以简写为 return)。

【例 1-24】　没有返回值的自定义函数。

```
def Function1():
    print("我的第一个程序!")

Function1()
```

运行结果如下。

我的第一个程序!

注意:即便自定义函数中没有形式参数,在调用函数时,函数名后面的括号也是不可以省略的。

【例 1-25】　用户自定义加法,实现数值增加其 10% 的功能。

```
def UseAdd(x):         #用户自定义函数,函数名为 UseAdd,形式参数只有一个 x
    print(x+x*0.1)     #函数体内只有一条语句,实现输出功能
                       #该函数没有返回值
UseAdd(30)             #调用自定义函数,实参为 30
```

运行结果如下。

```
33.0
```

例 1-25 中，也可以将函数改写为带有 return 语句的形式：

```
def UseAdd(x):
    return x+x * 0.1

print("增加 10%后值为: ",UseAdd(30))
```

运行结果如下。

```
增加 10%后值为: 33.0
```

或者改写为下面的形式，程序的可读性会更好。

```
def UseAdd(x):
    return x+x * 0.1

print("{}增加 10%后值为:{}".format(30,UseAdd(30)))
```

运行结果如下。

```
30 增加 10%后值为:33.0
```

【例 1-26】 输出 1～100 所有的素数。

```
from math import sqrt
def IsPrime(x):
    k=int(sqrt(x))
    for i in range(2,k+1):
        if x%i==0:
            return False
    return True

for i in range(2,101):
    if IsPrime(i):
        print(i,end=' ')
```

运行结果如下。

**2 3 5 7 11 13 17 19 23 29 31 37 41 43 47 53 59 61 67 71
73 79 83 89 97**

1.5　列表型金融数据的定义

金融数据一般是什么类型的数据？整数型，浮点型，还是字符串？

如图 1.5 所示的股票数据，股市中各种价格、数量大多是浮点型数据；代码和名称的数据类型是字符串。

代码	名称	最新价	涨跌额	涨跌幅▼	买入	卖出	昨收	今开	最高	最低	成交量/手	成交额/万	股吧
sh688195	腾景科技	29.99	+3.25	+12.154%	29.98	29.99	26.74	27.51	31.32	27.51	108,723	32,524.77	
sh688248	南网科技	50.92	+5.09	+11.106%	50.92	50.93	45.83	46.33	52.50	44.73	98,852	48,985.17	
sh688696	极米科技	202.69	+20.26	+11.106%	202.69	202.99	182.43	182.43	218.88	179.04	47,506	96,992.45	
sh688150	莱特光电	25.88	+2.49	+10.646%	25.85	25.88	23.39	23.60	26.60	23.01	55,641	14,179.59	
sh688608	恒玄科技	150.07	+14.09	+10.362%	150.07	150.08	135.98	135.30	153.00	135.30	27,744	41,066.03	

图 1.5　金融行业中的股票数据

数据来源：新浪财经

1.5.1　列表的定义形式

列表（list）是一种具备容器功能的数据类型，可以放入任何类型的对象。

列表的语法结构为

[元素 1,元素 2,…,元素 N]

所有元素放在一对方括号中，相邻元素之间用逗号分隔。

【例 1-27】　打印输出列表 A 和列表 B。

```
listA=[3.71,3.73,3.7]
listB=['601988','600036','601939']
print('listA:',listA)
print('listB:',listB)

print('listA 的类型为:',type(listA))
print('listB 的类型为:',type(listB))
```

运行结果如下。

```
listA: [3.71, 3.73, 3.7]
listB: ['601988', '600036', '601939']
listA 的类型为: <class 'list'>
listB 的类型为: <class 'list'>
```

【例 1-28】　列表中的元素可以是任何数据类型的数据，同时列表还可以嵌套。

```
L1=[1,'601988',3.7]
```

```
L2=[10,'Price',['Industry 1','Industry 2']]

print('L1:',L1)
print('L2:',L2)
```

运行结果如下。

```
L1: [1, '601988', 3.7]
L2: [10, 'Price', ['Industry 1', 'Industry 2']]
```

例 1-28 中的 L1 是一个包含整型、字符串和浮点数的列表；L2 是一个嵌套列表，在内存中存储的结构可如图 1.6 所示。

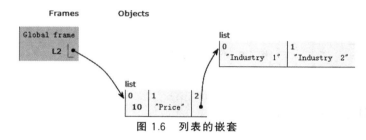

图 1.6　列表的嵌套

1.5.2　列表元素的访问

列表属于序列，因此具备索引，即通过偏移量对列表元素进行访问。

【例 1-29】　列表元素的访问。

```
listA=[3.71,3.73,3.7]
print(listA[2])
```

列表 listA 每个元素的索引从 0 开始标记，如图 1.7 所示。运行结果如下。

listA=[3.71,3.73,3.7]
　　　　0　　1　　2
图 1.7　列表元素的访问

```
3.7
```

下面来看一个相对复杂的例子。

【例 1-30】　有如下定义：

```
pList= [('AXP', 'American Express Company', '78.51'),
('BA', 'The Boeing Company', '184.76'),
('CAT', 'Caterpillar Inc.', '96.39'),
('CSCO', 'Cisco Systems, Inc.', '33.71'),
('CVX', 'Chevron Corporation', '106.09')]

print(pList)
```

首先,pList 是一个由 5 个元素构成的列表,每个元素是由 3 个字符串构成的一个元组。可以把 pList 理解成一个二维空间的数据,即该列表是 5 行 3 列的数据,行标为 0～4,列标为 0～2。

也可以从图 1.8 中理解该列表在内存中的二维存储形式。

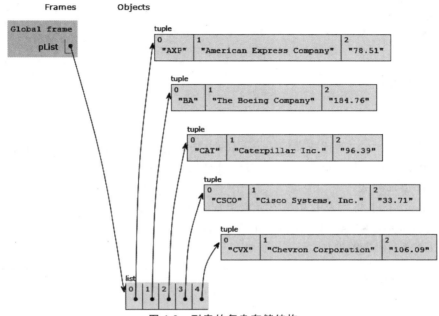

图 1.8　列表的复杂存储结构

1.5.3　列表的常用方法

1. 增加元素

1) 尾部追加元素

lst.append(x):将 x 追加至列表 lst 的尾部,不影响列表中已有元素的位置,也不影响列表在内存中的起始地址。

【例 1-31】 列表元素的追加。

```
listA=[3.71,3.73,3.7]
listA.append(3.69)
print(listA)
```

运行结果如下。

listA
[3.71, 3.73, 3.7, 3.69]

【解析】 append()方法中的参数是 x,属于元素级参数,这与后面要讲的列表的追加 extend()方法存在不同之处;此外,该方法是在原有列表的最后面添加一个元素。

2）任意位置插入元素

lst.insert(index,x)：在列表 lst 的 index 位置处插入 x，该位置之后的所有元素自动向后移动，索引加 1。

【例 1-32】　列表元素的插入。

```
listA=[3.71,3.73,3.7,3.69]
listA.insert(2,'NA')
print(listA)
```

运行结果如下。

```
listA
[3.71, 3.73, 'NA', 3.7, 3.69]
```

【解析】　这个方法要比前面的 append()方法随意一些，可以在任何位置插入元素，而位置是由第一个参数来指定，但这个方法也是元素级的。

3）尾部追加列表

lst.extend(L)：将列表 L 中所有元素追加至列表 lst 的尾部，不影响 lst 列表中已有元素的位置，也不影响 lst 列表在内存中的起始位置。

【例 1-33】　列表的追加。

```
L1=[1,'601988',3.7]
L2=[2,'600036',38.03]

L1.extend(L2)
print(L1)
```

运行结果如下。

```
[1, '601988', 3.7, 2, '600036', 38.03]
```

【解析】　在使用这个方法的过程中，一个非常重要的问题是它的参数是一个列表，而且也是在原列表的尾部追加。

2. 删除元素

1）删除指定位置元素并返回该元素

lst.pop(index)：删除并返回列表 lst 中下标为 index 的元素，该位置后面的所有元素自动向前移动，索引减 1。index 默认为 -1，表示删除并返回列表中最后一个元素。

【例 1-34】　删除指定位置的元素。

```
listA=[3.71, 3.73, 'NA', 3.7,3.69]
print(listA.pop(2))
print(listA)
```

运行结果如下。

```
NA
[3.71, 3.73, 3.7, 3.69]
```

【解析】　listA 中索引为 2 的位置是'NA'字符串,执行 pop(2)方法后,'NA'字符串被删除并显示在输出结果中。

【思考】　尝试不写参数执行 listA.pop( ),观察输出结果,并思考为什么会得到这样的结果。

2）删除某个元素

lst.remove(x):在列表 lst 中删除第一个值为 x 的元素,被删除元素位置之后的所有元素自动向前移动,索引减 1;如果 x 不存在,则抛出异常。

【例 1-35】　删除某个元素。

```
listA=[3.71, 3.73, 3.7, 3.69]
listA.remove(3.7)
print(listA)
listA.remove(3.6)
```

运行结果如下。

```
[3.71, 3.73, 3.69]
Traceback (most recent call last):

  File "C:\Users\Lucy\untitled1.py", line 4, in <module>
    listA.remove(3.6)

ValueError: list.remove(x): x not in list
```

【解析】　第一次执行删除命令,删除了元素 3.7,在运行结果中看到,列表 listA 中真实地删除了 3.7 这个元素。

在此基础上,进一步删除列表中并不存在的 3.6 这个元素时,系统抛出了异常,因为该元素并不存在。

3. 修改元素

列表中的元素当被重新赋值时,即元素被修改了,但要指定元素所在位置。

【例 1-36】　修改列表元素。

```
L1=[1,'601988',3.7,2,'600036',38.03]
L1[5]=37.03
print(L1)
```

运行结果如下。

```
[1, '601988', 3.7, 2, '600036', 37.03]
```

【解析】 本例题中的索引为 5 的元素是 38.03,当这个位置被重新赋值时,L1 的元素下标为 5 的位置元素被修改为 37.03。

【思考】 对于元素的访问除了用索引的方法,还有没有更加灵活、易于掌握的方法? 除了列表,什么样的数据类型可以实现下面对金融数据的快速访问和数据处理? 如果你来设计,你会设计什么样的数据类型用于存储金融数据?

	date	open	close	high	low	volume
0	2020-01-02	3.101	3.111	3.131	3.091	1389909
1	2020-01-03	3.121	3.101	3.121	3.091	857384
2	2020-01-06	3.091	3.081	3.111	3.071	1371085
3	2020-01-07	3.081	3.111	3.131	3.081	1565238
4	2020-01-08	3.101	3.081	3.101	3.071	1042787

1.6 双向索引与列表的切片

1.5 节内容学习了列表元素的增删改,那么列表中的元素该如何访问?

如果是访问列表中的某个元素,采用的方法是数值索引;想要访问连续的元素时,应该采用什么样的方法呢?

传统方法会想到利用循环,例如,在 C 语言中,要遍历一个数组,可能考虑使用 for 循环语句。

但是使用循环带来的时间复杂度问题是人们面对大数据或者 TB 级以上数据时比较在意的问题。因此我们会考虑,Python 使用什么方法可以解决访问连续元素的问题呢? 接下来介绍的切片,可以高效地解决上述问题。

1.6.1 双向索引

通常情况下,序列类型数据的访问模式是从 0 开始通过下标偏移量访问元素。双向索引的特性使得序列类型数据的访问模式增加了另一种方式,即如图 1.9 所示。"中国银行"这个字符串既可以通过 stock[0] 来访问,也可以通过 stock[−4] 来访问;同样,上述列表的最后一个元素"建设银行"既可以通过 stock[3] 来访问,也可以通过 stock[−1] 来访问。因此,序列类型的双向索引就为以 0 开始的检索方式掌握不够熟练的人们提供了另外一种思路,同时,这种检索元素的方式也为快速获取序列长度提供了便利。其通用的写法如图 1.10 所示。

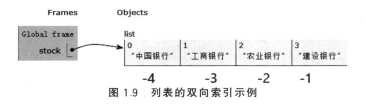

图 1.9 列表的双向索引示例

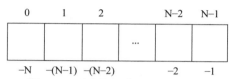

图 1.10　列表双向索引的通用写法

【例 1-37】　有列表存储如图 1.11 所示信息,请输出工商银行和招商银行。

股票名称	0	1	2	3	4	5	6
	'中国银行'	'工商银行'	'农业银行'	'建设银行'	'交通银行'	'招商银行'	'浦发银行'
	-7	-6	-5	-4	-3	-2	-1

```
1  股票名称=['中国银行','工商银行','农业银行','建设银行','交通银行','招商银行','浦发银行']
2  print(股票名称[1],股票名称[-2])
```

图 1.11　列表存储信息

运行结果如下。

```
工商银行 招商银行
```

1.6.2　列表的切片

列表的切片

切片是用来获取列表、元组、字符串等有序序列中部分元素的一种语法。在形式上,切片使用两个冒号分隔的三个数字来完成。

语法格式:

```
[start:end:step]
```

其中,第一个数字 start 表示切片开始位置,默认为 0;第二个数字 end 表示切片截止(但不包含)位置(默认为列表长度);第三个数字 step 表示切片的步长(默认为 1),省略步长时还可以同时省略最后一个冒号。当 step 为负整数时,表示反向切片。

【例 1-38】　有如下代码,请读者自行运行,分析其结果的含义。

```
data = list(range(10))
print(data[:])        #所有元素
print(data[:3])       #前 3 个元素
print(data[3:])       #下标 3 之后的所有元素
print(data[::3])      #每 3 个元素选取 1 个
print(data[-3:])      #最后 3 个元素
print(data[:-5])      #除最后 5 个元素之外的所有元素
```

【思考】　已知列表 data＝[1,2,3,4],那么 data[2:100]的值是多少?

1.7　列表生成器/列表推导式

列表生成器

列表生成器也叫列表推导式,是一种快速创建符合某种条件的列表的运算方法。其语法格式如下。

[表达式 for 表达式 1 in 列表 1 for 表达式 2 in 列表 2 … for 表达式 N in 列表 N if condition]

【例 1-39】 快速生成列表。

```
print([x for x in range(10)])
print([x**2 for x in range(10)])
print([x**2 for x in range(10) if x**2<50])
```

运行结果如下。

```
[0, 1, 2, 3, 4, 5, 6, 7, 8, 9]
[0, 1, 4, 9, 16, 25, 36, 49, 64, 81]
[0, 1, 4, 9, 16, 25, 36, 49]
```

【解析】 第 1 行代码用于快速生成一个列表,列表中的元素由 x 构成,x 遍历了 0～9 这十个整数,因此生成的列表就是[0,1,2,3,4,5,6,7,8,9]。

第 2 行代码用于快速生成一个列表,列表中的元素由 x^2 构成,x 遍历了 0～9 这十个整数,因此生成的列表就是[0,1,4,9,16,25,36,49,64,81]。

第 3 行代码用于快速生成一个列表,列表中的元素由 x^2 构成,x 遍历了 0～9 这十个整数,但后面增加了条件限制,只有满足条件 $x^2<50$ 才能构成列表中的元素,因此生成的列表就是[0,1,4,9,16,25,36,49]。

【例 1-40】 利用列表生成器实现求和操作。

```
print(sum([x for x in range(101)]))
```

运行结果如下。

```
5050
```

【解析】 sum()函数用于对括号内的对象求和,本例题中的求和对象是一个列表,这个列表由 0～100 的整数构成。因此,输出结果是 0～100 的整数和,即 5050。

【思考】 由例 1-39 和例 1-40,利用列表生成器写出求 1～100 中奇数和的代码。

【例 1-41】 列表生成器的嵌套。

```
print([(x+1,y+1) for x in range(2) for y in range(2)])
```

运行结果如下。

```
[(1, 1), (1, 2), (2, 1), (2, 2)]
```

【解析】 在此例中,首先生成的是一个由元组对(x+1,y+1)构成的列表,其中,x 和

y 的范围是 0～1,即 0 和 1,而观察这个列表生成器是由两个 for 循环构成的,也就是两层循环。因此,分析其生成过程如下。

当 x＝0 时,y＝0 时,输出:(1,1)
　　　　　　y＝1 时,输出:(1,2)
当 x＝1 时,y＝0 时,输出:(2,1)
　　　　　　y＝1 时,输出:(2,2)

此外,上述程序代码等价于传统意义上的二层循环,因此,上述代码也可以写成如下形式。

```
for x in range(2):
    for y in range(2):
        print((x+1,y+1),end="")
```

根据上述分析发现,在输出结果也即功能相同的情况下,列表生成器的代码效率更胜一筹,用一行代码实现了传统的二层循环,它在程序运行速度上突显了巨大优势。

【例 1-42】　请写出下列列表生成器的等价形式,并描述其功能。

(1) data ＝ [2**i for i in range(10)]

(2) data ＝ [num for num in range(1,20) if num％2＝＝0]

【解析】

(1) 等价于

```
data=[]
for i in range(10):
    data.append(2**i)
```

其功能是:生成由 2^i 构成的列表,其中,i 的取值范围是 0～9,即[1, 2, 4, 8, 16, 32, 64, 128, 256, 512]。

(2) 等价于

```
data = []
for num in range(1,20):
    if num%2 == 0:
        data.append(num)
```

其功能是:生成 1～19 的偶数,即[2, 4, 6, 8, 10, 12, 14, 16, 18]。

【例 1-43】　编写程序,输入一个包含若干股票价格的列表,输出其中的最大值,以及所有最大值的下标组成的列表。例如,输入[11.43, 11.40, 11.18, 12.10, 11.75],输出 12.10 和[3]。要求使用列表推导式。

```
data=eval(input("请输入股票价格:"))
print(max(data),[i for i,j in enumerate(data) if j==max(data)])
```

运行结果为

```
请输入股票价格:[11.43, 11.40, 11.18, 12.10,11.75]
12.1 [3]
```

注意,enumerate()函数的功能和使用方法,请参见第9章9.2节。

【思考】

(1) 元组是否也可以使用生成器? 其他数据类型呢?

(2) while 循环也可以通过这样的方式进行替换吗?

(3) 下面的代码输出结果是什么? 其等价形式是什么?

```
from random import random
data=[[random() for j in range(5)] for i in range(3)]
```

字典数据
类型

1.8 金融数据中字典数据类型

前面讲到的列表、元组类型的数据,检索其中的元素是否方便? Python 还有哪些便于检索的数据类型?

1.8.1 字典的定义

字典是一种映射类型的数据,它是由键(key)和值(value)形成的键-值对构成。

其语法格式如下。

```
{key1:value1,key2:value2,…}
```

其中,键必须唯一,但值不需要满足唯一性;值可以取任何数据类型,但键必须是不可变类型数据,如字符串、整数、浮点数或元组。

【例 1-44】 下面哪些选项属于字典数据类型?

A. dict1＝{1：2,2：3,3：4}

B. dict2＝{'1': 'load','2': 'exit'}

C. dict3＝{('a')：1,('b')：2,('c')：3}

D. dict4＝{('a','b','c')：1,('20')：2,(30)：3}

【解析】 字典的定义中,对于键的数据类型和唯一性是有要求的,而对值的数据类型没有要求,因此,这个题目只需观察冒号前面的数据类型并判断其唯一性即可。四个选项中冒号前面的数据类型分别为整数、字符串和元组,均满足字典定义要求,因此,本题的正确答案就是 ABCD。

在这个题目中,读者不确定的是 D 选项,仔细观察 D 选项中冒号前面的键,均是由圆括号括起的元组,只不过第一个键是一个由 3 个元素组成的元组,第二个和第三个键是单个元素构成的元组,这并不影响它们是元组的性质,因此 D 也是这个题的正确选项。

1.8.2　字典的创建

1. 直接创建

例:

```
stockA= {'600664':'哈药股份', '600598':'北大荒', '600095':'哈高科', '600811':'东方集团'}
```

stockA	
600664	哈药股份
600598	北大荒
600095	哈高科
600811	东方集团

2. dict 函数生成字典

例:已知两个列表中分别存储了股票代码和股票名称,请构造一个股票代码和股票名称一一对应的字典。

```
num=['600664','600598','600095','600811']
name=['哈药股份','北大荒','哈高科','东方集团']
stockB=dict(zip(num,name))
print(stockB)
```

运行结果如下。

```
{'600664':'哈药股份', '600598':'北大荒', '600095':'哈高科', '600811':'东方集团'}
```

【解析】　上述代码中首先创建了两个列表,分别存储股票代码和股票名称,在第 3 行中,运用 zip()函数将两个列表进行了重组,形成了下列元组对:('600664','哈药股份'),('600598','北大荒'),('600095','哈高科'),('600811','东方集团')。再运用 dict()函数将上述对象转换成了字典。

【补充】　zip()函数的使用。

zip()函数用于将可迭代的对象作为参数,将对象中对应的元素打包成元组对,然后返回由这些元组对构成的对象,一般可以使用 list()函数输出该对象。

例:

```
a=list(range(1,5))              #a=[1, 2, 3, 4]
b=list('abcd')                  #b=['a', 'b', 'c', 'd']
print(list(zip(a,b)))
```

输出结果为:

```
[(1, 'a'), (2, 'b'), (3, 'c'), (4, 'd')]
```

1.8.3　例题及讲解

【**例 1-45**】　有如下几家公司的财经数据 info ＝ [('600664','哈药股份', '4.25'), ('600598','北大荒', '12.53'),('600095','哈高科', '9.31'),('600811', '东方集团', '3.42')],如何构造公司代码和股票价格的字典? 即{'600664': '4.25', ' 600598 ': '12.53', ' 600095 ': '9.31', ' 600811 ': '3.42'}。

```
info = [('600664','哈药股份', '4.25'),('600598','北大荒', '12.53'),('600095','
哈高科', '9.31'),('600811', '东方集团', '3.42')]
aList = []
bList = []
for i in range(4):
    aList.append(info[i][0])
    bList.append(info[i][2])
aDict = dict(zip(aList,bList))
print(aDict)
```

运行结果如下。

```
{'600664': '4.25', '600598': '12.53', '600095': '9.31', '600811': '3.42'}
```

　　【**解析**】　info 变量中存储的为已知数据,观察这个数据是一个列表,其中包含 4 个元素,每个元素是一个由 3 个字符串构成的元组。想要获得的是每个元组中的第一个和第三个元素。

　　aList 和 bList 分别为构造的两个空列表,用于分别存储题目所需的每个元组中的第一个元素和第三个元素。

　　在 for 循环中,执行 4 次循环,每次循环提取了 info 列表中的第一个元素和第三个元素,以 append()追加的方式添加到 aList 和 bList 列表中。

　　当循环结束后,使用 zip()函数和 dict()函数将上述两个列表重新组合和转换为字典输出。

　　【**思考**】

　　(1) 字典元素如何访问?

　　(2) 字典能够实现快速增删改吗?

1.8.4　字典数据类型的使用

字典的结构是由 key 和 value 构成的,如何对字典进行快速检索其中的某个元素?

1. 字典元素的访问

1) 通过 key 值访问

例如:

```
In [1]: data={'code':'601988','name':'中国银行','price':3.46}

In [2]: data['code']
Out[2]: '601988'

In [3]: data['price']
Out[3]: 3.46
```

当访问一个并不存在的 key 值时,会提示错误,例如:

```
In [4]: data['address']
Traceback (most recent call last):

  File "<ipython-input-4-2f613a4f5ebc>", line 1, in <module>
    data['address']

KeyError: 'address'
```

但这样的输出并不友好,可以尝试其他的函数,访问字典时即便不存在 key 值也不报错,获得更好的交互性。

2)通过 get()函数访问

```
In [5]: data.get('address')

In [6]:
```

【解析】　这样的输出非常友好,使用 get()函数访问字典时,有则显示,没有则什么都不输出。

3)批量访问

```
In [2]: list(data)
Out[2]: ['code', 'name', 'price']

In [3]: data.keys()
Out[3]: dict_keys(['code', 'name', 'price'])

In [4]: data.values()
Out[4]: dict_values(['601988', '中国银行', 3.46])

In [5]: data.items()
Out[5]: dict_items([('code', '601988'), ('name', '中国银行'), ('price', 3.46)])
```

可以借助字典自带的 keys()函数、values()函数,以及 items()函数实现对字典的键、值和所有元素的批量访问。

4)循环访问

```
In [6]: for key, value in data.items():
            print(key, value, sep="\t")

        code    601988
        name    中国银行
        price   3.46

In [7]: for key in data:
            print(key, data[key], sep="\t")

        code    601988
        name    中国银行
        price   3.46
```

这里的循环访问字典通常采用以上两种方法。一种是借助字典特有的 items()函数,同时访问字典的键和值,但需给出两个变量接收。另一种是仅使用一个变量,借助前面讲到的 key 值访问单个元素的方法,实现对字典元素的访问。

2. 字典元素的增删改

1) 使用赋值语句实现"增"

当以指定"键"为下标为字典元素赋值时,若该"键"存在,表示修改该"键"对应的值;若不存在,表示添加一个新元素。

```
In [1]: data={'code':'601988','name':'中国银行','price':3.46}

In [2]: data['price']=3.7

In [3]: data
Out[3]: {'code': '601988', 'name': '中国银行', 'price': 3.7}

In [4]: data['address']='Nangang'

In [5]: data
Out[5]: {'code': '601988', 'name': '中国银行', 'price': 3.7, 'address': 'Nangang'}
```

【解析】 第1行代码中的字典 data 赋值中,包含3个元素(或 key:value 对)。在第2行中,由于原字典中包含 key 值 price,因此,针对它的重新赋值即为修改原 key 对应的值。因此在第3行输出中,发现 price 对应的值由原来的 3.46 被修改为 3.7。

在第4行代码中,为字典 data 以 address 为键赋值为"Nangang",但是原字典 data 中并不含有 address 这个键,因此,将直接添加这样一个 key:value 对。第5行的输出结果中,字典 data 变成了4个元素,增加了"address":"Nangang"。

2) 使用 update() 函数实现"改"

使用字典对象的 update() 将另一个字典的元素一次性全部更新到当前字典对象,如果两个字典中存在相同的"键",则以另一个字典中的"值"为准对当前字典进行更新。

```
In [1]: data={'code':'601988','name':'中国银行','price':3.7,'address':'Nangang'}

In [2]: data_new={'price':3.56,'industry':'Bank'}

In [3]: data.update(data_new)

In [4]: data
Out[4]:
{'code': '601988',
 'name': '中国银行',
 'price': 3.56,
 'address': 'Nangang',
 'industry': 'Bank'}
```

3) pop()、popitem()和 del 删除方法

(1) 使用字典对象的 pop() 删除指定"键"对应的元素,同时返回对应的"值"。字典方法 popitem()方法用于删除并返回一个包含两个元素的元组,其中的两个元素分别是字典元素的"键"和"值"。

(2) 也可以使用 del 删除指定的"键"对应的元素。

【例 1-46】 字典元素的删除。

```
data={'code': '601988', 'name': '中国银行', 'price': 3.56, 'address': 'Nangang', 'industry': 'bank'}
```

```
data.pop('industry')
print("执行 pop 后的 data:",data)
data.popitem()
print("执行 popitem 后的 data:",data)
del data['name']
print("执行 del data['name']后的 data:",data)
```

运行结果如下。

```
执行 pop 后的 data: {'code': '601988', 'name': '中国银行', 'price': 3.56, '
address': 'Nangang'}
执行 popitem 后的 data: {'code': '601988', 'name': '中国银行', 'price': 3.56}
执行 del data['name']后的 data: {'code': '601988', 'price': 3.56}
```

【解析】　字典 data 中原有 5 个元素（或 key:value 对），在执行了 pop('industry')后，将 key 为 industry 的元素删除，并将其键对应的值显示在屏幕上。data 输出结果中仅包含 4 个元素，可见，pop()函数是直接删除原始数据的，在使用时要注意这一点。

当使用 popitem()函数时，这里没有任何参数，将随机在原始字典中删除一个元素，并返回删除的这个 key:value 对。此时，看到 data 的输出结果中剩下 3 个元素，意味着，这个删除也是直接改变原始数据的，要谨慎使用。

最后，运用 del 这个命令，将删除指定 key 值为 name 的元素删除，看到 data 的输出结果中只剩下两个元素，因此，del 也是直接删除原始数据的。

注意：除此之外，删除字典还有赋空值和调用 clear()的方法。以下例题解释赋值{}、clear()、del 的区别。

【例 1-47】　字典中赋值为{}的删除方式。

```
aStock = {'AXP':78.51,'BA':184.76}
bStock = aStock
aStock = {}
print(bStock)
```

输出结果为

```
{'AXP':78.51,'BA':184.76}
```

【解析】　在这个例题中，我们发现在赋值中将字典 aStock 赋值为{}时，bStock 中的数据并没有被删除，其原理如图 1.12 所示。

第 2 行代码中的赋值，意味着 aStock 和 bStock 指向了同一个内存空间，所以即便当 aStock 被赋值为{}时，bStock 中的数据依然存在，如图 1.12(b)所示。

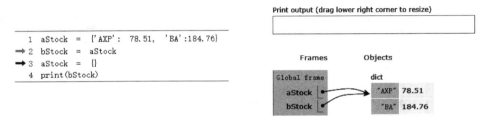

(a) 执行的代码行　　　　　　　　　　　　　　(b) 动态执行效果图

图 1.12　字典中的删除——赋值{}

【例 1-48】　字典中调用 clear()方法的删除方式。

```
aStock = {'AXP':78.51,'BA':184.76}
bStock = aStock
aStock.clear()
print(bStock)
```

本例中运用了 clear()函数,这个函数执行时将这个变量对应的内存空间中的数据删除了,因此,原来指向这里的两个变量均变为空值,如图 1.13 所示。

图 1.13　字典中的删除——clear()

【例 1-49】　字典中调用 del 命令的删除方式。

```
aStock={'AXP':78.51,'BA':184.76}
bStock=aStock
del aStock
print(bStock)
```

本例中运用了 del 命令,这个命令是删除变量,因此,aStock 这个变量在内存中被删除了,但 bStock 依然存在,如图 1.14 所示。

图 1.14　字典中的删除——del

【思考】　fromkeys()和 setdefault()两种字典方法的区别。

小结

本章中学习了金融数据的基本知识、金融数据的存储、Python 的分支结构和循环结构,其中重点学习了列表的数据存储方式以及它的切片操作和列表生成器的使用方法,最后介绍了字典数据类型。

习题

一、判断题

1. 在一个循环体内又包含一个完整的循环结构,称为循环的嵌套。　　　　　　　（　　　）

2. continue 语句：结束这一轮的循环,进入下一次循环。　　　　　　　　　　（　　　）

3. 浮点类型(float)是表示实数的数据类型。　　　　　　　　　　　　　　　　（　　　）

4. 字典中的每一对“键值对”被称为字典的条目。　　　　　　　　　　　　　　（　　　）

5. 字典是通过键值对方式存储数据与数据之间的对应关系的一种数据结构。　　（　　　）

6. 已知 x＝{1：1,2：2},那么语句 x[3]＝3 无法正常执行。　　　　　　　　（　　　）

二、选择题

1. 以下选项中不符合 Python 语言变量命名规则的是(　　　)。

A. LL　　　　　　　　B. 3_1　　　　　　　　C. _Al　　　　　　　　D. TempStr

2. 下面代码的输出结果是(　　　)。

```
1  x = 123.45
2  print(type(x))
```

A. <class 'int'>　　　　　　　　　　　　B. <class 'float'>

C. <class 'bool'>　　　　　　　　　　　D. <class 'complex'>

3. 运行下列代码,输出结果是(　　　)。

```
1  x = [[1,2,3],[4,5,6],[7,8,9]]
2  y = 0
3  for i in x:
4      for j in range(3):
5          y += i[j]
6  print(y)
```

A. 0　　　　　　　　　　　　　　　　　B. 25

C. 45　　　　　　　　　　　　　　　　　D. 其他选项均不对

4. 运行以下程序的结果是(　　　)。

```
1   l1 = [1, 3, 4, 5, 7, 8]
2   l2 = [1, 4, 5, 6, 7, 9]
3   temp = []
4   for i in l2:
5       if i not in l1:
6           l1.append(i)
7           l2.append(i)
8       else:
9           temp.append(i**2)
10  print(temp)
```

A. [1，4，5，6，7，9]　　　　　　　　　B. [1，16，25，36，49，81]

C. [1，3，4，5，7，8]　　　　　　　　　D. [1，16，25，49，36，81]

5. 运行以下程序，变量'i'的值为（　　　）。

```
1  a = 1
2  i = 0
3  while a <=100:
4      a += 7
5      i += 5
6  print(i)
```

A. 93　　　　　　　B. 95　　　　　　　C. 70　　　　　　　D. 75

三、填空题

1. 已知 x＝{1：2，2：3，3：4}，那么表达式 sum(x.values()) 的值为（　　　），sum(x) 的值为（　　　）。

2. 表达式 sorted({'a'：9，'c'：3，'b'：78}) 的值为（　　　），表达式 sorted({'a'：9，'c'：3，'b'：78}.values()) 的值为（　　　）。

四、编程题

试利用随机数生成函数或模块，制作出如图 1.15 所示的会议 ID。

图 1.15　会议 ID

第 2 章

金融数据中 NumPy 模块的应用

本章学习目标

- 熟练掌握数组的创建方法。
- 熟练掌握利用索引对数组进行切片的方法。
- 熟练掌握数组的算术计算。
- 熟练掌握数组的统计计算。
- 理解矩阵转置和乘法。
- 理解线性代数运算的常用函数。
- 熟练掌握求解线性方程组。
- 掌握数据方差、标准差的计算方法。

本章介绍 Python 中的科学计算模块 NumPy 模块,先介绍如何使用 NumPy 模块创建数组和矩阵,对数组、矩阵进行运用与计算,再介绍一些常用函数的使用方法。

2.1 NumPy 概述

NumPy 概述

NumPy 模块的前身是 Numeric 模块,在 1995 年由吉姆·胡古宁(Jim Hugunin)与其他协作者共同开发。随后出现了 Numarray 模块,该模块与 Numeric 模块相似,均用于数组计算。2006 年,特拉维斯·奥列芬特(Travis Oliphant)在 Numeric 模块中结合 Numarray 模块的优点,加入了其他扩展而开发了 NumPy 模块的第一个版本。NumPy 模块为开放源代码,由众多协作者共同维护开发。

NumPy 模块是用于科学计算和数据分析的一个基础模块,它不仅支持 N 维数组与矩阵运算,还针对数组运算提供了大量的数学函数库。NumPy 是 Python 的第三方模块,Python 官网的发行版本是不包含该模块的。在 Windows 系统下可以通过以下方式安装 NumPy 模块。

首先进入命令行窗口中,然后在 cmd 窗口中使用 pip 命令安装 NumPy,执行代码:python -m pip install numpy。

在 Anaconda 发行版中,NumPy 模块已集成在系统中,用户无须另外安装。在 Python 脚本文件中需要先导入 NumPy 模块,然后使用该模块的功能。首先,在打开的 Spyder 界面中新建一个脚本文件 file.py;其次,使用 import numpy 命令,将该模块导入脚本文件中;最后,就可使用 NumPy 模块的功能了。例如在 file.py 文件中输入示例代码,运行后可以得到如图 2.1 所示的结果。

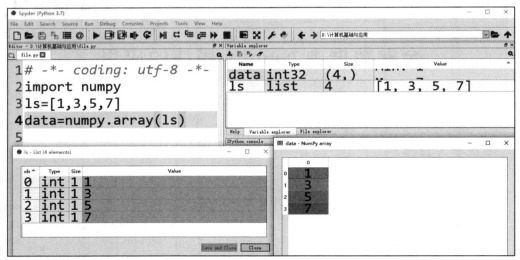

图 2.1　示例代码运行结果

运行 file.py 文件,通过 Spyder 变量资源管理器,双击变量 ls 和 data,可以查看运行结果。列表 ls 中的元素数据类型是 int(整型)。数组 data 中元素的数据类型为 int32(整型),变量表格标题栏显示 data 为 NumPy array(数组)。

有些 Python 模块名称字符较长,在引用模块名称时不方便书写,因此 Python 提供了简写机制。常用方法是在程序中将 numpy 简写为 np,具体用法是:import numpy as np,即用关键词 as 对 numpy 重命名为 np。例如:

```
import numpy as np
ls = [1,3,5,7]
data = np.array(ls)
```

创建数组

2.2　数组的创建

2.2.1　创建数组

NumPy 模块提供了一种重要的数据结构——N 维数组类型,即 ndarray(别名 array,简称为数组)。数组是用来存储若干数据的连续内存空间,其中的元素一般是一系列同类型数据的集合,如整型、浮点型、布尔型数据。数组中的每个元素在内存中都有相同大小的连续存储区域。在处理实际数据时,会运用到大量的数组运算和矩阵运算,这些数据有些是通过文件直接读取的,有些则是根据实际需要生成的。本节介绍常用的创建数组方法。

1. array()函数

array()函数可以将列表、元组、嵌套列表、嵌套元组等给定的数据结构转换为数组。注意,使用 array()函数之前,要先导入 NumPy 模块。

【例 2-1】　使用 array() 函数创建数组。

```
import numpy as np
#根据列表创建一维数组 a1
a1=np.array([1,2,3,4])
#根据元组创建一维数组 a2
a2=np.array((1,2,3))
#根据 range() 函数产生的可迭代对象创建一维数组 a3
a3=np.array(range(6))
ls=[[1,2],[3,4]]
#根据嵌套列表创建二维数组 a4
a4=np.array(ls)
```

运行程序后,在变量资源管理器中双击变量名称,可以查看已建立数组的保存形式如图 2.2 所示。

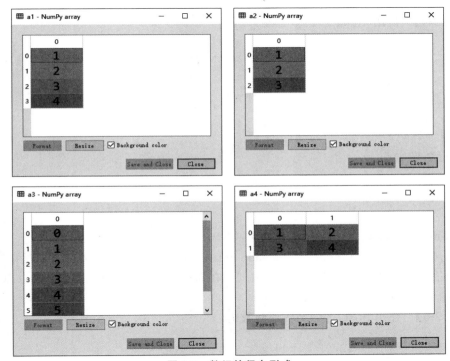

图 2.2　数组的保存形式

2. ones() 函数

ones(n,m) 函数可以创建 n 行 m 列元素全为 1 的数组。

【例 2-2】　建立 6 个元素全为 1 的一维数组。

```
import numpy as np
z1=np.ones(6)              #创建 6 个元素全为 1 的数组
print(z1)                  #[1. 1. 1. 1. 1. 1.]
```

3. zeros() 函数

zeros(n,m) 函数可以创建 n 行 m 列元素全为 0 的数组。

【例 2-3】 建立 3 行 4 列元素全为 0 的二维数组。

```
import numpy as np
z2=np.zeros((3,4))
print(z2)
```

运行结果如下。

```
[[0. 0. 0. 0.]
 [0. 0. 0. 0.]
 [0. 0. 0. 0.]]
```

4. arange()函数

arange([start,]stop[,step])函数可以通过指定起始值、结束值与步长值来创建一维数组。注意,使用 arange()函数建立的数组中不包含结束值,数据范围是一个左闭右开的区间。

【例 2-4】 使用 arange()函数创建数组。

```
import numpy as np
b1 = np.arange(10)
print('b1:',b1)
b2 = np.arange(2,10)
print('b2:',b2)
b3 = np.arange(2,10,2)
print('b3:',b3)
```

运行结果如下。

```
b1: [0 1 2 3 4 5 6 7 8 9]
b2: [2 3 4 5 6 7 8 9]
b3: [2 4 6 8]
```

5. linspace()函数

linspace(start, stop, num=50, endpoint=True, dtype=None)函数通过指定起始值、结束值和元素个数来创建一个等距数列。在默认设置的情况下,元素个数为 50,数组中包含结束值,数据类型是实数。

【例 2-5】 使用 linspace()函数创建数组。

```
import numpy as np
a1 = np.linspace(1,5,5,endpoint=False)
print("a1:",a1)
a2 = np.linspace(1,12,4,dtype=int)
print("a2:",a2)
```

运行结果如下。

```
a1: [1.  1.8 2.6 3.4 4.2]
a2: [ 1  4  8 12]
```

2.2.2 NumPy 数据类型

NumPy 支持的数据类型比 Python 内置的类型要多很多,基本上可以和 C 语言的数据类型对应上,其中部分类型对应为 Python 内置的类型。NumPy 为什么要支持这么多数据类型呢？由于科学计算涉及的数据量大,对存储和性能都有较高的要求,对数组元素类型精确定义,有助于 NumPy 合理使用存储空间并优化程序性能,也有助于程序员对程序规模进行合理评估。常用 NumPy 基本数据类型如表 2.1 所示。

表 2.1　常用 NumPy 基本数据类型

数　据　类　型	描　　　　　述
bool	布尔型数据类型(True 或者 False)
int8、uint8	有符号和无符号的 8 位整数
int16、uint16	有符号和无符号的 16 位整数
int32、uint32	有符号和无符号的 32 位整数
int64、uint64	有符号和无符号的 64 位整数
float16	半精度浮点数
float32	单精度浮点数
float64	双精度浮点数
complex64	复数,分别用两个 32 位浮点数表示实部和虚部
complex128	复数,分别用两个 64 位浮点数表示实部和虚部

从数据类型的命名方式上可以看出,NumPy 的数据类型是由一个类型名(如 int、float)和元素位长的数字组成。如果在创建数组时没有显式地指明数据的类型,则可以根据列表或元组中的元素类型推导出来。通过 zeros()、ones()、empty() 函数创建的数组,默认的数据类型为 float64。默认情况下,64 位 Windows 系统输出的结果为 int32,64 位 Linux 或 macOS 系统输出的结果为 int64。

NumPy 中使用 ndarray.dtype 创建一个表示数据类型的对象。如果希望获取数据类型的名称,则需要访问 name 属性进行获取。还可以通过变量窗口查看数组的数据类型,如图 2.3 所示。

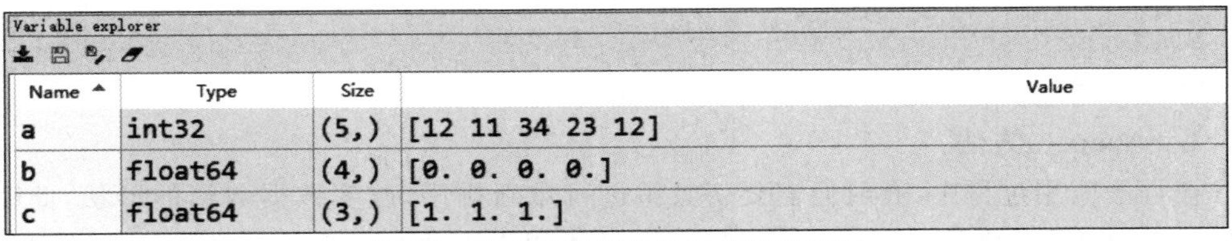

图 2.3　变量窗口查看数组的数据类型

ndarray 对象的数据类型可以通过 astype() 方法进行转换。例如,a.astype(np.float64) 可以将数据类型转换为 float64,即整型转换为浮点型。如果希望将数据类型由浮点型转换为整型,则小数点后面的部分会被截掉,请谨慎使用。

每一个 NumPy 内置的数据类型都有一个特征码,它能唯一标识一种数据类型。NumPy 内置特征码,如表 2.2 所示。

表 2.2　NumPy 内置特征码

特　征　码	描　　述
b	布尔型
i	(有符号)整型
u	无符号整型 integer
f	浮点型
c	复数浮点型
m	timedelta(时间间隔)
M	datetime(日期时间)
O	(Python)对象
S, a	字节字符串
U	Unicode 字符串

2.2.3　数组常用方法

数组常用方法

1. shape()方法

shape()方法可以查看数组的维度,也可以说数组的尺寸,它的返回值是一个整数的元组,表示每个维度上数组的大小。如果是一维数组,返回的元组中仅有一个值,代表这个数组的长度;如果是二维数组,返回的元组中有两个值,第一个值表示数组的行数,第二个值表示数组的列数。

【例 2-6】　使用 shape()方法查看数组的维度。

```
import numpy as np
a1 = np.arange(6)
print("a1:",a1.shape)
a2 = np.array([[0,1,2],[3,4,5]])
print("a2:",a2.shape)
```

运行结果如下。

```
a1: (6,)
a2: (2, 3)
```

2. reshape()方法

在程序应用过程中,有时候需要将数组进行重新排序,改变数据数组的形状,此时可以使用 NumPy 提供的 reshape()方法,该方法可以在不改变数据的条件下修改数组的形状,如果指定的数组形状与数组的元素数量不一致,将会提示异常错误。

【例 2-7】　使用 reshape()方法修改数组的形状。

```
a1 = np.arange(6)
b1 = a1.reshape(3,2)              #将一维数组重排为二维数组
print('b1:',b1)
a2 = np.array([[0,1,2],[3,4,5]])
```

```
b2 = a2.reshape(6)                          #将二维数组重排为一维数组
print('b2:',b2)
#将 6 个元素的二维数组重排为 4 个元素的一维数组,运行会报错
b3 = a2.reshape(4)
print('b3:',b3)
```

运行结果如下。

```
<module>
  b3 = a2.reshape(4)
ValueError: cannot reshape array of size 6 into shape (4,)
```

删除错误代码后,运行结果如下。

```
b1: [[0 1]
 [2 3]
 [4 5]]
b2: [0 1 2 3 4 5]
```

3. rand()和 randn()方法

NumPy 模块提供了一个 random 子模块,通过该模块可以快速创建出随机数组。random 子模块中包含多种产生随机数的函数。rand()方法可以根据给定的数组尺寸产生 0～1 的均匀分布随机数。randn()方法可以根据给定的数组尺寸产生满足标准正态分布的随机数。

【例 2-8】　使用 rand()方法生成一维数组和二维数组。

```
from numpy.random import rand
a1 = rand(5)
print("a1:",a1)
a2 = rand(2,3)
print("a2:",a2)
```

运行结果如下。

```
a1: [0.21922044 0.36317901 0.04223017 0.83510221 0.37680742]
a2: [[0.96223684 0.8050871  0.75475532]
 [0.34548896 0.36098717 0.88138192]]
```

注意:虽然数组的输出结果很像列表,但是数组≠列表。第一,用 type()函数进行类型测试会看到,数组的类型是 NumPy.ndarray 类型,列表是 list 类型。第二,二者的元素数据类型不同,同一列表的元素可以是各不相同的任意类型对象,而 NumPy 数组元素的数据类型是数值或者布尔值。如果尝试将数组元素改为字符串类型数据,运行时会出错。

```
a1[1] ="hello"
ValueError: could not convert string to float: 'hello'
```

2.3　NumPy 模块中一维数组的运用

一维数组的运用包括熟练使用一维数组中的索引、切片操作、算术运算和统计运算等一些常用的数组函数和运算方法。

数组元素
索引和切片

2.3.1 数组元素索引和切片

1. 一维数组整数索引

数组中元素的内容可以通过索引或切片来访问和修改,对于一维数组来说,它使用索引和切片的方式,与 Python 列表的切片操作相同,数组元素也是基于 0～n 的下标进行索引的。

【例 2-9】 通过索引访问一维数组。

```
import numpy as np
arr = np.arange(8)
print("获取索引值为 5 的元素:",arr[5])
print("获取索引值为-5 的元素:",arr[-5])
```

运行结果如下。

```
获取索引值为 5 的元素: 5
获取索引值为-5 的元素: 3
```

2. 一维数组切片

一般地,假设 array 是待访问或切片的数据变量,则访问或者切片的数据＝array[start：end：step],表示提取数组从 start 起始值索引对应的元素开始,以每间隔 step 步长值的元素提取一个元素的方式进行切片,直到 end 结束值索引前的那个元素为止。设置数组中对应索引的起始值、终止值以及步长值即可从原数组中切割出一个新的数组。

【例 2-10】 通过切片访问一维数组。

```
import numpy as np
x = np.arange(11,19)
#获取索引值为 3~4 的元素
print(x[3:5])                          # [14 15]
#获取数值为 12、14、16 的元素
print(x[1:6:2])                        # [12 14 16]
#获取数组中第 2、3 个元素
print(x[1:3])                          # [12 13]
```

NumPy 比一般的 Python 序列提供更多的索引方式。除了用整数和切片的索引外,数组还可以使用整数数组索引、布尔索引。

3. 一维数组整数数组索引

【例 2-11】 通过整数数组索引访问一维数组。

```
import numpy as np
a1 = np.linspace(1,26,6,dtype=int)
#获取索引值为 0、4 的元素
b1 = a1[[0,4]]
print(b1)                              # [ 1 21]
#获取索引值为 1、3、5 的元素
b2 = a1[[1,3,5]]
print(b2)                              # [ 6 16 26]
```

使用整数数组索引,可以快速得到多个不连续的数组元素。

4. 一维数组布尔索引

【**例 2-12**】　通过布尔索引访问一维数组。

```
import numpy as np
a1 = np.linspace(1,26,6,dtype=int)
#获取索引值为 1、3、5 的元素
c1 = a1[[False,True,False,True,False,True]]
print(c1)                              # [ 6 16 26]
```

2.3.2　数组的基本运算

NumPy 模块中最基本也是最重要的对象是数组。数组的优点在于可以进行整体运算,一组数据可以像单个数据一样直接进行计算。当数组进行相加、相减,乘以或除以一个数字时,数组与标量的算术运算会将标量值传播到数组的各个元素。

数组元素
计算(上)

【**例 2-13**】　一维数组与标量的运算。

```
import numpy as np
b = np.arange(1,5)                     # [1, 2, 3, 4]
print(b+2)                             # [3 4 5 6]
print(b-2)                             # [-1  0  1  2]
print(b * 2)                           # [2 4 6 8]
print(b/2)                             # [0.5 1.  1.5 2. ]
print(b//2)                            # [0 1 1 2]
print(b>2)                             # [False False  True   True]
```

通过观察标量运算结果,可以发现标量运算会产生一个与数组具有相同数量的新数组,参加标量运算的原始数组中每个元素都被相加、相减、相乘、相除或者整除。这就是广播计算,进行这种广播计算的前提,是参与运算的两个对象的形状要兼容。形状相同的数组也可以进行相关运算。

【**例 2-14**】　一维数组之间的运算。

```
import numpy as np
a = np.arange(11,15)                   # [11, 12, 13, 14]
b = np.arange(1,5)                     # [1, 2, 3, 4]
print(a+b)                             # [12 14 16 18]
print(a-b)                             # [10 10 10 10]
print(a * b)                           # [11 24 39 56]
print(a/b)                             # [11. 6. 4.3333 3.5]
print(a>b+6)                           # [True  True  True  True]
```

2.3.3　数组算术运算

NumPy 模块提供了一些数组算术运算函数,可以对数组中所有元素进行同样的计算并返回新数组,处理速度比使用循环要快得多。数组的算术运算主要包括数组之间的加、减、乘、除、数组的求余、乘方以及开平方运算。需要注意的是,数组必须具有相同的形状或者符合数组广播规则,才能进行运算。数组常用的算术运算函数,如表 2.3 所示。

表 2.3　数组常用算术运算函数

以 np 代替 NumPy	描　　述	Python 符号表达式
np.add(a,b)	加法	a+b
np.subtract(a,b)	减法	a−b
np.multiply(a,b)	乘法	a * b
np.divide(a,b)	除法	a/b
np.mod(a,b)	求余数	a%b
np.power(a,b)	乘方	a**b
np.sqrt(a)	开平方	

【例 2-15】　一维数组的算术函数运算。

```
import numpy as np
a = np.array([5] * 4)                    # [5, 5, 5, 5]
b = np.arange(1,5)                       # [1, 2, 3, 4]
print(np.add(a,b))                       # [6 7 8 9]
print(np.subtract(a,b))                  # [4 3 2 1]
print(np.multiply(a,b))                  # [5 10 15 20]
print(np.mod(a,b))                       # [0 1 2 1]
print(np.power(a,b))                     # [5   25 125 625]
print(np.sqrt(a))
# [2.23606798 2.23606798 2.23606798 2.23606798]
```

注意：大小相等的数组之间的任何算术运算都会将运算应用到元素级。所得的运算结果会组成一个新的数组。

2.3.4　数组数学运算

NumPy 模块提供了大量的数学运算函数,包括常见的三角函数和四舍五入函数等。

标准的三角函数：sin()、cos()、tan()。

舍入函数：around(a,decimals),其中的参数 a 是数组;参数 decimals 表示舍入的小数位数,默认值为 0,如果为负数,整数部分将四舍五入到小数点左侧的位置。

向下取整：floor(),返回小于或者等于指定表达式的最大整数。

向上取整：ceil(),返回大于或者等于指定表达式的最小整数。

【例 2-16】　一维数组的三角函数运算。

```
import numpy as np
a = np.array([0,30,60,90])
print('数组中不同角度的正弦值:')
#通过乘 pi/180 转换为弧度
print(np.sin(a * np.pi/180))
print('数组中角度的余弦值:')
print(np.cos(a * np.pi/180))
print('数组中角度的正切值:')
print(np.tan(a * np.pi/180))
```

运行结果如下。

数组中不同角度的正弦值：
[0.　　　　0.5　　　0.8660254 1.　　　]
数组中角度的余弦值：
[1.00000000e+00 8.66025404e-01 5.00000000e-01 6.12323400e-17]
数组中角度的正切值：
[0.00000000e+00 5.77350269e-01 1.73205081e+00 1.63312394e+16]

【例 2-17】　一维数组的数学函数运算。

```python
import numpy as np
a = np.array([128.359,59.623,10,-41.1])
print('默认四舍五入计算:')
print(np.around(a))
print('四舍五入右侧一位:')
print(np.around(a,decimals=1))
print('四舍五入左侧一位:')
print(np.around(a,decimals=-1))
print('小于或等于数组元素的最大整数:')
print(np.floor(a))
print('大于或者等于数组元素的最小整数:')
print(np.ceil(a))
```

运行结果如下。

默认四舍五入计算：
[128.　60.　10.　-41.]
四舍五入右侧一位：
[128.4　59.6　10.　-41.1]
四舍五入左侧一位：
[130.　60.　10.　-40.]
小于或等于数组元素的最大整数：
[128.　59.　10.　-42.]
大于或者等于数组元素的最小整数：
[129.　60.　10.　-41.]

2.3.5　数组布尔运算

NumPy 模块的数组还支持布尔运算。

【例 2-18】　一维数组的布尔运算。

```python
import numpy as np
a = np.array([-5,6,9,-1])
b = np.array([-1,-5,6,9])
#比较数组 a 中每个元素值是否大于 0
print(a>0)
#获取数组 a 中大于 0 的元素
print(a[a>0])
#两个数组中对应位置上的元素进行相等比较
print(a==b)
#获取数组 a 中小于 b 数组对应位置上的元素
```

数组元素
计算（下）

```
print(a[a<b])
#测试数组 a 是否全部元素都大于 0
print(np.all(a>0))
```

运行结果如下。

```
[False  True  True False]
[6 9]
[False False False False]
[-5 -1]
False
```

2.3.6　数组去重运算

针对一维数组,NumPy 提供了 unique()函数来找出数组中的唯一值,并返回元素升序排序后的结果。

【例 2-19】　一维数组去重运算。

```
import numpy as np
a = np.array([12, 11, 34, 23, 12, 8, 11])
print(np.unique(a))                    # [ 8 11 12 23 34]
```

2.3.7　数组包含运算

NumPy 提供了包含运算函数 in1d(),用于判断数组中的每个元素是否存在于另一个数组中,该函数返回的是一个布尔型的一维数组。

【例 2-20】　一维数组的包含运算。

```
import numpy as np
a = np.array([12, 11, 34, 23, 12])
#判断 12 是否存在于数组 a 中
print(np.in1d(a, 12))                  # [ True False False False  True]
```

2.3.8　数组常用统计运算

NumPy 提供了很多统计函数,用于从数组中查找最小元素、最大元素等。数组常用的统计运算方法,如表 2.4 所示。

表 2.4　数组常用统计运算方法

方　　法	描　　述
sum()	对数组中全部或某个轴向的元素求和
mean()	算术平均值
min()	计算数组中的最小值
max()	计算数组中的最大值
argmin()	计算最小值的索引

方　　法	描　　述
argmax()	计算最大值的索引
cumsum()	所有元素的累计和
cumprod()	所有元素的累计积

【例 2-21】　一维数组的统计运算。

```
import numpy as np
c = np.array([5,2,3,1])
#求出数组中的最大值
print(c.max())                          #5
#求出数组中的最小值
print(c.min())                          #1
#求出数组中的平均值
print(c.mean())                         #2.75
#求出所有元素的和值
print(c.sum())                          #11
#求出最小元素的索引值
print(c.argmin())                       #3
#求出所有元素的累计和,返回值为数组
print(c.cumsum())                       #[ 5  7 10 11]
#求出所有元素的累计积,返回值为数组
print(c.cumprod())                      #[ 5 10 30 30]
```

【例 2-22】　数组 x 中存储了中国银行 6 天内的收盘价,求其中的最大值和最小值,及其所在位置。

```
import numpy as np
x = np.array([3.45, 3.67, 3.32, 3.48,3.45,3.39])
print('6天内的收盘价最大值为:')
print(x.max())
print('6天内的收盘价最小值为:')
print(x.min())
print('6天内的收盘价最大值索引为:')
print(x.argmax())
print('6天内的收盘价最小值索引为:')
print(x.argmin())
```

运行结果如下。

```
6天内的收盘价最大值为:
3.67
6天内的收盘价最小值为:
3.32
6天内的收盘价最大值索引为:
1
6天内的收盘价最小值索引为:
2
```

2.3.9 一维数组排序

一维数组的排序可以使用 sort()方法或 sorted()函数。

sort(a，axis，kind)方法可以返回输入数组的排序副本。其中，a 为要排序的数组；axis 为沿着它排序数组的轴，如果没有，数组会被展开，沿着最后的轴排序，axis＝0 按列排序，axis＝1 按行排序；kind 默认为'quicksort'(快速排序)。

【例 2-23】 将数组 x 的数据升序排序。

```
import numpy as np
x = np.array([3.45, 3.67, 3.32, 3.48,3.45,3.39])
print('使用 sort 方法排序结果为:')
print(np.sort(x))
print('数组 x 为:',x)
print('使用 sorted 函数排序结果为:')
print(sorted(x))
print('数组 x 为:',x)
print('使用 x.sort 方法排序结果为:')
x.sort()
print('数组 x 为:',x)
```

运行结果如下。

```
使用 sort 方法排序结果为:
[3.32 3.39 3.45 3.45 3.48 3.67]
数组 x 为: [3.45 3.67 3.32 3.48 3.45 3.39]
使用 sorted 函数排序结果为:
[3.32, 3.39, 3.45, 3.45, 3.48, 3.67]
数组 x 为: [3.45 3.67 3.32 3.48 3.45 3.39]
使用 x.sort 方法排序结果为:
数组 x 为: [3.32 3.39 3.45 3.45 3.48 3.67]
```

注意： 数组是按升序排序的，排序后 x.sort()方法会改变原数组 x 的值，而 sorted()函数和 np.sort(x)方法不会改变原数组的值。

2.4 NumPy 模块中二维数组的运用

二维数组的运用包括创建二维数组，要求熟练使用二维数组的索引、切片操作、统计运算。

2.4.1 创建二维数组

创建二维数组

创建一维数组的函数也可以用来创建二维数组，例如，使用 array()函数根据嵌套列表可以创建一个二维数组；利用 NumPy 的内置函数 zeros(n，m)、ones(n，m)也可以创建二维数组。还可以通过 empty(shape)函数创建二维数组，该数组只分配了内存空间，它里面填充的元素都是随机的。

【例 2-24】 创建二维数组。

```
import numpy as np
```

```
#根据嵌套列表创建二维数组
data1 = np.array([[1, 2, 3], [4, 5, 6]])
print("data1:",data1)
#根据嵌套元组创建二维数组
data2 = np.array(((1,3,5),(2,4,6)))
print("data2:",data2)
#根据 zeros(n,m) 函数创建二维数组
data3 = np.zeros((3, 4))
print("data3:",data3)
#根据 ones(n,m) 函数创建二维数组
data4 = np.ones((2, 3))
print("data4:",data4)
#根据 empty() 函数创建二维数组
data5 = np.empty((2, 2))
print("data5:",data5)
```

运行结果如下。

```
data1: [[1 2 3]
 [4 5 6]]
data2: [[1 3 5]
 [2 4 6]]
data3: [[0. 0. 0. 0.]
 [0. 0. 0. 0.]
 [0. 0. 0. 0.]]
data4: [[1. 1. 1.]
 [1. 1. 1.]]
data5: [[2.54639495e-313 2.97079411e-313]
 [3.39519327e-313 3.81959242e-313]]
```

2.4.2 二维数组元素索引和切片

在二维数组中整数索引和切片的使用方法与一维数组略有不同。在二维数组中,每个索引位置上的元素不再是一个标量了,而是一个一维数组。

1. 二维数组索引

数组名[x, y],其中,x 表示行号,y 表示列号。整数列表中的 x 不能超出数组中的最大行数,而 y 不能超过数组中的最大列数。

这种索引方式类似于使用坐标对,可以标明数组中元素的具体索引位置。例如,想获取数组 a 中索引位置为第 0 行第 1 列的元素,可以通过使用索引值[0,1]的引用方式来实现。数组元素与索引值的对应关系如图 2.4 所示。

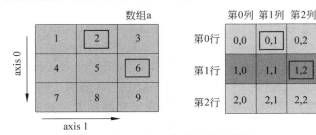

图 2.4 数组元素与索引值的对应关系

如要在数组 a 中获取元素 6,可以使用索引值[1,2]。

注意:在二维数组中将第一个维度 axis 0 称为行,将第二个维度 axis 1 称为列。

【例 2-25】 二维数组的索引。

```
import numpy as np
a = np.arange(12).reshape(3,4)
print('获取第 0 行第 1 列的元素:')
print(a[0,1])                          #1,结果为单个元素
print('获取第 1 行的所有元素:')
print(a[1])                            #[4 5 6 7],结果为数组
```

2. 二维数组切片

二维数组也可以通过冒号分隔切片参数[start:end:step]。与一维数组切片不同的是,二维数组的切片是沿着行或列的方向选取元素的,可以传入一个切片,也可以传入多个切片,还可以将切片与整数索引混合使用。

【例 2-26】 二维数组的切片。

```
import numpy as np
data = np.arange(1,10).reshape(3,3)
#使用一个切片
print('获取数组从第 0 行到第 1 行(不包含第 2 行)的所有元素:')
print(data[:2])
#使用两个切片
print('获取数组第 0 行和第 1 行中,第 0 列和第 1 列的所有元素:')
print(data[0:2,:2])
#切片与整数索引混合使用
print('获取数组第 1 行中,第 0 列和第 1 列的所有元素:')
print(data[1,:2])
print('获取数组第 0 行和第 1 行中,第 2 列的所有元素:')
print(data[:2,2])
```

运行结果如下。

```
获取数组从第 0 行到第 1 行(不包含第 2 行)的所有元素:
[[1 2 3]
 [4 5 6]]
获取数组第 0 行和第 1 行中,第 0 列和第 1 列的所有元素:
[[1 2]
 [4 5]]
获取数组第 1 行中,第 0 列和第 1 列的所有元素:
[4 5]
获取数组第 0 行和第 1 行中,第 2 列的所有元素:
[3 6]
```

3. 花式索引

花式索引是 NumPy 的一个术语,是指用整数数组或列表进行索引。花式索引根据索引数组的值作为目标数组的某个轴的下标来取值。当使用一维数组作为索引时,如果要操作的对象是一维数组,则获取的结果是对应下标的元素。如果要操作的对象是一个二维数组,则获取的结果就是对应下标的一行数据。

注意：花式索引跟切片不一样，它总是将数据复制到新数组中。

【例 2-27】 使用一个数组的花式索引。

```
import numpy as np
data = np.arange(1,17).reshape(4,4)
print('获取第 0 行和第 2 行的所有元素:')
print(data[[0,2]])
print('获取第 3 行、第 1 行和第 2 行的所有元素:')
print(data[[3,1,2]])
```

运行结果如下。

```
获取第 0 行和第 2 行的所有元素:
[[ 1  2  3  4]
 [ 9 10 11 12]]
获取第 3 行、第 1 行和第 2 行的所有元素:
[[13 14 15 16]
 [ 5  6  7  8]
 [ 9 10 11 12]]
```

如果使用两个花式索引操作数组时，会将第一个数组作为行索引，第二个数组作为列索引，以二维数组索引的方式，选取其对应位置的元素。

【例 2-28】 使用两个数组的花式索引。

```
import numpy as np
data = np.arange(1,17).reshape(4,4)
print('获取第 1 行第 1 列,第 3 行第 2 列的元素:')
print(data[[1, 3], [1, 2]])
```

运行结果如下。

```
获取第 1 行第 1 列,第 3 行第 2 列的元素:
[ 6 15]
```

4. 布尔索引

布尔索引指的是将一个布尔数组作为数组索引，返回的数据是布尔数组中 True 对应位置的值。

注意：布尔型数组的长度必须和被索引的轴长度一致。

【例 2-29】 使用布尔索引。

```
import numpy as np
data = np.arange(1,17).reshape(4,4)
b = np.array([False, False, True, False])
print('获取数组第 2 行的元素:')
print(data[b])
print('找出数组中大于 5 的元素:')
print(data[data > 5])
c = np.array([np.nan, 1,2,np.nan,3,4])
print('过滤掉数组中的空值 NaN:')
print(c[~np.isnan(c)])
```

运行结果如下。

```
获取数组第 2 行的元素:
[[ 9 10 11 12]]
找出数组中大于 5 的元素:
[ 6  7  8  9 10 11 12 13 14 15 16]
过滤掉数组中的空值 NaN:
[1. 2. 3. 4.]
```

2.4.3　二维数组基本运算

二维数组
基本运算

一维数组与标量的运算方法同样可以应用到二维数组中。二维数组与标量的算术运算会将标量值传播到数组的各个元素。在二维数组之间也可以使用算术函数和数学函数运算，包括加、减、乘、除、求余、乘方、开平方以及三角函数等内容。

二维数组的运算方法与一维数组相同。在 NumPy 中，大小相等的数组之间的任何算术运算都会应用到元素级，即算术运算只用于位置相同的元素之间。所得的运算结果会组成一个新的二维数组。

【例 2-30】　二维数组的运算。

```python
import numpy as np
data = np.arange(1,7).reshape(2,3)
print('二维数组与标量的运算:')
print('数组元素加 2:',data+2)
print('数组元素减 2:',data-2)
print('数组元素乘 2:',data * 2)
print('数组元素除以 2:',data/2)
print('数组元素整除 2:',data//2)
print('二维数组的函数运算:')
b = np.ones((2,3)) * 2
print('数组 data 加 b:',np.add(data,b))
print('数组 data 减 b:',np.subtract(data,b))
print('数组 data 乘 b:',np.multiply(data,b))
print('数组 data 除以 b 的余数:',np.mod(data,b))
print('数组 data 的 b 次方:',np.power(data,b))
print('数组 data 开平方:',np.sqrt(data))
```

运行结果如下。

```
二维数组与标量的运算:
数组元素加 2: [[3 4 5]
 [6 7 8]]
数组元素减 2: [[-1  0  1]
 [ 2  3  4]]
数组元素乘 2: [[ 2  4  6]
 [ 8 10 12]]
数组元素除以 2: [[0.5 1.  1.5]
 [2.  2.5 3.]]
数组元素整除 2: [[0 1 1]
 [2 2 3]]
二维数组的函数运算:
```

数组 data 加 b: [[3. 4. 5.]
 [6. 7. 8.]]
数组 data 减 b: [[-1.　0.　1.]
 [2.　3.　4.]]
数组 data 乘 b: [[2.　4.　6.]
 [8. 10. 12.]]
数组 data 除以 b 的余数: [[1. 0. 1.]
 [0. 1. 0.]]
数组 data 的 b 次方: [[1.　4.　9.]
 [16. 25. 36.]]
数组 data 开平方: [[1.　　　 1.41421356 1.73205081]
 [2.　　　 2.23606798 2.44948974]]

2.4.4　二维数组统计运算

二维数组统计函数的使用方法与一维数据类似,不同之处在于,对于二维数组而言,可以通过设置参数 axis＝0 或 axis＝1 返回各列或者各行的统计计算结果。

【例 2-31】　二维数组统计函数运算。

```
import numpy as np
c = np.array([[11,3,7],[4,5,6]])
print('求数组 0 轴方向最大值,即每一列的最大值:')
print(c.max(axis=0))
print('求数组 1 轴方向最大值,即每一行的最大值:')
print(c.max(axis=1))
print('求数组 0 轴方向平均值,即每一列的平均值:')
print(c.mean(axis=0))
print('求数组 1 轴方向平均值,即每一行的平均值:')
print(c.mean(axis=1))
print('求数组 0 轴方向和值,即每一列数据相加的和值:')
print(c.sum(axis=0))
print('求数组 1 轴方向和值,即每一行数据相加的和值:')
print(c.sum(axis=1))
print('求数组 0 轴方向最小元素的索引值,即每一列最小元素的索引值:')
print(c.argmin(axis=0))
print('求数组 1 轴方向最小元素的索引值,即每一行最小元素的索引值:')
print(c.argmin(axis=1))
```

运行结果如下。

```
求数组 0 轴方向最大值,即每一列的最大值:
[11　5　7]
求数组 1 轴方向最大值,即每一行的最大值:
[11　6]
求数组 0 轴方向平均值,即每一列的平均值:
[7.5 4.　6.5]
求数组 1 轴方向平均值,即每一行的平均值:
[7. 5.]
求数组 0 轴方向和值,即每一列数据相加的和值:
[15　8 13]
求数组 1 轴方向和值,即每一行数据相加的和值:
[21 15]
```

求数组 0 轴方向最小元素的索引值,即每一列最小元素的索引值:
[1 0 1]
求数组 1 轴方向最小元素的索引值,即每一行最小元素的索引值:
[1 0]

NumPy 二维数组中还可以使用百分位数、中位数、加权平均值、方差、标准差的统计运算函数。

1. 计算百分位数

在 NumPy 模块中可以通过 percentile() 函数计算数组元素的百分位数。百分位数是统计中使用的度量,表示小于这个值的观察值的百分比。语法结构如下。

```
numpy.percentile(a, q, axis)
```

其中,参数 a 表示输入的数组;参数 q 表示要计算的百分位数,值为 0~100;参数 axis 表示沿着它计算百分位数的轴。

百分位数的概念:第 p 个百分位数是这样一个值,它使得至少有 p% 的数据项小于或等于这个值,且至少有(100-p)% 的数据项大于或等于这个值。

【例 2-32】 计算百分位数。

```
import numpy as np
a = np.array([[10,7,4], [3,2,1]])
print('数组 a 百分位为 50% 的值,即数组 a 排序之后的中位数:')
print(np.percentile(a,50))
print('以列的方式计算数组 a 百分位为 50% 的值:')
print(np.percentile(a,50,axis=0))
print('以行的方式计算数组 a 百分位为 50% 的值:')
print(np.percentile(a,50,axis=1))
```

运行结果如下。

```
数组 a 百分位为 50% 的值,即数组 a 排序之后的中位数:
3.5
以列的方式计算数组 a 百分位为 50% 的值:
[6.5 4.5 2.5]
以行的方式计算数组 a 百分位为 50% 的值:
[7. 2.]
```

2. 计算中位数

在 NumPy 模块中可以使用 median() 函数计算数组中元素的中位数(也就是中值)。

【例 2-33】 计算中位数。

```
import numpy as np
a = np.array([[10, 7, 4], [3, 2, 1]])
print('计算数组 a 的中位数:')
print(np.median(a))
print('以列的方式计算数组 a 的中位数:')
print(np.median(a,axis=0))
print('以列的方式计算数组 a 的中位数:')
print(np.median(a,axis=1))
```

运行结果如下。

```
计算数组 a 的中位数:
3.5
以列的方式计算数组 a 的中位数:
[6.5 4.5 2.5]
以列的方式计算数组 a 的中位数:
[7. 2.]
```

3. 计算加权平均值

在 NumPy 模块中可以使用 average() 函数根据在另一个数组中给出的各自的权重，计算数组中元素的加权平均值。

【例 2-34】　计算平均值。

```
import numpy as np
a = np.array([1,2,3,4])
print('数组 a 的平均值为:')
print(np.average(a))                       #无权重值,相当于 mean()函数
wts = np.array([4,3,2,1])                   #权重值数组
#加权平均值计算公式:(1 * 4+2 * 3+3 * 2+4 * 1)/(4+3+2+1)
print('数组 a 的加权平均值为:')
print(np.average(a,weights=wts))
print('returned 为 true,返回加权平均值、权重的和:')
print(np.average([1,2,3, 4],weights=[4,3,2,1],returned=True))
```

运行结果如下。

```
数组 a 的平均值为:
2.5
数组 a 的加权平均值为:
2.0
returned 为 True,返回加权平均值、权重的和:
(2.0, 10.0)
```

4. 计算方差、标准差

在 NumPy 模块中可以使用 var() 函数计算方差，std() 函数计算标准差。在统计学中方差和标准差是测算离散趋势最重要、最常用的指标。诺贝尔经济学奖得主马科维茨创造性地将投资的风险定义为收益率的方差，为现代金融工程的大厦奠定了坚实的基础。在量化投资中，对于风险的度量大多时候是通过方差、标准差来完成的。

统计中的方差(也称样本方差)是每个样本值与全体样本值的平均数之差的平方值的平均数，即 mean((x—x.mean())** 2)。当数据分布比较分散(即数据在平均数附近波动较大)时，各个数据与平均数的差的平方和较大，方差就较大；当数据分布比较集中时，各个数据与平均数的差的平方和较小。因此方差越大，数据的波动越大；方差越小，数据的波动就越小。

统计中的标准差是一组数据平均值分散程度的一种度量。标准差是方差的算术平方根，即 sqrt(mean((x—x.mean())**2))。

【例 2-35】　计算方差和标准差。

```
import numpy as np
```

```
a = np.array([1,2,3,4,5])
print('数组 a 的方差为:')
print(np.var(a))
print('数组 a 的标准差为:')
print(np.std(a))
```

运行结果如下。

```
数组 a 的方差为:
2.0
数组 a 的标准差为:
1.4142135623730951
```

2.4.5　二维数组排序

二维数组排序方法与一维数据类似,不同之处在于,对于二维数组而言,可以通过设置参数 axis＝0 或 axis＝1 实现按列或者行进行排序,默认按行从小到大进行排序。

【**例 2-36**】　二维数组排序。

```
import numpy as np
a = np.array([[11,3,7],[4,9,6]])
print('调用 sort()函数:')
print(np.sort(a))
print('按列排序:')
print(np.sort(a,axis＝0))
print('按行排序并修改原数组值:')
a.sort()
print(a)
```

运行结果如下。

```
调用 sort()函数:
[[ 3  7 11]
 [ 4  6  9]]
按列排序:
[[ 4  3  6]
 [11  9  7]]
按行排序并修改原数组值:
[[ 3  7 11]
 [ 4  6  9]]
```

2.4.6　检索数组元素

在 NumPy 中,all()函数用于判断整个数组中的元素的值是否全部满足条件,如果满足条件返回布尔值 True,否则返回 False。any()函数用于判断整个数组中的元素至少有一个满足条件就返回布尔值 True,否则返回 False。

【**例 2-37**】　二维数组元素检索。

```
import numpy as np
a = np.array([[11,3,7],[4,9,6]])
```

```
b = np.array([[11,-3,-7,],[4,-9,6]])
print("调用 all()函数:")
print(np.all(a>0))
print(np.all(b>0))
print("调用 any()函数:")
print(np.any(a>0))
print(np.any(b>0))
```

运行结果如下。

```
调用 all()函数:
True
False
调用 any()函数:
True
True
```

2.5　矩阵与线性代数运算

矩阵运算

NumPy 中的矩阵库 matrix 是继承自 NumPy 的二维 ndarray 对象,不仅拥有二维数组的属性、方法与函数,还拥有诸多特有的属性与方法。

矩阵和数组虽然在形式上很像,但是矩阵是数学上的概念,而数组只是一种数据存储方式,二者还是有本质区别的。例如,矩阵只能包含数字矩阵、必须是二维的;数组可以包含布尔值,可以是任意维度的。

2.5.1　创建矩阵

NumPy 中可使用 mat()、matrix()或者 bmat()函数来创建矩阵。mat()和 matrix()函数用法相同,可以把列表、元组、range 对象等 Python 可迭代对象转换为矩阵。一个 m×n的矩阵是一个由 m 行 n 列元素排列成的矩形阵列。

在矩阵的使用过程中,将小矩阵组合成大矩阵是一种频率极高的操作。在 NumPy 中可以使用 bmat()矩阵函数实现。

【例 2-38】　创建矩阵。

```
import numpy as np
#将字符串转换为矩阵
m1 = np.mat('1,1,1;2,2,2')
print('m1:',m1)
#将嵌套列表转换为矩阵
m2 = np.matrix([[1, 2, 3], [4, 5, 6], [7, 8, 9]])
print('m2:',m2)
#将 2×3 的矩阵 m1 与 3×3 的矩阵 m2 进行组合
m3 = np.bmat('m1;m2')
print('m3:',m3)
```

运行结果如下。

```
m1: [[1 1 1]
```

```
 [2 2 2]]
m2: [[1 2 3]
 [4 5 6]
 [7 8 9]]
m3: [[1 1 1]
 [2 2 2]
 [1 2 3]
 [4 5 6]
 [7 8 9]]
```

2.5.2　NumPy 矩阵模块 matlib

NumPy 中包含一个矩阵模块 matlib,该模块中的函数返回的是一个矩阵,而不是 ndarray 对象。numpy.matlib 矩阵模块常用函数,如表 2.5 所示。

表 2.5　numpy.matlib 矩阵模块常用函数

方　　法	描　　述
empty(shape)	创建矩阵,填充为随机数
zeros((m,n))	创建以 0 填充的矩阵
ones((m,n))	创建以 1 填充的矩阵
eye(n,M)	创建 n 行 M 列的矩阵,对角线元素为 1,其他位置为 0
rand(m,n)	创建矩阵,填充为随机数

【例 2-39】　使用 numpy.matlib 矩阵库创建矩阵。

```
import numpy as np
import numpy.matlib
#创建 2×2 的 empty 矩阵
mempty = np.matlib.empty((2,2))
print('mempty:',mempty)
#创建 2×2 的全 0 矩阵
mzreos = np.matlib.zeros((2,2))
print('mzreos:',mzreos)
#创建 2×2 的全 1 矩阵
mones = np.matlib.ones((2,2))
print('mones:',mones)
#创建 3×3 对角线元素为 1 的矩阵
eye = np.matlib.eye(3)
print('eye:',eye)
#创建 3×4 对角线元素为 1 的矩阵
meye = np.matlib.eye(n = 3,M = 4)
print('meye:',meye)
#创建 3×3 的随机数矩阵
mrand = np.matlib.rand(3,3)
print('mrand:',mrand)
```

运行结果如下。

```
mempty: [[128.359  59.623]
 [ 10.    -41.1  ]]
mzreos: [[0. 0.]
 [0. 0.]]
mones: [[1. 1.]
 [1. 1.]]
eye: [[1. 0. 0.]
 [0. 1. 0.]
 [0. 0. 1.]]
meye: [[1. 0. 0. 0.]
 [0. 1. 0. 0.]
 [0. 0. 1. 0.]]
mrand: [[0.14709715 0.75336145 0.59772461]
 [0.88729684 0.11195941 0.18712552]
 [0.14111072 0.52358831 0.00724746]]
```

2.5.3　转置矩阵

NumPy 中的 matrix 和线性代数中的矩阵概念几乎完全相同,同样含有转置矩阵、共轭矩阵。矩阵转置是指将矩阵的行和列互换得到新矩阵的操作,原矩阵的第 i 行变为新矩阵的第 i 列,原矩阵的第 j 列变为新矩阵的第 j 行。例如,一个 i×j 的矩阵转置之后得到 j×i 的矩阵。

在 NumPy 中,矩阵对象的属性 T 可以实现转置的功能,属性 H 可以返回自身的共轭转置。

【例 2-40】 求转置矩阵。

```
import numpy as np
m = np.matrix([[1, 2, 3], [4, 5, 6], [7, 8, 9]])
#矩阵 m 的简单转置矩阵
mt = m.T
print("mt:",mt)
#矩阵 m 的共轭转置矩阵
mh = m.H
print("mh:",mh)
```

运行结果如下。

```
mt: [[1 4 7]
 [2 5 8]
 [3 6 9]]
mh: [[1 4 7]
 [2 5 8]
 [3 6 9]]
```

2.5.4　矩阵运算

在 NumPy 中,矩阵运算方法和二维数组计算类似。矩阵与标量的算术运算会将标量值传播到矩阵的各个元素。在矩阵中也可以使用统计函数,使用方法与二维数组一致。

【例 2-41】 矩阵的运算。

```python
import numpy as np
m1 = np.matrix([[1, 2, 3], [4, 5, 6], [7, 8, 9]])
print("m1:",m1)
#矩阵的标量运算
m2 = m1 * 3
print("m2:",m2)
m3 = m2-m1
print("m3:",m3)
#矩阵之间的运算
m4 = m1 * m2
print("m4:",m4)
m5 = np.multiply(m1,m2)
print("m5:",m5)
#矩阵的统计运算
m6 = m1.sum(axis=1)
print("m6:",m6)
m7 = m1.mean(axis=0)
print("m7:",m7)
m8 = m1.max()
print("m8:",m8)
```

运行结果如下。

```
m1: [[1 2 3]
 [4 5 6]
 [7 8 9]]
m2: [[ 3  6  9]
 [12 15 18]
 [21 24 27]]
m3: [[ 2  4  6]
 [ 8 10 12]
 [14 16 18]]
m4: [[ 90 108 126]
 [198 243 288]
 [306 378 450]]
m5: [[  3  12  27]
 [ 48  75 108]
 [147 192 243]]
m6: [[ 6]
 [15]
 [24]]
m7: [[4. 5. 6.]]
m8: 9
```

注意：通过"＊"对两个矩阵相乘，得到的是一个元素级的积，而不是一个矩阵点积。使用 multiply() 函数求乘积时，得到的结果为矩阵位置对应元素点乘的值。

2.5.5 线性代数运算

线性代数
运算

NumPy 包含 linalg 模块，提供线性代数所需的功能，如计算逆矩阵、求解线性方程组、求特征值、奇异值分解以及求解行列式等。numpy.linalg 模块中的一些常用函数，如表 2.6 所示。

表 2.6　numpy.linalg 模块常用函数

方　　法	描　　述
dot()	两个数组的点积，即元素对应相乘
inv()	求矩阵的乘法逆矩阵
solve()	求解线性矩阵方程
eig()	求特征值和特征向量
eigvals()	求特征值
svd()	计算奇异值分解
det()	求行列式

NumPy 中的 dot() 方法对于两个一维数组，计算的是这两个数组对应下标元素的乘积和（数学上称之为内积）；dot() 方法对于二维数组而言，计算的是两个数组的矩阵乘积。

能够实现矩阵点积的条件是，矩阵 A 的列数等于矩阵 B 的行数，假设 A 为 $m \times p$ 的矩阵 $A = (a_{ij})_{i,j=1}^{m;p}$，$B$ 为 $p \times n$ 的矩阵 $B = (b_{ij})_{i,j=1}^{p;n}$，则矩阵 A 与 B 的乘积就是一个 $m \times n$ 的矩阵 $C = (a_{ij})_{i,j=1}^{m;n}$，矩阵 C 的第 i 行第 j 列的元素可以表示为 $c_{ij} = \sum_{k=1}^{p} a_{ik} b_{kj}$。

【例 2-42】　线性代数的点积运算。

```python
import numpy as np
a = np.array([[1,2,3],[4,5,6]])
b = np.array([[1,2],[3,4],[5,6]])
c = np.dot(a,b)
print("c:",c)
```

运行结果如下。

```
c: [[22 28]
 [49 64]]
```

NumPy 中的 solve() 方法可以求解形式如下的线性方程组。

$$\begin{cases} a_{11}x_1 + a_{12}x_2 + \cdots + a_{1n}x_n = b_1 \\ a_{21}x_1 + a_{22}x_2 + \cdots + a_{2n}x_n = b_2 \\ \cdots \\ a_{n1}x_1 + a_{n2}x_2 + \cdots + a_{nn}x_n = b_n \end{cases}$$

该线性方程组可以写作矩阵相乘的形式：$Ax = b$。

使用 solve() 方法可以求解形如 $Ax = b$ 的线性矩阵方程，其中，A 为 $n \times n$ 的矩阵，x 和 b 是 $n \times 1$ 的矩阵。

【例 2-43】 求解线性方程组。

```
import numpy as np
A = np.matrix([[1,-1],[2,0]])
b = np.array([4,3])
x = np.linalg.solve(A,b)
print(x)
```

运行结果如下。

```
[ 1.5 -2.5]
```

小结

本章学习了 Python 的科学计算模块 NumPy。在 NumPy 模块中重点学习了如何创建一维数组和二维数组,NumPy 数组支持的标量运算加、减、乘、除等,数学运算函数包括比较常见的三角函数、四舍五入函数、向上取整函数等,统计函数包括从数组中查找最小元素、最大元素、求和、求算术平均值等。了解了数组去重运算、包含运算与数组排序的方法。最后介绍了 NumPy 中包含的矩阵模块 matlib、矩阵的属性、线性代数运算及 linalg 模块。

习题

一、单选题

1. 下列选项中用来表示数组维度的属性是( )。
    A. dimension   B. shape   C. size   D. type
2. 已知 a = np.arange(9).reshape(3,3),执行语句 print(a[:,1,1:]),输出结果为( )。
    A. [[0 1]]   B. [[3 4]]   C. [[1 2]]   D. [[4 5]]
3. 下列函数中( )可以计算数组元素相乘。
    A. add   B. divide   C. multiply   D. subtract
4. 已知 a = np.array([4,16]),语句( )可以实现计算数组各元素的平方根。
    A. print(np.abs(a))   B. print(np.sqrt(a))
    C. print(np.square(a))   D. print(np.floor(a))
5. 已知 a = np.arange(9).reshape(3,3),要访问数组 a 的数值 5,正确的索引表达式为( )。
    A. a[5]   B. a[2,2]   C. a[1,2]   D. a[1,3]
6. 创建数组,并且数组的 5 个元素均为 1,实现该功能的命令为( )。
    A. np.array([1])   B. np.ones(5)   C. np.arange(5)   D. np.zeros(5)

二、判断题

1. 已知 a = np.array([2,4,6,8,9]),执行语句 a[2]=5,可以将数组 a 的元素 2 修改

为 5。 　　　　　　　　　　　　　　　　　　　　　　　　　　　　（　　）

2. NumPy 模块中,数组是用来存储若干数据的连续内存空间,其中的元素一般是相同类型的。 　　　　　　　　　　　　　　　　　　　　　　　　　　（　　）

3. NumPy 模块中修改数组中元素的值可以使用 append()、insert()函数。 （　　）

4. NumPy 模块中数组的切片操作会改变原数组的数据,保存为切片操作后的数据内容。 　　　　　　　　　　　　　　　　　　　　　　　　　　　（　　）

5. NumPy 模块中数组只能独立操作,数组之间不能进行集成与整合。 （　　）

6. 如果没有明确地指明数组中元素的类型,则默认为 int64。 　　（　　）

7. NumPy 模块中数组不需要循环遍历,即可对每个元素执行批量的算术运算操作。
　　　　　　　　　　　　　　　　　　　　　　　　　　　　　　（　　）

8. NumPy 模块中多维数组的切片是沿着行或者列的方向选取元素的。 （　　）

9. NumPy 模块中使用布尔索引时,布尔型数组的长度可以是任意的。 （　　）

10. NumPy 模块中使用标准差进行统计分析时,如果对于一组特定的数据其标准差较大,则代表大部分数值和其平均值之间差异不大。 　　　　　　　　（　　）

第 3 章

金融数据分析中 Pandas 模块的应用

本章学习目标

- 理解 Pandas 库的数据类型。
- 熟练掌握序列(Series)对象的创建方法。
- 熟练掌握序列对象的访问方法。
- 熟练掌握序列对象的编辑方法。
- 熟练掌握序列对象的运算方法。
- 熟练掌握数据框(DataFrame)对象的创建方法。
- 熟练掌握数据框对象的访问方法。
- 熟练掌握数据框对象的编辑方法。
- 熟练掌握数据框对象的读写方法。
- 熟练掌握数据框对象的数据处理方法。

本章首先介绍 Pandas 库的特点、安装方法及 Pandas 库的数据结构,然后详细介绍序列、数据框的创建过程、访问方式,以及 Pandas 库中常用的数据处理、数据运算、数据聚合方法。

3.1 Pandas 库概述

1. Pandas 简介

Pandas 最初由 Wes McKinney 于 2008 年开发,于 2009 年实现开源。Pandas 这个名字来源于面板数据(Panel Data)与数据分析(Data Analysis)这两个名词的组合。Pandas 是基于 NumPy 的开源的第三方 Python 库,Pandas 是为解决数据分析任务而创建的。Pandas 包含大量的库和一些标准的数据模型,提供了高效操作大型数据集所需的工具。Pandas 是使 Python 成为强大而高效的数据分析环境的重要因素之一。Pandas 已广泛应用于金融、农业、工业、交通等许多领域。

2. Pandas 主要特点

Pandas 主要具有以下几个特点。

(1) 提供了一个简单、高效、带有默认标签(也可以自定义标签)的 DataFrame 对象。

(2) 能够快速地从不同格式的文件中加载数据(如 Excel、CSV、SQL 文件),然后将其转换为可处理的对象。

（3）能够按数据的行、列标签进行分组，并对分组后的对象执行聚合和转换操作。

（4）能够很方便地实现数据缺失值处理和归一化操作。

（5）能够很方便地对 DataFrame 的数据列进行增加、修改或者删除等操作。

（6）能够处理不同格式的数据集，如矩阵数据、异构数据表、时间序列等。

（7）提供了多种处理数据集的方式，如构建子集、切片、过滤、分组及重新排序等。

3. Pandas 主要优势

与其他语言的数据分析包相比，Pandas 具有以下优势。

（1）Pandas 的 DataFrame 和 Series 构建了适用于数据分析的存储结构。

（2）Pandas 简洁的 API 能够让使用者专注于代码的核心层面。

（3）Pandas 实现了与其他库的集成，如 SciPy、Scikit-Learn 和 Matplotlib。

（4）Pandas 官方网站（https://pandas.pydata.org/）提供了完善的资料支持，具有良好的社区环境。

3.2　Pandas 的安装

Pandas 是 Python 的第三方模块，Python 官网的发行版本是不包含该模块的。在 Windows 系统下可以通过以下方式安装 Pandas 模块。

先进入命令行窗口当中，然后在 cmd 窗口中使用 pip 命令，安装 Pandas 模块，安装代码如下。

```
python -m pip install pandas
```

在 Anaconda 发行版中，Pandas 模块已集成在系统中，用户可以直接在 Python 程序中导入并使用 Pandas 库，无须进行任何安装步骤。用户在使用 import 语句导入 Pandas 库时习惯为 Pandas 库取别名为 pd，导入 Pandas 库代码如下。

```
import pandas as pd                    #导入 Pandas 库,并为 Pandas 库取别名为 pd
```

3.3　Pandas 的数据类型及结构

1. Pandas 支持的数据类型

NumPy 支持的数据类型是数值型和布尔型数据，而 Pandas 支持的数据类型更为丰富，Pandas 支持的数据类型如表 3.1 所示。

表 3.1　Pandas 支持的数据类型

序号	Pandas 支持的数据类型	用　　途
1	object	文本
2	int64	整数

续表

序号	Pandas 支持的数据类型	用　途
3	float64	浮点数
4	bool	布尔值
5	datetime64	日期时间
6	timedelta[ns]	时间差
7	category	有限长度的文本值列表

2. Pandas 支持的数据结构

Pandas 的主要数据结构是序列(Series：一维数据)和数据框(DataFrame：二维数据),序列(Series)是一种类似于一维数组的对象,它由一组数据(各种 NumPy 数据类型)及一组与之相关的数据标签(即索引)组成。数据框(DataFrame)是一个表格型的数据结构,它含有一组有序的列,每列的数值类型可以不同(数值、字符串、布尔型等)。既有行索引也有列索引,可以被看作由 Series 组成的字典(共同用一个索引)。序列和数据框这两种数据结构虽然不能解决所有问题,但它们为大多数应用提供了灵活、有效、强大的工具,足以处理金融、统计、社会科学、工程等领域里的大多数典型用例。

3.4　Series 对象

Series 对象是 Pandas 常用的数据结构之一,它是一种类似于一维数组的结构,由一组数据值(values)和一组标签(索引)组成,其中,标签与数据值之间是一一对应的关系。Series 可以保存任何数据类型,如整数、字符串、浮点数、Python 对象等,它的标签默认为 np.arrange(n)类型。Series 的结构如图 3.1 所示。

Pandas 使用 Series()函数来创建 Series 对象,Series()函数原型结构如下。

```
pandas.Series(data, index, dtype, name,
copy)
```

Series()函数参数如表 3.2 所示。

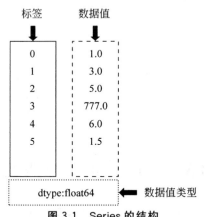

图 3.1　Series 的结构

表 3.2　Series()函数参数

参数名称	说　明
data	输入的数据,可以是列表、常量、ndarray 数组等
index	索引值必须是唯一的,如果没有传递索引,则默认为 np.arrange(n)

参数名称	说　　明
dtype	dtype 表示数据类型,如果没有提供,则会自动判断得出
name	设置名称
copy	表示对 data 进行复制,默认为 False

3.4.1　Series 对象的创建

1. 创建空的 Series 对象

利用 Series()函数能创建空的 Series 对象。

【例 3-1】　使用 Series()函数创建一个空 Series 对象。

```
#导入 Pandas 库,并为 Panda 库取别名为 pd
import pandas as pd
#创建一个空 Series 对象 S1
S1 = pd.Series()
#显示 S1
print(S1)
```

2. 通过传入一个列表创建 Series 对象

利用 Series()函数,通过传入一个列表来创建一个 Series 对象,Series()函数将列表转换成 Series 对象。

【例 3-2】　通过传入一个列表创建一个 Series 对象。

```
import pandas as pd
#指定列表创建 Series 对象
S2 = pd.Series([1, 2, 3, 4, 5])
print(S2)
```

例 3-2 是将列表换成 Series 对象,创建 Series 对象 S2,列表中的元素转换成 Series 对象中的数据值,未指定 Series 对象的索引(index),因此使用默认索引。默认索引为 np. arrange(n)类型,索引从 0 开始,Series 对象 S2 第 1 列为 Series 对象的索引,第 2 列为 Series 对象的数据值。代码运行结果如下。

```
runfile('D:/第 3 章代码/3-2.py', wdir='D:/第 3 章代码')
0    1
1    2
2    3
3    4
4    5
dtype: int64
```

【例 3-3】　通过传入一个列表,并指定索引,创建一个指定索引的 Series 对象。

```
import pandas as pd
#指定 Series 对象的索引
```

```
S3 = pd.Series([1, 2, 3, 4, 5],index=['a', 'b', 'c', 'd', 'e'])
print(S3)
```

例 3-3 通过传入列表数据创建 Series 对象时，设置 index 参数为 Series 对象指定索引。Series 对象的索引不仅可以用整数，也可以使用字符串。代码的运行结果如下。

```
runfile('D:/第 3 章代码/3-3.py', wdir='D:/第 3 章代码')
a    1
b    2
c    3
d    4
e    5
dtype: int64
```

3. 通过传入一个元组创建 Series 对象

与通过传入一个列表创建 Series 对象类似，也可以通过传入一个元组创建 Series 对象。

【例 3-4】　通过传入一个元组，创建一个数据类型不同的 Series 对象。

```
import pandas as pd
#指定元组创建 Series 对象
S4=pd.Series((1,2,3,4,'Series'))
print(S4)
```

例 3-4 是利用 Pandas 中的 Series() 函数将元组转换为 Series 对象，Series 对象 S4 中的前 4 个数据的类型是整型，最后一个数据为字符串。从本例中可以看到，Series 对象中的数据类型可以不相同，Series 对象 S4 的索引为默认索引。代码运行结果如下。

```
runfile('D:/第 3 章代码/3-4.py', wdir='D:/第 3 章代码')
0        1
1        2
2        3
3        4
4     Series
dtype: object
```

【例 3-5】　通过传入一个元组，创建一个指定索引的 Series 对象。

```
import pandas as pd
#通过元组创建 Series 类对象，并指定索引
S5 = pd.Series((1,2,3,4,'Series'),index=('a','b','c','d','e'))
print(S5)
```

代码运行结果如下。

```
runfile('D:/第 3 章代码/3-5.py', wdir='D:/第 3 章代码')
a        1
b        2
c        3
d        4
e     Series
dtype: object
```

4. 通过传入一个数组创建 Series 对象

使用指定数组创建 Series 对象,数组(ndarray)是 NumPy 模块的数据类型,在使用数组创建 Series 对象时需要导入 NumPy 包。

【例 3-6】　通过传入一个数组,创建一个 Series 对象。

```
import pandas as pd
#导入 NumPy 库,并简写为 np
import numpy as np
#指定数组创建默认 Series 对象
S6=pd.Series(np.array([11,12,14,17.1]))
print(S6)
```

代码运行结果如下。

```
runfile('D:/第 3 章代码/3-6.py', wdir='D:/第 3 章代码')
0    11.0
1    12.0
2    14.0
3    17.1
dtype: float64
```

【例 3-7】　通过传入一个数组,创建一个指定索引的 Series 对象。

```
import pandas as pd
#导入 NumPy 库,并简写为 np
import numpy as np
#指定数组创建特定索引的 Series 对象
S7=pd.Series(np.array([11,12,14,17.1]),index=['a', 'b', 'c', 'd'])
print(S7)
```

代码运行结果如下。

```
runfile('D:/第 3 章代码/3-7.py', wdir='D:/第 3 章代码')
a    11.0
b    12.0
c    14.0
d    17.1
dtype: float64
```

5. 通过传入一个字典创建 Series 对象

除了使用列表、元组、数组构建 Series 对象外,还可以使用字典创建 Series 对象。使用字典创建 Series 对象时,如果没有传入索引时会按照字典的键构造索引;反之,当传递了索引时需要将索引与字典中的值一一对应。

【例 3-8】　通过传入一个字典,创建一个 Series 对象。

```
import pandas as pd
#创建字典 dic_data
dic_data = {2019: 17.8, 2020: 20.1, 2021: 16.5}
#传入字典 dic_data,创建 Series 对象 S8
S8 = pd.Series(dic_data)
print(S8)
```

dic_data 的键转换为 Series 对象中的索引,dic_data 中的值转换为 Series 对象中的数据,代码运行结果如下。

```
runfile('D:/第 3 章代码/3-8.py', wdir='D:/第 3 章代码')
2019    17.8
2020    20.1
2021    16.5
dtype: float64
```

【例 3-9】 通过传入一个字典,指定索引创建一个 Series 对象。

```
import pandas as pd
#创建字典 dic_data
dic_data = {2019: 17.8, 2020: 20.1, 2021: 16.5}
#传入字典 dic_data,指定索引创建 Series 对象
S9 = pd.Series(dic_data,index=(2020,2019,2021,2018))
print(S9)
```

代码运行结果如下。

```
runfile('D:/第 3 章代码/3-9.py', wdir='D:/第 3 章代码')
2020    20.1
2019    17.8
2021    16.5
2018     NaN
dtype: float64
```

当索引是字典中的键时,将字典中与该键对应的值作为 Series 对象的数据,即当字典中的键作为 Series 对象中的索引时,需要将索引与字典中的值一一对应。当定义的索引在字典中不存在与之匹配的键时,索引对应的值为 NaN。Series 对象 S9 中的索引 2018 并不是字典 dic_data 的键,故其对应的数据值为 NaN。

6. 利用标量创建 Series 对象

用标量创建 Series 对象时必须指定索引。

【例 3-10】 使用标量创建一个 Series 对象。

```
import pandas as pd
#使用标量创建 Series 对象
S10 = pd.Series(111,index=('a','b','c','d'))
print(S10)
```

代码运行结果如下。

```
runfile('D:/第 3 章代码/3-10.py', wdir='D:/第 3 章代码')
a    111
b    111
c    111
d    111
dtype: int64
```

标量值按照 index 参数的数量进行重复,并与其一一对应。因此本例中的 Series 对象 S10 中的 4 个数据都是 111。

以上介绍了 6 种创建 Series 对象的方法,其中通过传入列表、元组、数组创建指定索引的 Series 对象时,数据的长度要与索引的长度保持一致,如果数据长度与索引的个数不相同时,会报错。

3.4.2　Series 对象的访问

序列的应用

Series 对象的访问主要有以下方式:索引访问、切片访问、布尔访问、迭代访问。

1. 索引访问

1) 位置索引访问 Series 对象中的单个数据

与访问列表和数组类似,根据位置索引访问 Series 对象中的元素是利用 Series 对象中元素自身的下标进行访问的。Series 对象的第 1 个元素的下标为 0,第 2 个元素的下标为 1,以此类推,Series 对象每个元素都有且只有一个与之相对应的下标。根据这个唯一的下标就可以访问 Series 对象中任意一个元素。位置索引访问的格式为"索引对象名[位置索引]"。

【例 3-11】　使用位置索引访问 Series 对象中的单个数据。

```
import pandas as pd
#导入 NumPy 库,并简写为 np
import numpy as np
#指定数组创建特定索引的 Series 对象
S=pd.Series(np.array([11,12,14,17.1]),index=['a', 'b', 'c', 'd'])
#访问 Series 对象中的第 1 个数据 11.0
print(S[0])
#访问 Series 对象中的最后 1 个数据 17.1
print(S[3])
print(S[-1])
```

代码运行结果如下。

```
runfile('D:/第 3 章代码/3-11.py', wdir='D:/第 3 章代码')
11.0
17.1
17.1
```

2) 索引标签访问 Series 对象中的单个数据

当 Series 对象使用指定索引时不仅可以通过位置索引访问 Series 对象中的单个数据,还可以通过索引标签访问 Series 对象中的单个数据,索引标签访问的格式为"索引对象名[索引标签]"。

【例 3-12】　使用索引标签访问 Series 对象中的单个数据。

```
import pandas as pd
import numpy as np
#指定数组创建特定索引的 Series 对象
S=pd.Series(np.array([11,12,14,17.1]),index=['a', 'b', 'c', 'd'])
dic_data = {2019: 17.8, 2020: 20.1, 2021: 16.5}
#传入字典 dic_data,创建 Series 对象 SS
SS = pd.Series(dic_data)
#访问 Series 对象 S 中的第 1 个数据 11.0
print(S['a'])
```

```
#访问 Series 对象 S 中的最后 1 个数据 17.1
print(S['d'])
#访问 Series 对象 SS 中的第 2 个数据 20.1
print(SS[2020])
```

代码运行结果如下。

```
runfile('D:/第 3 章代码/3-12.py', wdir='D:/第 3 章代码')
11.0
17.1
20.1
```

此种访问方式如果使用 Series 对象索引中不存在的标签,则会报错。

3）位置索引列表访问 Series 对象中的多个数据

位置索引列表访问 Series 对象中的多个数据,语法格式为"Series 对象名[位置索引列表]",取出索引列表元素对应的多个数据值,相当于将 Series 对象进行了拆分。

【例 3-13】 使用位置索引列表访问 Series 对象中的多个数据。

```
import pandas as pd
#导入 NumPy 库,并简写为 np
import numpy as np
#指定数组创建特定索引的 Series 对象
S=pd.Series(np.array([11,12,14,17.1]),index=['a', 'b', 'c', 'd'])
#访问 Series 对象 S 中的第 1、3、4 个数据
S_POS_index = S[[0,2,3]]
print("S_POS_index 的内容为:\n",S_POS_index)
```

代码运行结果如下。

```
runfile('D:/第 3 章代码/3-13.py', wdir='D:/第 3 章代码')
S_POS_index 的内容为:
a    11.0
c    14.0
d    17.1
dtype: float64
```

4）索引标签列表访问 Series 对象中的多个数据

语法格式为"Series 对象名[索引标签列表]"。

【例 3-14】 使用索引标签列表访问 Series 对象中的多个数据。

```
import pandas as pd
#导入 NumPy 库,并简写为 np
import numpy as np
#指定数组创建特定索引的 Series 对象
S=pd.Series(np.array([11,12,14,17.1]),index=['a', 'b', 'c', 'd'])
#访问 Series 对象 S 中的第 1、3、4 个数据
S_Label_index = S[['a','c','d']]
print("S_Label_index 的内容为:\n",S_Label_index)
```

代码运行结果如下。

```
runfile('D:/第 3 章代码/3-14.py', wdir='D:/第 3 章代码')
```

S_Label_index 的内容为:
```
a    11.0
c    14.0
d    17.1
dtype: float64
```

2. 切片访问

Series 对象的切片访问可以一次性取出 1 个或多个数据,语法格式为"Series 对象名[start：end：step]",其中,start 为起始索引,end 为结束索引,step 是步长,默认步长为 1,start 和 end 可以是整数或字符串。Series 对象的切片访问是将索引和数据同时取出,返回的结果是一个 Series 对象。

【例 3-15】　位置索引的切片访问。

```
import pandas as pd
#导入 NumPy 库,并简写为 np
import numpy as np
#指定数组创建特定索引的 Series 对象
S=pd.Series(np.array([11,12,14,17.1]),index=['a', 'b', 'c', 'd'])
#访问 Series 对象中起始位置下标为 0、终止下标为 4、步长为 2 的元素,取值范围为[0,4)
S_Slices = S[0:4:2]
#访问 Series 对象中起始位置下标为 3、终止下标为 0、步长为-1 的元素
S1_Slices = S[3:0:-1]
#逆序访问 Series 对象中的元素
S2_Slices = S[::-1]
print("S_Slices 的内容为:\n",S_Slices)
print("S1_Slices 的内容为:\n",S1_Slices)
print("S2_Slices 的内容为:\n",S2_Slices)
```

代码运行结果如下。

```
runfile('D:/第 3 章代码/3-15.py', wdir='D:/第 3 章代码')
S_Slices 的内容为:
a    11.0
c    14.0
dtype: float64
S1_Slices 的内容为:
d    17.1
c    14.0
b    12.0
dtype: float64
S2_Slices 的内容为:
d    17.1
c    14.0
b    12.0
a    11.0
dtype: float64
```

【例 3-16】　索引标签的切片访问。

```
import pandas as pd
#导入 NumPy 库,并简写为 np
import numpy as np
```

```
#指定数组创建特定索引的 Series 对象
S=pd.Series(np.array([11,12,14,17.1]),index=['a', 'b', 'c', 'd'])
#访问 Series 对象中起始索引标签为'a'、终止索引标签为'd'、步长为 2 的元素
S_Index_Slices = S['a':'d':2]
#访问 Series 对象中起始索引标签为'd'、终止索引标签为'a'、步长为-1 的元素
S1_Index_Slices = S['d':'a':-1]
print("S_Index_Slices 的内容为:\n",S_Index_Slices)
print("S1_Index_Slices 的内容为:\n",S1_Index_Slices)
```

代码运行结果如下。

```
runfile('D:/第 3 章代码/3-16.py', wdir='D:/第 3 章代码')
S_Index_Slices 的内容为:
a    11.0
c    14.0
dtype: float64
S1_Index_Slices 的内容为:
d    17.1
c    14.0
b    12.0
a    11.0
dtype: float64
```

3. 布尔访问

Series 对象的布尔访问语法格式为"Series 对象名[布尔表达式]",返回满足布尔表达式为 True 的 Series 对象。

【例 3-17】 布尔访问 Series 对象。

```
import pandas as pd
#导入 NumPy 库,并简写为 np
import numpy as np
#指定数组创建特定索引的 Series 对象
S=pd.Series(np.array([11,12,14,17.1]),index=['a', 'b', 'c', 'd'])
#访问 Series 对象中数据值大于 13 的对象
S_Bool = S[S>13]
#访问 Series 对象中数据值不等于 17.1 的对象
S1_Bool = S[S!=17.10]
print("Series 对象中数据值大于 13 的对象:\n",S_Bool)
print("Series 对象中数据值不等于 17.1 的对象:\n",S1_Bool)
```

代码运行结果如下。

```
runfile('D:/第 3 章代码/3-17.py', wdir='D:/第 3 章代码')
Series 对象中数据值大于 13 的对象:
c    14.0
d    17.1
dtype: float64
Series 对象中数据值不等于 17.1 的对象:
a    11.0
b    12.0
c    14.0
dtype: float64
```

4. 迭代访问

1）迭代访问 Series 对象的数据值

通过循环语句迭代访问 Series 对象中的数据。此种访问方式返回 Series 对象中的数据值，而不是 Series 对象。

【例 3-18】 迭代访问 Series 对象的数据值。

```
import pandas as pd
#导入 NumPy 库,并简写为 np
import numpy as np
#指定数组创建特定索引的 Series 对象
S=pd.Series(np.array([11,12,14,17.1]),index=['a', 'b', 'c', 'd'])
print("循环迭代访问 Series 对象的结果是:")
for i in S:
    print(i,end=' ')
```

代码运行结果如下。

```
runfile('D:/第 3 章代码/3-18.py', wdir='D:/第 3 章代码')
循环迭代访问 Series 对象的结果是:
11.0 12.0 14.0 17.1
```

2）迭代访问 Series 对象

通过 Series 对象中的 iteritems()函数访问 Series 对象,iteritems()函数返回由索引和与之相对应的数据值组成的元组。

【例 3-19】 iteritems()函数访问 Series 对象。

```
import pandas as pd
#导入 NumPy 库,并简写为 np
import numpy as np
#指定数组创建特定索引的 Series 对象
S=pd.Series(np.array([11,12,14,17.1]),index=['a', 'b', 'c', 'd'])
for i in S.iteritems():
    print(i)
```

返回包含索引和与之对应的数据值的元组,代码运行结果如下。

```
runfile('D:/第 3 章代码/3-19.py', wdir='D:/第 3 章代码')
('a', 11.0)
('b', 12.0)
('c', 14.0)
('d', 17.1)
```

3.4.3　Series 对象的编辑

Series 对象的编辑操作主要有添加、修改、删除等。

1. Series 对象的数据添加

Series 对象的数据添加可以通过赋值及 append()方法实现。

1）利用赋值操作为 Series 对象添加数据

【例 3-20】 使用赋值方法为默认索引的 Series 对象添加数据。

```
import pandas as pd
#指定列表创建 Series 对象,索引为默认索引
S1 = pd.Series([11,12,13,14,15])
print("执行添加数据操作前 Series 对象 S1 的内容为:\n{}".format(S1))
#向 Series 对象 S1 添加两个数据 100 和 200,使用整数索引
S1[5] = 100
S1[6] = 200
print("赋值方法添加数据后 Series 对象 S1 的内容为:\n{}".format(S1))
#向 Series 对象 S1 添加两个数据 300 和 400,指定索引为字符串
S1['a'] = 300
S1['new'] = 400
print("执行添加数据操作后 Series 对象 S1 的内容为:\n{}".format(S1))
```

代码运行结果如下。

```
runfile('D:/第 3 章代码/3-20.py', wdir='D:/第 3 章代码')
执行添加数据操作前 Series 对象 S1 的内容为:
0    11
1    12
2    13
3    14
4    15
dtype: int64
赋值方法添加数据后 Series 对象 S1 的内容为:
0     11
1     12
2     13
3     14
4     15
5    100
6    200
dtype: int64
执行添加数据操作后 Series 对象 S1 的内容为:
0      11
1      12
2      13
3      14
4      15
5     100
6     200
a     300
new   400
dtype: int64
```

【例 3-21】 使用赋值方法为指定索引的对象添加数据。

```
import pandas as pd
#导入 NumPy 库,并简写为 np
import numpy as np
#指定数组创建特定索引的 Series 对象
S=pd.Series(np.array([11,12,14,17.1]),index=['a', 'b', 'c', 'd'])
print("执行添加数据操作前 Series 对象 S 的内容为:\n{}".format(S))
#向 Series 对象 S 中添加两个数据 100 和 200,并指定索引为'e'和'f'
```

```
S['e']=100
S['f']=200
print("执行添加数据操作后 Series 对象 S 的内容为:\n{}".format(S))
```

代码运行结果如下。

```
runfile('D:/第 3 章代码/3-21.py', wdir='D:/第 3 章代码')
执行添加数据操作前 Series 对象 S 的内容为:
a    11.0
b    12.0
c    14.0
d    17.1
dtype: float64
执行添加数据操作后 Series 对象 S 的内容为:
a    11.0
b    12.0
c    14.0
d    17.1
e    100.0
f    200.0
dtype: float64
```

利用赋值操作为 Series 对象添加数据时,如果 Series 对象的索引为整数,则新添加数据的索引既可以是整数,也可以是字符串;如果 Series 对象的索引为字符串,则新添加元素的索引也要是字符串,否则系统会报错。

2) 利用 append() 方法为 Series 对象添加数据

Series 对象中的 append() 方法能够实现为 Series 对象末尾添加数据,并返回添加新元素后的 Series 对象,Series 对象中的 append() 方法的原型为

```
append(other, ignore_index, verify_integrity)
```

append() 方法的主要参数说明如表 3.3 所示。

表 3.3　append() 方法的主要参数

参 数 名 称	描　　述
other	表示要添加的对象
ignore_index	默认值为 False。当值为 True 时表示忽略 other 对象设置的索引(index);反之,其值为 False 时表示添加的数据使用 other 对象设置的索引
verify_integrity	默认值为 False。当值为 True 时若设置的 index 索引相同,则会提示"ValueError"

【例 3-22】　使用 append() 方法为 Series 对象添加数据。

```
import pandas as pd
#指定列表创建 Series 对象 S1,索引为默认索引
S1 = pd.Series([11,12,13,14,15],index=['a','b','c','d','e'])
#指定字典创建 Series 对象 S2,索引为字典的键
S2 = pd.Series({2019: 17.8, 2020: 20.1, 2021: 16.5})
#append() 方法实现在 Series 对象 S1 的末尾添加 Series 对象 S2
S_new = S1.append(S2)
```

```
print("添加新元素后 S1 的内容:\n{}".format(S1))
print("添加新元素后 S2 的内容:\n{}".format(S2))
print("添加新元素后 S_new 的内容:\n{}".format(S_new))
```

代码运行结果如下。

```
runfile('D:/第 3 章代码/3-22.py', wdir='D:/第 3 章代码')
添加新元素后 S1 的内容:
a    11
b    12
c    13
d    14
e    15
dtype: int64
添加新元素后 S2 的内容:
2019    17.8
2020    20.1
2021    16.5
dtype: float64
添加新元素后 S_new 的内容:
a       11.0
b       12.0
c       13.0
d       14.0
e       15.0
2019    17.8
2020    20.1
2021    16.5
dtype: float64
```

本例利用 append()方法将 Series 对象 S2 添加到 Series 对象 S1 的尾部,append()方法并未改变 S1 和 S2 的内容,而是返回添加数据的新 Series 对象,返回结果可以赋值给原 Series 对象,也可以像本例将返回结果赋值一个新的 Series 对象(S_new)。利用 append()方法添加数据,返回的新 Series 对象保留原来 Series 对象的索引(S1、S2 的索引)。

【例 3-23】 使用 append()方法为 Series 对象添加数据,并重新设置索引。

```
import pandas as pd
#指定列表创建 Series 对象 S1,索引为默认索引
S1 = pd.Series([11,12,13,14,15],index=['a','b','c','d','e'])
#指定字典创建 Series 对象 S2,索引为字典的键
S2 = pd.Series({2019: 17.8, 2020: 20.1, 2021: 16.5})
#append()方法实现在 Series 对象 S1 的末尾添加 Series 对象 S2
S_new = S1.append(S2,ignore_index=True)
print("添加新元素后 S1 的内容:\n{}".format(S1))
print("添加新元素后 S2 的内容:\n{}".format(S2))
print("添加新元素后 S_new 的内容:\n{}".format(S_new))
```

代码运行结果如下。

```
runfile('D:/第 3 章代码/3-23.py', wdir='D:/第 3 章代码')
添加新元素后 S1 的内容:
a    11
```

```
b    12
c    13
d    14
e    15
dtype: int64
```
添加新元素后 S2 的内容：
```
2019    17.8
2020    20.1
2021    16.5
dtype: float64
```
添加新元素后 S_new 的内容：
```
0    11.0
1    12.0
2    13.0
3    14.0
4    15.0
5    17.8
6    20.1
7    16.5
dtype: float64
```

本例中 append()方法的 ignore_index 参数设置为 True 时，新生成的 Series 对象的索引重新设置为默认索引。

append()方法中的 verify_integrity 参数默认为 False，若该参数设置为 True 时，如果要添加元素的 Series 对象的索引与添加数据的 Series 对象的索引相同，则会报错。

2. Series 对象数据的修改

修改 Series 对象的数据可以直接利用赋值操作实现。

【**例 3-24**】　通过赋值操作修改 Series 对象的数据。

```
import pandas as pd
#指定列表创建 Series 对象 S1,指定索引
S1 = pd.Series([11,12,13,14,15],index=['a','b','c','d','e'])
print("Series 对象 S1 的初始内容:")
print(S1)
#修改 Series 对象 S1 的第 1 个元素的值为 1100
S1[0] = 1100
#修改 Series 对象 S1 的最后 1 个元素的值为 1500
S1[-1] = 1500
#修改 Series 对象 S1 的第 2 个元素的值为 1200
S1['b'] = 1200
print("Series 对象 S1 的数据修改后:")
print(S1)
```

利用赋值操作修改 Series 对象的数据时，如果 Series 对象是指定索引，既可以利用指定索引修改数据，也可以利用位置索引修改数据。代码运行结果如下。

```
runfile('D:/第 3 章代码/3-24.py', wdir='D:/第 3 章代码')
Series 对象 S1 的初始内容:
a    11
b    12
```

```
c    13
d    14
e    15
dtype: int64
Series 对象 S1 的数据修改后:
a    1100
b    1200
c      13
d      14
e    1500
dtype: int64
```

3. Series 对象的删除

Series 对象的数据删除主要利用 del 命令、drop()方法和布尔取值的方法实现。

1) 利用 del 命令删除 Series 对象的数据

【例 3-25】 利用 del 命令删除 Series 对象的数据。

```
import pandas as pd
#指定列表创建 Series 对象 S1,指定索引
S1 = pd.Series([11,12,13,14,15],index=['a','b','c','d','e'])
#指定列表创建 Series 对象 S2,使用默认索引
S2 = pd.Series([100,200,300,400,500])
print("Series 对象 S1 的初始内容:")
print(S1)
print("Series 对象 S2 的初始内容:")
print(S2)
#删除 Series 对象 S1 的第 1 个元素
del S1['a']
#删除 Series 对象 S2 的第 1 个元素
del S2[0]
print("删除 S1 的第 1 个元素后 Series 对象 S1 的内容:")
print(S1)
print("删除 S2 的第 1 个元素后 Series 对象 S2 的内容:")
print(S2)
```

代码运行结果如下。

```
runfile('D:/第 3 章代码/ 3-25.py', wdir='D:/第 3 章代码')
Series 对象 S1 的初始内容:
a    11
b    12
c    13
d    14
e    15
dtype: int64
Series 对象 S2 的初始内容:
0    100
1    200
2    300
3    400
4    500
dtype: int64
```

删除 S1 的第 1 个元素后 Series 对象 S1 的内容:
```
b    12
c    13
d    14
e    15
dtype: int64
```
删除 S2 的第 1 个元素后 Series 对象 S2 的内容:
```
1    200
2    300
3    400
4    500
dtype: int64
```

【例 3-26】　利用 del 命令删除整个 Series 对象。

```
import pandas as pd
#指定列表创建 Series 对象 S1,指定索引
S1 = pd.Series([11,12,13,14,15],index=['a','b','c','d','e'])
#删除 Series 对象 S1
del S1
print(S1)
```

上面的语句"del S1"功能是删除 Series 对象 S1,这条语句执行后 S1 对象将不存在,执行最后 1 条显示语句时将提示错误信息"NameError:name 'S1' is not defined"。

2)利用 drop()方法删除 Series 对象的数据

利用 drop()方法可以删除指定索引对应的数据。

【例 3-27】　利用 drop()方法删除 Series 对象指定索引的数据。

```
import pandas as pd
#指定列表创建 Series 对象 S1,使用自定义索引
S1 = pd.Series([11,12,13,14,15],index=['a','b','c','d','e'])
#指定列表创建 Series 对象 S2,使用默认索引
S2 = pd.Series([100,200,300,400,500])
#删除 Series 对象 S1 中索引为"d"的数据值
S1_New = S1.drop('d')
#删除 Series 对象 S2 中索引为 1 和 3 的数据值
S2_New =S2.drop([1,3])
print("执行 drop()方法后 Series 对象 S1 的内容:")
print(S1)
print("执行 drop()方法后 Series 对象 S2 的内容:")
print(S2)
print('Series 对象 S1_New 的内容:')
print(S1_New)
print("Series 对象 S2_New 的内容:")
print(S2_New)
```

drop()方法不改变原 Series 对象的内容,而是将删除后的 Series 对象返回,上面的代码运行后 Series 对象 S1、S2 未发生变化,本例中 drop()方法将删除后的 Series 对象返回并赋值给了新的变量 S1_New、S2_New,代码的运行结果如下。

```
runfile('D:/第 3 章代码/3-27.py', wdir='D:/第 3 章代码')
```

执行 drop()方法后 Series 对象 S1 的内容:

```
a    11
b    12
c    13
d    14
e    15
dtype: int64
```

执行 drop()方法后 Series 对象 S2 的内容:

```
0    100
1    200
2    300
3    400
4    500
dtype: int64
```

Series 对象 S1_New 的内容:

```
a    11
b    12
c    13
e    15
dtype: int64
```

Series 对象 S2_New 的内容:

```
0    100
2    300
4    500
dtype: int64
```

3) 利用布尔值删除 Series 对象的数据

布尔取值是通过筛选满足条件的数据实现删除数据的目的。即保留满足条件的数据,删除未满足条件的数据。

【例 3-28】 利用布尔取值删除 Series 对象中的数据。

```
import pandas as pd
#指定列表创建 Series 对象 S1,指定索引
S1 = pd.Series([11,12,13,14,15],index=['a','b','c','d','e'])
#删除 S1 中数据值大于 13 的数据
S1_New = S1[S1<=13]
print("布尔取值后 S1 的内容:")
print(S1)
print('Series 对象 S1_New 的内容:')
print(S1_New)
```

代码的运行结果如下。

```
runfile('D:/第 3 章代码/3-28.py', wdir='D:/第 3 章代码')
布尔取值后 S1 的内容:
a    11
b    12
c    13
d    14
e    15
dtype: int64
Series 对象 S1_New 的内容:
```

```
a    11
b    12
c    13
dtype: int64
```

布尔取值并未真正删除 Series 对象中的数据，而是实现类似筛选的操作，过滤掉不满足条件的数据，将满足条件的数据保留。布尔取值的方法实现 Series 对象中数据的删除时不改变原 Series 对象中的数据，这也是本例中 Series 对象 S1 未发生变化的原因。

本节中介绍的 del 命令和 drop()方法都是根据 Series 对象的索引完成 Series 对象元素的删除，布尔取值是根据 Series 对象中数据值进行删除的。

3.4.4　Series 对象的常用属性

Series 对象的常用属性如表 3.4 所示。

表 3.4　Series 对象的常用属性

属 性 名	描　　述
axes	以列表的形式返回所有行索引标签
dtype	返回对象的数据类型
empty	返回一个空的 Series 对象
ndim	返回输入数据的维数
size	返回输入数据的元素数量
values	以 ndarray 的形式返回 Series 对象
index	返回一个 RangeIndex 对象，用来描述索引的取值范围
shape	返回 Series 对象存储的数据值的维度
name	返回 Series 对象的数据值名称
index.name	返回 Series 对象的索引名称

1. axes 属性

【例 3-29】　查看 Series 对象的 axes 属性。

```
import pandas as pd
#指定列表创建 Series 对象 S1,指定索引
S1 = pd.Series([11,12,13,14,15],index=['a','b','c','d','e'])
#指定列表创建 Series 对象 S2,默认索引
S2 = pd.Series([100,200,300,400,500])
print ("The axes of S1 are:")
print(S1.axes)
print ("The axes of S2 are:")
print(S2.axes)
```

axes 属性是以列表的形式返回 Series 对象中所有数据的行标签。如果 Series 对象的索引是指定索引，则以列表的形式返回相应的指定索引；反之，如果是默认索引，则返回

RangeIndex 类型的列表。代码运行结果如下。

```
runfile('D:/第3章代码/3-29.py', wdir='D:/第3章代码')
The axes of S1 are:
[Index(['a', 'b', 'c', 'd', 'e'], dtype='object')]
The axes of S2 are:
[RangeIndex(start=0, stop=5, step=1)]
```

2. dtype 属性

【例 3-30】 查看 Series 对象的 dtype 属性。

```
import pandas as pd
#指定列表创建 Series 对象 S1,指定索引
S1 = pd.Series([11,12,13,14,15],index=['a','b','c','d','e'])
print ("The dtype of S1 are:")
print(S1.dtype)
```

代码运行结果为"int64",表示 Series 对象 S1 中的数据类型为 64 位整型数据。

3. empty 属性

empty 属性返回一个布尔值,用于判断数据对象是否为空。

【例 3-31】 查看 Series 对象是否为空。

```
import pandas as pd
#指定列表创建 Series 对象 S1,指定索引
S1 = pd.Series([11,12,13,14,15],index=['a','b','c','d','e'])
print("是否为空对象?")
print(S1.empty)
```

代码运行结果为"False",表示 Series 对象 S1 为非空 Series 对象。

4. ndim 属性

查看 Series 对象的维数。Series 是一维数据结构,因此它始终返回 1。

【例 3-32】 查看 Series 对象的维数。

```
import pandas as pd
#指定列表创建 Series 对象 S1,指定索引
S1 = pd.Series([11,12,13,14,15],index=['a','b','c','d','e'])
print("Series 对象的维数是:", S1.ndim)
```

代码运行结果为"1",表示 Series 对象 S1 为一维数据结构。

5. size 属性

返回 Series 对象的大小。

【例 3-33】 查看 Series 对象的大小。

```
import pandas as pd
#指定列表创建 Series 对象 S1,指定索引
S1 = pd.Series([11,12,13,14,15],index=['a','b','c','d','e'])
print("Series 对象 S1 的大小是:", S1.size)
```

代码运行结果为"5",表示 Series 对象 S1 的数据个数为 5。

6. values 属性

以数组的形式返回 Series 对象中的数据。

【例 3-34】　查看 Series 对象的数据。

```
import pandas as pd
#指定列表创建 Series 对象 S1,指定索引
S1 = pd.Series([11,12,13,14,15],index=['a','b','c','d','e'])
print("Series 对象 S1 的数据:",S1.values)
```

代码运行结果为"[11 12 13 14 15]",S1.values 的功能是以列表返回 Series 对象 S1 的数值。

7. index 属性

index 属性用来查看 Series 对象中索引的取值范围。

【例 3-35】　查看 Series 对象的索引。

```
import pandas as pd
#指定列表创建 Series 对象 S1,指定索引
S1 = pd.Series([11,12,13,14,15],index=['a','b','c','d','e'])
#指定列表创建 Series 对象 S2,默认索引
S2 = pd.Series([100,200,300,400,500])
print("Series 对象 S1 的索引:")
print (S1.index)
print("Series 对象 S2 的索引:")
print (S2.index)
```

index 返回 Series 对象的索引,代码运行结果如下。

```
runfile('D:/第 3 章代码/3-35.py', wdir='D:/第 3 章代码')
Series 对象 S1 的索引:
Index(['a', 'b', 'c', 'd', 'e'], dtype='object')
Series 对象 S2 的索引:
RangeIndex(start=0, stop=5, step=1)
```

8. shape 属性

返回 Series 对象数据值的维度

【例 3-36】　查看 Series 对象的数据值的维度。

```
import pandas as pd
#指定列表创建 Series 对象 S1,指定索引
S1 = pd.Series([11,12,13,14,15],index=['a','b','c','d','e'])
print("Series 对象 S1 的数据值的维度:",S1.shape)
```

代码以元组的形式返回 Series 对象 S1 的维度,由于 S1 是一维结构,以元组的形式返回 S1 的数据个数,代码运行结果如下。

```
Series 对象 S1 的数据值的维度:(5,)
```

9. name 属性

【例 3-37】　查看 Series 对象的数据值名称。

```
import pandas as pd
#指定列表创建 Series 对象 S1,指定索引
S1 = pd.Series([11,12,13,14,15],index=['a','b','c','d','e'])
#指定列表创建 Series 对象 S2,将 S2 的数据值名称设置为"scores"
S2 = pd.Series([100,80,91,70],name='scores')
print("Series 对象 S1 的数据值名称:",S1.name)
print("Series 对象 S2 的数据值名称:",S2.name)
```

"S1.name""S2.name"分别提取 Series 对象 S1、S2 的数据值名称属性,若未指定名称,则其名称属性为"None",代码运行结果如下。

```
runfile('D:/第 3 章代码/3-37.py', wdir='D:/第 3 章代码')
Series 对象 S1 的数据值名称: None
Series 对象 S2 的数据值名称: scores
```

10. index.name 属性

【例 3-38】 查看 Series 对象的索引名称。

```
import pandas as pd
#创建 Series 对象 S1,S2
S1 = pd.Series([11,12,13,14,15])
S2 = pd.Series([100,80,91,70])
#为 Series 对象 S2 指定索引名
S2.index.name='索引列'
#显示 Series 对象 S1,S2 的索引名
print("Series 对象 S1 的索引名称:",S1.index.name)
print("Series 对象 S2 的索引名称:",S2.index.name)
```

代码运行结果如下。

```
runfile('D:/第 3 章代码/3-38.py', wdir='D:/第 3 章代码')
Series 对象 S1 的索引名称: None
Series 对象 S2 的索引名称: 索引列
```

3.4.5　Series 对象的常用方法

Series 对象的常用方法如表 3.5 所示。

表 3.5　Series 对象的常用方法

方法	描　　述
head()	从前向后读取 Series 对象中的元素,如果不指定读取元素的个数,默认读取前 5 个元素
tail()	从后向前读取 Series 对象中的元素,如果不指定读取元素的个数,默认读取后 5 个元素
take()	take()方法是读取 Series 对象中指定行的数据。如果需要读取多个数据,则多个数据的索引构成列表放在括号里
unique()	unique()方法,可以去掉 Series 对象中重复的元素值,实现元素值的唯一性
isin()	isin()方法判断 Series 对象元素值的存在性,如果存在则返回 True,否则返回 False
isnull()	isnull()判断 Series 对象中是否有空值(None 值),如果有空值,返回 True,否则返回 False

方法	描　　述
notnull()	notnull()判断 Series 对象中的非空值(None 值),如果真,返回 True,否则返回 False
dropna()	dropna()删除 Series 对象中的所有空值(None 值)

1. 查看 Series 对象中的数据

如果想要查看 Series 对象的一部分数据,可以使用 head()、tail()、take()方法。head(n)方法返回前 n 行数据,默认显示前 5 行数据,tail(n)返回后 n 行数据,默认显示后 5 行的数据。take()方法是读取 Series 对象中指定的数据。如果需要读取多个数据,将多个数据的索引构成列表。

【例 3-39】 查看 Series 对象的数据。

```
import pandas as pd
import numpy as np
#创建 Series 对象 S1,指定索引
S1 = pd.Series(np.random.rand(10),index = np.arange(1,11))
#显示 S1 对象
print("Series 对象 S1 的内容:")
print(S1)
#显示 Series 对象 S1 的前 5 个数据
print("Series 对象 S1 前 5 个数据:")
print(S1.head())
#显示 Series 对象 S1 的前 3 个数据
print("Series 对象 S1 前 3 个数据:")
print(S1.head(3))
#显示 Series 对象 S1 的后 5 个数据
print("Series 对象 S1 后 5 个数据:")
print(S1.tail())
#显示 Series 对象 S1 的后 7 个数据
print("Series 对象 S1 后 7 个数据:")
print(S1.tail(7))
#显示 Series 对象 S1 的第 1、5、8 个数据
print("Series 对象 S1 第 1、5、8 个数据:")
print(S1.take([0,4,7]))
```

代码运行结果如下。

```
runfile('D:/第 3 章代码/3-39.py', wdir='D:/第 3 章代码')
Series 对象 S1 的内容:
1     0.053816
2     0.659589
3     0.153835
4     0.774849
5     0.195936
6     0.464018
7     0.398096
8     0.466907
9     0.102025
10    0.385210
```

```
dtype: float64
```
Series 对象 S1 前 5 个数据：
```
1    0.053816
2    0.659589
3    0.153835
4    0.774849
5    0.195936
dtype: float64
```
Series 对象 S1 前 3 个数据：
```
1    0.053816
2    0.659589
3    0.153835
dtype: float64
```
Series 对象 S1 后 5 个数据：
```
6     0.464018
7     0.398096
8     0.466907
9     0.102025
10    0.385210
dtype: float64
```
Series 对象 S1 后 7 个数据：
```
4     0.774849
5     0.195936
6     0.464018
7     0.398096
8     0.466907
9     0.102025
10    0.385210
dtype: float64
```
Series 对象 S1 第 1、5、8 个数据：
```
1    0.053816
5    0.195936
8    0.466907
dtype: float64
```

2. 去除 Series 对象中的重复数据

使用 unique()方法可以去除 Series 对象中的重复值,其操作并不改变原 Series 对象的内容,而是返回一个数组类型(ndarray)的去重结果。

【例 3-40】 去除 Series 对象中的重复数据。

```python
import pandas as pd
#创建 Series 对象 S1
S1 = pd.Series(['优秀','良好','中等','优秀','良好','中等','及格',])
#显示 S1 对象
print("Series 对象 S1 的内容:")
print(S1)
#去除 S1 中的重复数据
print("去除 S1 中的重复数据:")
print(S1.unique())
#查看 S1.unique()方法的返回类型
print("S1.unique()方法的返回类型:")
print(type(S1.unique()))
```

代码运行结果如下。

```
runfile('D:/第 3 章代码/3-40.py', wdir='D:/第 3 章代码')
Series 对象 S1 的内容：
0    优秀
1    良好
2    中等
3    优秀
4    良好
5    中等
6    及格
dtype: object
去除 S1 中的重复数据：
['优秀' '良好' '中等' '及格']
S1.unique()方法的返回类型：
<class 'numpy.ndarray'>
```

3. 判断数据的存在性

isin()方法用于判断指定数据是否存在于 Series 对象中，如果存在则返回 True,否则返回 False。

【例 3-41】　判断数据是否存在于 Series 对象中。

isin()方法并不改变原 Series 对象的内容，而是返回一个数据值为布尔类型的 Series 对象。

```
import pandas as pd
#创建 Series 对象 S1
S1 = pd.Series(['优秀','良好','中等','优秀','良好','中等','及格',])
#判断'优秀'、'良好'是否在 Series 对象中
S_isin = S1.isin(['优秀','良好'])
print("S1 的内容为：\n",S1)
print("S_isin 的内容为：\n",S_isin)
```

代码运行结果如下。

```
runfile('D:/第 3 章代码/3-41.py', wdir='D:/第 3 章代码')
S1 的内容为：
0    优秀
1    良好
2    中等
3    优秀
4    良好
5    中等
6    及格
dtype: object
S_isin 的内容为：
0    True
1    True
2    False
3    True
4    True
5    False
```

```
6     False
dtype: bool
```

4. 空值处理

在 Python 中，常量 None 表示空值。判断空值、非空值及删除空值的 3 种方法分别是 isnull()、notnull()和 dropna()，这 3 种方法结合使用处理 Series 对象中的空值。isnull()方法判断 Series 对象中是否有空值，如果有空值，返回 True，否则返回 False；notnull()方法判断 Series 对象中的非空值，如果非空，返回 True，否则返回 False；dropna()方法与 isnull()方法配合使用删除 Series 对象中的空值。

【例 3-42】 处理 Series 对象中的空值。

```
import pandas as pd
#创建含空值的 Series 对象
S1 = pd.Series([10,20,None, 65,98,None,50,None])
#判断 Series 对象 S1 中的空值
S_isnull = S1.isnull()
print("S_isnull 的内容为:\n",S_isnull)
#判断 Series 对象 S1 中的非空值
S_notnull = S1.notnull()
print("S_notnull 的内容为:\n",S_notnull)
#删除 S1 中的空值
S_dropna = S1.dropna()
print("S_dropna 的内容为:\n",S_dropna)
```

代码运行结果如下。

```
runfile('D:/第 3 章代码/3-42.py', wdir='D:/第 3 章代码')
S_isnull 的内容为:
0     False
1     False
2      True
3     False
4     False
5      True
6     False
7      True
dtype: bool
S_notnull 的内容为:
0      True
1      True
2     False
3      True
4      True
5     False
6      True
7     False
dtype: bool
S_dropna 的内容为:
0     10.0
1     20.0
3     65.0
```

```
4    98.0
6    50.0
dtype: float64
```

3.4.6　Series 对象的基本运算

Series 对象的基本运算如表 3.6 所示。

表 3.6　Series 对象的基本运算

运算符	运算方法	描　　述
＋	add()	将两个长度和索引相同的 Series 对象的元素值相加
－	sub()	将两个长度和索引相同的 Series 对象的元素值相减
*	mul()	将两个长度和索引相同的 Series 对象的元素值相乘
/	div()	将两个长度和索引相同的 Series 对象的元素值相除,作为除数的 Series 对象的元素值不能为 0

【例 3-43】　Series 对象的运算。

```
import pandas as pd
#创建含空值的 Series 对象
S1 = pd.Series([10,20])
S2 = pd.Series([1,2])
#S1+S2
print("S1 + S2:")
print(S1 + S2)
#S1.add(S2)
print("S1.add(S2):")
print(S1.add(S2))
#S1-S2
print("S1 - S2:")
print(S1 - S2)
#S1.sub(S2)
print("S1.sub(S2):")
print(S1.sub(S2))
#S1 * S2
print("S1 * S2:")
print(S1 * S2)
#S1.mul(S2)
print("S1.mul(S2):")
print(S1.mul(S2))
#S1/S2
print("S1 / S2:")
print(S1 / S2)
#S1.div(S2)
print("S1.div(S2):")
```

```
print(S1.div(S2))
#索引不同的两个 Series 对象 S3、S4 的加运算
S3 = pd.Series([10,20],index=[1,2])
S4 = pd.Series([1,2])
#S1+S2
print("S1 + S2:")
print(S1 + S2)
```

代码运行结果如下。

```
runfile('D:/第 3 章代码/3-43.py', wdir='D:/第 3 章代码')
S1 + S2:
0    11
1    22
dtype: int64
S1.add(S2):
0    11
1    22
dtype: int64
S1 - S2:
0     9
1    18
dtype: int64
S1.sub(S2):
0     9
1    18
dtype: int64
S1 * S2:
0    10
1    40
dtype: int64
S1.mul(S2):
0    10
1    40
dtype: int64
S1 / S2:
0    10.0
1    10.0
dtype: float64
S1.div(S2):
0    10.0
1    10.0
dtype: float64
S3 + S4:
0     NaN
1    12.0
```

```
2    NaN
dtype: float64
```

Series 对象运算时两个 Series 对象的索引要求相同；反之，如果两个 Series 对象的索引不相同，则运算结果为空值。上面的代码中，Series 对象 S3、S4 中索引为"1"的两个数据做加法，相加后的结果为"12.0"，而索引不同的数据相加结果为 NaN。

3.4.7　Series 对象聚合运算

Series 对象的聚合运算方法如表 3.7 所示。

表 3.7　Series 对象的聚合运算方法

序 号	统 计 方 法	描　　　述
1	sum()	计算 Series 对象的和
2	mean()	求 Series 对象的平均值
3	max()	求 Series 对象中的最大值
4	min()	求 Series 对象中的最小值
5	median()	求 Series 对象的中位数
6	prod()	计算 Series 对象的乘积
7	var()	求 Series 对象的方差
8	std()	求 Series 对象的标准差
9	quantile()	求 Series 对象的分位数
10	idxmax()	求 Series 对象中最大值的索引
11	idxmin()	求 Series 对象中最小值的索引
12	nlargest(n)	返回 Series 对象中值最大的 n 个数
13	nsmallest(n)	返回 Series 对象中值最小的 n 个数
14	cov()	计算两个 Series 对象的协方差
15	corr()	计算两个 Series 对象的相关系数
16	cumsun()	计算 Series 对象的累加值
17	cumprod()	计算 Series 对象的累乘积
18	kurt()	输出 Series 对象的峰度
19	skew()	输出 Series 对象的偏度
21	pct_change()	计算增长率
22	describe()	用来输出一个 Series 对象的基础的描述统计函数

【例 3-44】　求 Series 对象统计数据。

```
import pandas as pd
```

```
import random
#创建 Series 对象 S1
S1 = pd.Series(random.sample(range(1,20),10))
print("Series 对象 S1 的初始内容:")
print(S1)
print("Series 对象 S1 的和:")
print(S1.sum())
print("Series 对象 S1 的平均值:")
print(S1.mean())
print("Series 对象 S1 的乘积:")
print(S1.prod())
print("Series 对象 S1 的最大值:")
print(S1.max())
print("Series 对象 S1 的最小值:")
print(S1.min())
print("Series 对象 S1 的最大值的索引:")
print(S1.idxmax())
print("Series 对象 S1 的最小值的索引:")
print(S1.idxmin())
print("Series 对象 S1 的中位数:")
print(S1.median())
print("Series 对象 S1 的四分之一分位数:")
print(S1.quantile(0.25))
print("Series 对象 S1 的方差:")
print(S1.var())
print("Series 对象 S1 的标准差:")
print(S1.std())
print("Series 对象 S1 的累加值:")
print(S1.cumsum())
print("Series 对象 S1 的累乘积:")
print(S1.cumprod())
print("Series 对象 S1 的峰度:")
print(S1.kurt())
print("Series 对象 S1 的偏度:")
print(S1.skew())
print("Series 对象 S1 的增长率:")
print(S1.pct_change())
print("Series 对象 S1 的最大的 3 个数:")
print(S1.nlargest(3))
print("Series 对象 S1 的最小的 3 个数:")
print(S1.nsmallest(3))
print("Series 对象 S1 的基本统计信息:")
print(S1.describe())
```

代码运行结果如下。

```
runfile('D:/第 3 章代码/3-44.py', wdir='D:/第 3 章代码')
Series 对象 S1 的初始内容:
0    18
1    10
2     2
3    16
4    19
```

```
5     14
6     8
7     7
8     6
9     9
dtype: int64
Series 对象 S1 的和:
109
Series 对象 S1 的平均值:
10.9
Series 对象 S1 的乘积:
4633251840
Series 对象 S1 的最大值:
19
Series 对象 S1 的最小值:
2
Series 对象 S1 的最大值的索引:
4
Series 对象 S1 的最小值的索引:
2
Series 对象 S1 的中位数:
9.5
Series 对象 S1 的四分之一分位数:
7.25
Series 对象 S1 的方差:
31.433333333333337
Series 对象 S1 的标准差:
5.606543795720617
Series 对象 S1 的累加值:
0     18
1     28
2     30
3     46
4     65
5     79
6     87
7     94
8     100
9     109
dtype: int64
Series 对象 S1 的累乘积:
0           18
1          180
2          360
3         5760
4       109440
5      1532160
6     12257280
7     85800960
8    514805760
9   4633251840
dtype: int64
Series 对象 S1 的峰度:
```

```
-1.0742323016387987
Series 对象 S1 的偏度:
0.10866335786629454
Series 对象 S1 的增长率:
0        NaN
1    -0.444444
2    -0.800000
3     7.000000
4     0.187500
5    -0.263158
6    -0.428571
7    -0.125000
8    -0.142857
9     0.500000
dtype: float64
Series 对象 S1 的最大的 3 个数:
4    19
0    18
3    16
dtype: int64
Series 对象 S1 的最小的 3 个数:
2     2
8     6
7     7
dtype: int64
Series 对象 S1 的基本统计信息:
count    10.000000
mean     10.900000
std       5.606544
min       2.000000
25%       7.250000
50%       9.500000
75%      15.500000
max      19.000000
dtype: float64
```

【例 3-45】 查看两个 Series 对象的相关性。

```
import pandas as pd
import random
#创建 Series 对象 S1、S2
S1 = pd.Series(random.sample(range(1,20),10))
S2 = pd.Series(random.sample(range(1,20),10))
print("Series 对象 S1 的初始内容:")
print(S1)
print("Series 对象 S2 的初始内容:")
print(S2)
print("Series 对象 S1、S2 的协方差:")
print(S1.cov(S2))
print("Series 对象 S1、S2 的相关系数:")
print(S1.corr(S2))
```

代码运行结果如下。

```
runfile('D:/第 3 章代码/3-45.py', wdir='D:/第 3 章代码')
Series 对象 S1 的初始内容：
0     2
1    12
2    10
3     8
4     6
5    15
6     3
7    19
8    13
9     5
dtype: int64
Series 对象 S2 的初始内容：
0    13
1    14
2     3
3     4
4    10
5    11
6    19
7     9
8    15
9     7
dtype: int64
Series 对象 S1、S2 的协方差：
-4.166666666666666
Series 对象 S1、S2 的相关系数：
-0.15172558622872698
```

3.5　DataFrame 对象

　　相对于序列（Series），数据框（DataFrame）是更为广泛的一种数据组织形式，DataFrame 是使用 Pandas 进行数据分析最常用的数据结构之一，其提供了极为丰富的用于处理数据及完成计算任务的方法。DataFrame 是由多个 Series 对象按照相同的索引（index）组织在一起形成的一个二维表。因此 DataFrame 既有行标签（index），又有列标签（columns），也被称为异构的数据表。所谓异构，指的是表格中每列的数据类型可以不同，例如，可以是字符串、整型或者浮点型等。DataFrame 的结构如图 3.2 所示。

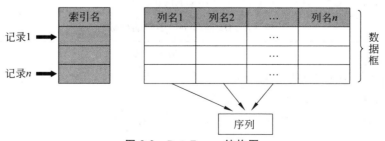

图 3.2　DataFrame 结构图

DataFrame 的每一列数据都可以看成一个 Series 结构,DataFrame 为每列增加了一个列标签。因此 DataFrame 可以看作从 Series 的基础上演变而来。在数据分析任务中,DataFrame 的应用非常广泛。

图 3.3 是一个具体的 DataFrame 实例,DataFrame 中的数据来源于国家统计局(https://data.stats.gov.cn/easyquery.htm? cn=C01),统计了我国上市公司数量。图中第一列为索引列,第 2 列是上市公司的类型,其余各列为不同年份上市公司数量,从图中可以看出,DataFrame 每列都有列名,数据框的列名相当于二维表的字段名。

指标	Year_2021	Year_2020	Year_2019	Year_2018	Year_2017	Year_2016	Year_2015	Year_2014	Year_2013
0 境内上市公司数(A、B股)(家)	4615	4154	3777	3584	3485	3052	2827	2613	2489
1 上交所境内上市公司数(A、B股)(家)		1800	1572	1450	1396	1182	1081	995	953
2 深交所境内上市公司数(A、B股)(家)		2354	2205	2134	2089	1870	1746	1618	1536
3 仅发A股境内上市公司数(家)		4140	3760	3567	3467	3034	2808	2592	2468
4 发A、B股境内上市公司数(家)		82	80	82	82	82	82	83	85
5 仅发B股境内上市公司数(家)	90	93	97	99	100	100	101	104	106

图 3.3　DataFrame 实例

数据以行、列形式表示,其中每一列表示一个属性,而每一行表示一个条目的信息或者称为一条记录。图 3.3 中第 1 列是数据框的索引,第 1 行是数据框的列名,其余部分为数据部分。DataFrame 结构类似于 Excel 的表格,同 Series 一样,DataFrame 自带行标签索引,默认为自动索引,即从 0 开始依次递增,行标签与 DataFrame 中的数据项一一对应。上述数据框的行标签从 0 到 5,共 6 行,每行对应一条记录。

DataFrame 数据结构的特点如下。

(1) DataFrame 每一列的标签值允许使用不同的数据类型。

(2) DataFrame 是表格型的数据结构,具有行和列。

(3) DataFrame 中的每个数据值都可以被修改。

(4) DataFrame 的行数、列数允许增加或者删除。

(5) DataFrame 有两个方向的标签轴,分别是行标签和列标签。

(6) DataFrame 可以按行、列进行算术运算。

3.5.1　DataFrame 对象的创建

Pandas 使用 DataFrame 创建数据框对象,DataFrame 函数原型结构如下。

```
pd.DataFrame(data, index, columns, dtype, copy)
```

DataFrame()函数参数如表 3.8 所示,其中,行标签(index)、列标签(columns)、数据类型(dtype)、复制数据(copy)4 个参数可以省略。

表 3.8　DataFrame()函数的参数

参数名称	描　　述
data	数据源,类型可以是 ndarray、series、list、dict、标量或一个 DataFrame 对象
index	行标签,如果没有传递 index 值,则默认行标签是 np.arange(n),n 代表 data 的元素个数
columns	列标签,如果没有传递 columns 值,则默认列标签是 np.arange(n),n 代表 data 的元素个数

数据框的创建

参数名称	描　　述
dtype	dtype 表示每一列的数据类型
copy	默认为 False,表示复制数据 data

1. 创建空的 DataFrame 对象

【**例 3-46**】　创建一个空的 DataFrame 对象。

```
import pandas as pd
#创建空的数据框 df
df = pd.DataFrame()
```

2. 使用列表创建 DataFrame 对象

可以使用单一列表或嵌套列表创建一个 DataFrame 对象。

【**例 3-47**】　使用单一列表创建 DataFrame 对象。

```
import pandas as pd
data = [11,12,13,14,15]
#以列表为数据源,利用 DataFrame()创建数据框 df
df = pd.DataFrame(data)
print(df)
```

代码运行结果如下。

```
runfile('D:/第 3 章代码/ 3-47.py', wdir='D:/第 3 章代码')
    0
0  11
1  12
2  13
3  14
4  15
```

【**例 3-48**】　使用嵌套列表创建一个 DataFrame 对象。

```
import pandas as pd
#第四次全国经济普查公报(第七号)——部分地区法人单位数(单位:万个)
#http://www.stats.gov.cn/tjsj/zxfb/201911/t20191119_1710340.html
data = [['北京',98.9],['天津',29.1],['河北',115.1],['辽宁',60.0]]
#以嵌套列表为数据源,利用 DataFrame()创建数据框 df 并指定列名
df = pd.DataFrame(data,columns=['地区','单位数(万个)'])
print(df)
```

代码运行结果如下。

```
runfile('D:/第 3 章代码/3-48.py', wdir='D:/第 3 章代码')
   地区   单位数(万个)
0  北京     98.9
1  天津     29.1
2  河北    115.1
3  辽宁     60.0
```

【例 3-49】 创建一个 DataFrame,并指定数值元素的类型为浮点型(float)。

```
import pandas as pd
data = [['Zhao',21],['Qiang',19],['Sun',20],['Li',22]]
#以嵌套列表为数据源,利用 DataFrame()创建数据框 df 并指定列名
#指定数据值类型
df = pd.DataFrame(data,columns=['Name','Age'],dtype=float)
print(df)
```

代码运行结果如下。

```
runfile('D:/第 3 章代码/3-49.py', wdir='D:/第 3 章代码')
    Name     Age
0   Zhao    21.0
1   Qiang   19.0
2   Sun     20.0
3   Li      22.0
```

3. 使用二维数组(ndarray)创建 DataFrame 对象

【例 3-50】 使用二维数据创建一个 DataFrame 对象。

```
import pandas as pd
import numpy as np
#创建一个 6 行 2 列的数组
data = np.arange(12).reshape(6,2)
#利用数组创建一个 DataFrame 对象
df = pd.DataFrame(data)
print(df)
```

代码运行结果如下。

```
runfile('D:/第 3 章代码/3-50.py', wdir='D:/第 3 章代码')
     0   1
0    0   1
1    2   3
2    4   5
3    6   7
4    8   9
5   10  11
```

本例中没有为数据框 df 指定行标签和列标签,因此 df 的行、列标签均使用默认索引。

4. 使用字典创建 DataFrame

【例 3-51】 使用字典创建一个 DataFrame 对象。

```
import pandas as pd
import numpy as np
dic = {'姓名' : ['赵丽','孙平','王力','李姗'],\
       '年龄' : np.array([24,25,26,27]),\
       '性别' : ('女','男','男','女')}
#利用字典创建 DataFrame 序列
df = pd.DataFrame(dic)
```

```
print(df)
```

代码运行结果如下。

```
runfile('D:/第 3 章代码/3-51.py', wdir='D:/第 3 章代码')
   姓名  年龄 性别
0  赵丽  24  女
1  孙平  25  男
2  王力  26  男
3  李姗  27  女
```

本例中 dic 为字典型变量，字典中第 1 个元素的值以列表形式给出，第 2 个元素的值是数组，第 3 个元素的值为元组。字典 dic 中的键（key）作为 DataFrame 的列标签，字典中的值（values）作为 DataFrame 的数据部分。df 没有定义行标签，因此使用默认的行标签，同样，可以在创建 DataFrame 时用 index 参数自定义行标签。需要注意的是，dic 中第 2 个元素的值是数组型，要求字典中所有元素的值长度相同，否则会报错。

5. 使用 Series 对象构建的字典创建 DataFrame

【例 3-52】　使用序列构建的字典创建一个 DataFrame 对象。

```
import pandas as pd
dic = {'a' : pd.Series([1,2,3,4]),\
       'b' : pd.Series([4,5,6])}
df = pd.DataFrame(dic)
print(df)
```

代码运行结果如下。

```
runfile('D:/第 3 章代码/3-52.py', wdir='D:/第 3 章代码')
   a    b
0  1  4.0
1  2  5.0
2  3  6.0
3  4  NaN
```

本例 dic 中的第 1 个元素值的长度为 4，第 2 个元素值的长度为 3，DataFrame 的行数为 4，长度不足的部分用 NaN 填充。

3.5.2　DataFrame 对象的访问

DataFrame 是由行、列组成的，类似于二维结构，可以访问 DataFrame 中的单个元素，也可以按行、按列访问 DataFrame 中的数据，或者访问 DataFrame 中某个区域的数据。与访问序列中的数据相比，访问 DataFrame 数据的形式更为灵活。DataFrame 对象的访问主要有以下方式。

数据框的
访问与查看

（1）访问 DataFrame 中的单个数据。

（2）访问 DataFrame 中的整列数据。

（3）访问 DataFrame 中的整行数据。

（4）访问 DataFrame 中的多行多列数据。

（5）通过布尔值访问 DataFrame 中的数据。

(6) 迭代访问 DataFrame 中的数据。

数据框 data 中的数据及索引如图 3.4 所示,第 1 列为索引,第 1 行为列名,其余为数据部分,本节 DataFrame 访问操作均是基于此数据完成的。

	指标	Year_2020	Year_2019	Year_2018	Year_2017	Year_2016
A	境内上市公司数(A、B股)(家)	4154	3777	3584	3485	3052
B	上交所境内上市公司数(A、B股)(家)	1800	1572	1450	1396	1182
C	深交所境内上市公司数(A、B股)(家)	2354	2205	2134	2089	1870
D	仅发A股境内上市公司数(家)	4140	3760	3567	3467	3034
E	发A、B股境内上市公司数(家)	82	80	82	82	82
F	仅发B股境内上市公司数(家)	93	97	99	100	100

图 3.4　data 数据框

1. 访问 DataFrame 中的单个数据

DataFrame 中的一行和一列的交叉位置确定一个元素,该元素的位置是由行索引和列索引共同确定的。

1) 通过 at 和 iat 方法访问 DataFrame 中的单个数据

通过 at 和 iat 方法访问 DataFrame 中的单个数据。at 使用索引方式访问 DataFrame 的单个数据,而 iat 方法使用位置下标访问 DataFrame 中的单个数据。其格式为

```
DataFrame 名称.at/iat[row,column]
```

其中,row 是行索引或行位置下标,column 是列索引或列位置下标。

【例 3-53】　通过 at/iat 方法访问 DataFrame 中的单个元素。

```
import pandas as pd
data = pd.read_excel("D:\\第 3 章代码\\源数据\\图 3.4 数据.xlsx")
data.set_axis(["A","B","C","D","E","F"],axis="index",inplace=True)
pd.set_option('display.unicode.ambiguous_as_wide',True)
pd.set_option('display.unicode.east_asian_width',True)
#pd.set_option('display.width',150) #设置打印宽度
pd.set_option('expand_frame_repr',False)
#at 利用标签访问 DataFrame 中的单个数据
print("at利用标签访问数据框中的单个数据:")
print(data.at['A','Year_2020'],data.at['C','Year_2016'])
#iat 方法利用位置下标访问 DataFrame 中的单个数据
print("iat方法利用位置下标访问数据框中的单个数据:")
print(data.iat[0,1],data.iat[2,5])
```

代码运行结果如下。

```
runfile('D:/第 3 章代码/3-53.py', wdir='D:/第 3 章代码')
at方法利用标签访问数据框中的单个数据:
4154 1870
iat方法利用位置下标访问数据框中的单个数据:
4154 1870
```

2) 通过行、列索引直接访问 DataFrame 的单个数据

格式Ⅰ:DataFrame 名[列索引][行索引]。

格式Ⅱ:DataFrame 名[列索引][行位置下标]。

【例 3-54】　通过行列索引直接访问 DataFrame 中的单个元素。

```
#DataFrame 名 [列索引] [行索引] 方式访问 DataFrame 中的单个数据
print("data[Year_2020]['A']:")
print(data['Year_2020']['A'])
#DataFrame 名 [列索引] [行位置下标] 方式访问 DataFrame 中的单个数据
print("data[Year_2020][0]:")
print(data['Year_2020'][0])
```

此方法中列索引在前，行索引或行位置下标在后，代码运行结果如下。

```
runfile('D:/第 3 章代码/3-54.py', wdir='D:/第 3 章代码')
data[Year_2020]['A']:
4154
data[Year_2020][0]:
4154
```

2. 访问 DataFrame 中的整列数据

可以通过以下方式访问 DataFrame 中的整列数据。

1）访问单列数据

格式Ⅰ：DataFrame 名.[列索引]。

格式Ⅱ：DataFrame 名.列索引。

以上两种方式返回 DataFrame 中的整列数据，返回结果为 Series 类型。

2）访问多列数据

访问多列数据的格式为

```
DataFrame 名.[[列索引 1,列索引 2,…,列索引 n]]
```

此种方式返回结果为 DataFrame 类型。

【例 3-55】　利用单索引方式和属性方式访问 DataFrame 中的列数据。

```
#单索引方式访问 DataFrame 中的单列数据
print(data['指标'])
#属性方式访问 DataFrame 中的单列数据
print(data.指标)
```

本例中的"data['指标']"与"data.指标"均是读取"指标"列的数据，返回类型为 Series 类型，代码运行结果如下。

```
runfile('D:/第 3 章代码/3-55.py', wdir='D:/第 3 章代码')
A          境内上市公司数(A、B 股)(家)
B       上交所境内上市公司数(A、B 股)(家)
C       深交所境内上市公司数(A、B 股)(家)
D          仅发 A 股境内上市公司数(家)
E         发 A、B 股境内上市公司数(家)
F          仅发 B 股境内上市公司数(家)
Name: 指标, dtype: object
```

【例 3-56】　访问 DataFrame 中的多列数据。

```
#访问 DataFrame 中的多列数据
```

```
print(data[['指标','Year_2019','Year_2017']])
```

本例中返回 DataFrame 的"指标""Year_2019""Year_2017"3 列数据，返回结果为 DataFrame 类型，代码运行结果如下。

```
runfile('D:/第 3 章代码/3-56.py', wdir='D:/第 3 章代码')
                 指标     Year_2019    Year_2017
A        境内上市公司数(A、B 股)(家)      3777         3485
B    上交所境内上市公司数(A、B 股)(家)      1572         1396
C    深交所境内上市公司数(A、B 股)(家)      2205         2089
D          仅发 A 股境内上市公司数(家)      3760         3467
E          发 A、B 股境内上市公司数(家)       80           82
F          仅发 B 股境内上市公司数(家)       97          100
```

3. 访问 DataFrame 中的整行数据

利用 loc/iloc 方法可以访问 DataFrame 中的单行（所有列）的数据，格式为

```
DataFrame 名称.loc/iloc[row]
```

当使用 loc 方法时，row 为行索引标签；当使用 iloc 方法时，row 为行位置下标。

【例 3-57】 访问 DataFrame 对象的整行数据。

```
#用 loc 方法访问数据框 data 中的第 3 行数据
print(data.loc['C'])
#用 iloc 访问数据框 data 中的第 3 行数据
print(data.iloc[2])
```

本例利用 loc 和 iloc 两种方法访问数据框 data 中的第 3 行数据，返回结果为 Series 类型，代码运行结果如下。

```
runfile('D:/第 3 章代码/3-57.py', wdir='D:/第 3 章代码')
指标          深交所境内上市公司数(A、B 股)(家)
Year_2020                      2354
Year_2019                      2205
Year_2018                      2134
Year_2017                      2089
Year_2016                      1870
Name: C, dtype: object
```

4. 访问 DataFrame 中的多行多列数据

1）直接访问

格式Ⅰ：DataFrame 名[列索引][[行索引 1,行索引 2,…,行索引 n]]

格式Ⅱ：DataFrame 名[列索引][[行位置下标 1,行位置下标 2,…,行位置下标 n]]

【例 3-58】 通过直接访问方式读取 DataFrame 中的多行多列数据。

```
#DataFrame 名[列索引][行索引 1,行索引 2,…,行索引 n,]方式访问 DataFrame
print("data[Year_2020']['A','C','D']的结果为:")
print(data['Year_2020'][['A','C','D']])
#DataFrame 名[列索引][行位置下标 1,行位置下标 2,…,行位置下标 n,]方式访问 DataFrame
print("data[Year_2020'][[0,2,3]]的结果为:")
print(data['Year_2020'][[0,2,3]])
```

本例访问 data 数据框中"Year_2020"列的第 1 行、第 3 行及第 4 行数据,行索引可以用"A""C""D"或使用行位置下标 0、1、2,返回结果为 Series 类型,代码运行结果如下。

```
runfile('D:/第 3 章代码/3-58.py', wdir='D:/第 3 章代码')
data[Year_2020'][['A','C','D']的结果为:
A    4154
C    2354
D    4140
Name: Year_2020, dtype: int64
data[Year_2020'][[0,2,3]]的结果为:
A    4154
C    2354
D    4140
Name: Year_2020, dtype: int64
```

2)通过 loc/iloc 方法访问 DataFrame 中的多行多列数据

格式 Ⅰ:DataFrame 名称.loc[[行索引 1,行索引 2,…,行索引 n],[列索引 1,列索引 2,…,列索引 n]]

格式 Ⅱ:DataFrame 名称.iloc[[行位置下标 1,行位置下标 2,…,行位置下标 n],[列位置下标 1,列位置下标 2,…,列位置下标 n]]

【例 3-59】　通过 loc/iloc 方法读取 DataFrame 中的多行多列数据。

```
#通过 loc 方法访问 DataFrame 中的多行多列数据
print("data.loc[['A','C','D','E'],\
      ['指标','Year_2020','Year_2017']]的结果为:")
print(data.loc[['A','C','D','E'],\
      ['指标','Year_2020','Year_2017']])
#通过 iloc 方法访问 DataFrame 中的多行多列数据
print("data.iloc[[0,2,3,4],[0,1,5]]的结果为:")
print(data.iloc[[0,2,3,4],[0,1,5]])
```

loc 方法使用 DataFrame 的行索引、列索引读取数据,而 iloc 方法利用 DataFrame 的位置下标读取数据,两种方法返回的数据均是 DataFrame 类型。代码运行结果如下。

```
runfile('D:/第 3 章代码/3-59.py', wdir='D:/第 3 章代码')
data.loc[['A','C','D','E'],['指标','Year_2020','Year_2017']]的结果为:
                    指标    Year_2020   Year_2017
A       境内上市公司数(A、B 股)(家)      4154       3485
C    深交所境内上市公司数(A、B 股)(家)     2354       2089
D        仅发 A 股境内上市公司数(家)      4140       3467
E        发 A、B 股境内上市公司数(家)       82         82
data.iloc[[0,2,3,4],[0,1,5]]的结果为:
                    指标    Year_2020   Year_2016
A       境内上市公司数(A、B 股)(家)      4154       3052
C    深交所境内上市公司数(A、B 股)(家)     2354       1870
D        仅发 A 股境内上市公司数(家)      4140       3034
E        发 A、B 股境内上市公司数(家)       82         82
```

3)通过 loc/iloc 方法切片访问 DataFrame 中的多行多列数据

通过 loc/iloc 方法切片访问 DataFrame 中的数据的格式如下。

格式 Ⅰ：DataFrame 名.loc[[起始行索引：终止行索引],[起始列索引：终止列索引]]

格式 Ⅱ：DataFrame 名.iloc[[起始行位置下标：终止行位置下标],[起始列位置下标：终止列位置下标]]

【例 3-60】 通过 loc 方法切片访问 DataFrame 中的多行多列数据。

```
#通过 loc 方法切片访问 DataFrame 中的前 3 行、前 4 列的数据
print("data.loc['A':'C','指标':'Year_2018']的结果为:")
print(data.loc['A':'C','指标':'Year_2018'])
#通过 loc 方法切片访问 DataFrame 中的前 3 行、前 4 列的数据
print("data.loc[:'C',:'Year_2018']的结果为:")
print(data.loc[:'C',:'Year_2018'])
#通过 loc 方法切片访问 DataFrame 中的从'D'行起至最后一行的前 3 列数据
print("data.loc['D':,:'Year_2019']的结果为:")
print(data.loc['D':,:'Year_2019'])
```

通过 loc 方法切片访问 DataFrame 中的数据时既包括起始索引对应的数据,也包括结束索引对应的数据,代码运行结果如下。

```
runfile('D:/第 3 章代码/3-60.py', wdir='D:/第 3 章代码')
data.loc['A':'C','指标':'Year_2018']的结果为:
                          指标   Year_2020   Year_2019   Year_2018
A           境内上市公司数(A、B 股)(家)     4154        3777        3584
B   上交所境内上市公司数(A、B 股)(家)        1800        1572        1450
C   深交所境内上市公司数(A、B 股)(家)        2354        2205        2134
data.loc[:'C',:'Year_2018']的结果为:
                          指标   Year_2020   Year_2019   Year_2018
A           境内上市公司数(A、B 股)(家)     4154        3777        3584
B   上交所境内上市公司数(A、B 股)(家)        1800        1572        1450
C   深交所境内上市公司数(A、B 股)(家)        2354        2205        2134
data.loc['D':,:'Year_2019']的结果为:
                          指标   Year_2020   Year_2019
D         仅发 A 股境内上市公司数(家)       4140        3760
E         发 A、B 股境内上市公司数(家)        82          80
F         仅发 B 股境内上市公司数(家)        93          97
```

【例 3-61】 通过 iloc 方法切片访问 DataFrame 中的多行多列数据。

```
#通过 iloc 方法切片访问 DataFrame 中的前 3 行、前 4 列的数据
print("data.iloc[0:3,0:4]的结果为:")
print(data.iloc[0:3,0:4])
#通过 iloc 方法切片访问 DataFrame 中的前 3 行、前 4 列的数据
print("data.iloc[:3,:4]的结果为:")
print(data.iloc[:3,:4])
#通过 iloc 方法切片访问 DataFrame 中的从第 4 行起至最后一行,第 4 列起至最后一列的数据
print("data.iloc[4:,3:]的结果为:")
print(data.iloc[4:,3:])
```

iloc 方法利用位置下标访问 DataFrame,切片访问时包括起始位置下标对应的数据,不包括终止位置下标对应的数据,代码运行结果如下。

```
runfile('D:/第 3 章代码/3-61.py', wdir='D:/第 3 章代码')
data.iloc[0:3,0:4]的结果为:
                       指标   Year_2020   Year_2019   Year_2018
A          境内上市公司数(A、B 股)(家)      4154        3777        3584
B    上交所境内上市公司数(A、B 股)(家)      1800        1572        1450
C    深交所境内上市公司数(A、B 股)(家)      2354        2205        2134
data.iloc[:3,:4]的结果为:
                       指标   Year_2020   Year_2019   Year_2018
A          境内上市公司数(A、B 股)(家)      4154        3777        3584
B    上交所境内上市公司数(A、B 股)(家)      1800        1572        1450
C    深交所境内上市公司数(A、B 股)(家)      2354        2205        2134
data.iloc[4:,2:]的结果为:
       Year_2019   Year_2018   Year_2017   Year_2016
E          80          82          82          82
F          97          99         100         100
```

5. 通过布尔值访问 DataFrame 中的数据

条件表达式是由关系表达式和逻辑表达式构成的,根据条件表达式的结果访问 DataFrame 中的数据,读取条件表达式结果为 True 相对应的数据,忽略 False 对应的数据。

【例 3-62】　利用单条件表达式访问数据。

```
#单条件布尔值访问 DataFrame
#读取'Year_2017'列数据,满足'Year_2017'列值大于 2000
print("data[data['Year_2017']>2000]['Year_2017']的结果:")
print(data[data['Year_2017']>2000]['Year_2017'])
#读取'Year_2017'和'Year_2019'列数据,满足'Year_2017'列值大于 2000
print("data.loc[data['Year_2017']>2000,\
        ['Year_2017','Year_2019']]的结果:")
print(data.loc[data['Year_2017']>2000,\
        ['Year_2017','Year_2019']])
```

本例的两种形式均是利用关系表达式访问满足"Year_2017"列大于 2000 的指定列数据,返回满足条件的 DataFrame 类型数据,代码运行结果如下。

```
runfile('D:/第 3 章代码/3-62.py', wdir='D:/第 3 章代码')
data[data['Year_2017']>2000]['Year_2017']的结果:
A     3485
C     2089
D     3467
Name: Year_2017, dtype: int64
data.loc[data['Year_2017']>2000,['Year_2017','Year_2019']]的结果:
     Year_2017   Year_2019
A      3485        3777
C      2089        2205
D      3467        3760
```

【例 3-63】　利用多条件表达式访问数据。

```
#多条件布尔值访问 DataFrame
print("data[(data['Year_2017']>2000) & \
```

```
        (data['Year_2020']>4000)的结果:")
print(data[(data['Year_2017']>2000) &\
        (data['Year_2020']>4000)])
print("data.loc[(data['Year_2017']>2000) &\
        (data['Year_2020']>4000)]的结果:")
print(data.loc[(data['Year_2017']>2000)\
        (data['Year_2020']>4000)])
```

本例中的条件表达式是由关系表达式和逻辑表达式构成的,是读取满足"Year_2017"列大于 2000 并且"Year_2020"列大于 4000 的数据,两种访问方法返回结果均是DataFrame 类型,并且返回结果相同,代码运行结果如下。

```
runfile('D:/第 3 章代码/3-63.py', wdir='D:/第 3 章代码')
data[(data['Year_2017']>2000) & (data['Year_2020']>4000)的结果:
  指标       Year_2020  Year_2019  Year_2018  Year_2017 Year_2016
A 境内上市公司数(A、B 股)(家)   4154    3777    3584    3485    3052
D  仅发 A 股境内上市公司数(家)    4140    3760    3567    3467    3034
data.loc[(data['Year_2017']>2000) & (data['Year_2020']>4000)]的结果:
  指标       Year_2020  Year_2019  Year_2018  Year_2017 Year_2016
A 境内上市公司数(A、B 股)(家)   4154    3777    3584    3485    3052
D  仅发 A 股境内上市公司数(家)    4140    3760    3567    3467    3034
```

【例 3-64】 直接利用布尔值访问 DataFrame 中的数据。

```
#直接利用布尔值访问数据
#要读取的行设置为 True,反之设置为 False
Bool_Index = [True, True, False, False, False, True]
#要读取的列设置为 True,反之设置为 False
Bool_Column = [True, False, False, True, False, True]
#读取对应行为 True 的所有列
print('data.loc[Bool_Index,:]的结果为:')
print(data.loc[Bool_Index,:])
#读取对应列为 True 的所有行
print('data.loc[:,Bool_Column]的结果为:')
print(data.loc[:,Bool_Column])
#读取行、列为 True 的数据
print('data.loc[Bool_Index,Bool_Column]的结果为:')
print(data.loc[Bool_Index,Bool_Column])
```

本例是直接利用布尔值访问 DataFrame 中的数据,代码运行结果如下。

```
runfile('D:/第 3 章代码/3-64.py', wdir='D:/第 3 章代码')
data.loc[Bool_Index,:]的结果为:
  指标       Year_2020  Year_2019  Year_2018  Year_2017 Year_2016
A 境内上市公司数(A、B 股)(家)   4154    3777    3584    3485    3052
B 上交所境内上市公司数(A、B 股)(家) 1800 1572 1450   1396    1182
F 仅发 B 股境内上市公司数(家)    93     97     99     100     100
data.loc[:,Bool_Column]的结果为:
                    指标  Year_2018  Year_2016
A      境内上市公司数(A、B 股)(家)    3584    3052
B   上交所境内上市公司数(A、B 股)(家)    1450    1182
C   深交所境内上市公司数(A、B 股)(家)    2134    1870
D       仅发 A 股境内上市公司数(家)    3567    3034
```

```
E        发 A、B 股境内上市公司数(家)                82          82
F        仅发 B 股境内上市公司数(家)                99         100
data.loc[Bool_Index,Bool_Column]的结果为:
                            指标    Year_2018  Year_2016
A        境内上市公司数(A、B 股)(家)            3584        3052
B    上交所境内上市公司数(A、B 股)(家)            1450        1182
F        仅发 B 股境内上市公司数(家)                99         100
```

6. 迭代访问 DataFrame 中的数据

1) 按列迭代访问 DataFrame 中的数据

按列访问 DataFrame 中的数据可以通过 for 循环获取 DataFrame 对象的列索引,然后通过列索引读取每列数据。

【例 3-65】 按列读取 DataFrame 中的数据。

```
#通过 for 循环读取列数据
#for col in data 相当于 for col in data.columns
for col_name in data:                        #通过循环将 data 的列名依次赋值给 col_name
#输出 data 数据框中第 1 行的所有列的数据
    print('"{}"列索引对应的数据为:\n{}'\
          .format(col_name,data[col_name][0]))
#通过 items()读取列数据
#items()读取 data 的列名和对应列的数据,并依次赋值给 col_name 和 col_value
for col_name,col_value in data.items():
#输出 data 数据框中第 1 行的所有列的数据
    print('"{}"列索引对应的数据为:{}'\
          .format(col_name,data[col_name][0]))
```

通过 for 循环和 items()读取指定列的数据,本例通过这两种方法读取第 1 行所有列的数据,代码运行结果如下。

```
runfile('D:/第 3 章代码/3-65.py', wdir='D:/第 3 章代码')
"指标"列索引对应的数据为:境内上市公司数(A、B 股)(家)
"Year_2020"列索引对应的数据为:4154
"Year_2019"列索引对应的数据为:3777
"Year_2018"列索引对应的数据为:3584
"Year_2017"列索引对应的数据为:3485
"Year_2016"列索引对应的数据为:3052
```

2) 按行迭代访问 DataFrame 中的数据

使用 iterrows()方法按行迭代访问 DataFrame 中的数据,iterrows()方法返回结果为一个元组(row_name,row_value),元组的第 1 个元素为行索引(row_name),第 2 个元素为对应的行数据(row_value)。

【例 3-66】 利用 iterrows()方法按行读取 DataFrame 中的数据。

```
#通过 iterrows()方法访问行数据
#iterrows()方法以元组的形式返回行索引和对应的行数据
for row_name,row_value in data.iterrows():
#输出 data 数据框中每行的行索引
    print("行索引为:",row_name)
#输出每行的第 2、3 列数据
```

```
print(row_value[2:4])
```

iterrows()方法以元组返回一个行标签及对应的行数据,本例中每次循环读取 data 中的行标签及行数据,并将每行中的第 2、3 行数据显示,代码运行结果如下。

```
runfile('D:/第 3 章代码/3-66.py', wdir='D:/第 3 章代码')
行索引为: A
Year_2019    3777
Year_2018    3584
Name: A, dtype: object
行索引为: B
Year_2019    1572
Year_2018    1450
Name: B, dtype: object
行索引为: C
Year_2019    2205
Year_2018    2134
Name: C, dtype: object
行索引为: D
Year_2019    3760
Year_2018    3567
Name: D, dtype: object
行索引为: E
Year_2019    80
Year_2018    82
Name: E, dtype: object
行索引为: F
Year_2019    97
Year_2018    99
Name: F, dtype: object
```

3) 通过 itertuples()方法访问 DataFrame 中的数据

通过 itertuples()方法访问 DataFrame 中的数据,itertuples()方法将返回一个迭代器,为 DataFrame 中的每一行生成一个命名的元组。元组的第 1 个元素是行的索引值,其余值是行值。

【例 3-67】 利用 itertuples()方法按行读取 DataFrame 中的数据。

```
#通过 itertuples()方法访问行数据
for tup in data.itertuples():
#tup 是由行数据组成的元组序列
    print(tup)
```

代码运行结果如下。

```
runfile('D:/第 3 章代码/3-67.py', wdir='D:/第 3 章代码')
Pandas(Index='A', 指标='境内上市公司数(A、B 股)(家)', Year_2020=4154, Year_2019=
3777, Year_2018=3584, Year_2017=3485, Year_2016=3052)
Pandas(Index='B', 指标='上交所境内上市公司数(A、B 股)(家)', Year_2020=1800, Year_
2019=1572, Year_2018=1450, Year_2017=1396, Year_2016=1182)
Pandas(Index='C', 指标='深交所境内上市公司数(A、B 股)(家)', Year_2020=2354, Year_
2019=2205, Year_2018=2134, Year_2017=2089, Year_2016=1870)
Pandas(Index='D', 指标='仅发 A 股境内上市公司数(家)', Year_2020=4140, Year_2019
```

=3760, Year_2018=3567, Year_2017=3467, Year_2016=3034)
 Pandas(Index='E', 指标='发 A、B 股境内上市公司数 (家) ', Year_2020=82, Year_2019=
80, Year_2018=82, Year_2017=82, Year_2016=82)
 Pandas(Index='F', 指标='仅发 B 股境内上市公司数 (家) ', Year_2020=93, Year_2019=
97, Year_2018=99, Year_2017=100, Year_2016=100)

3.5.3　DataFrame 对象的编辑

数据框数
据的增加

DataFrame 对象的编辑主要有添加、修改、删除等操作。

1. DataFrame 对象数据的添加

DataFrame 对象的数据添加操作有按列添加、按行添加及 DataFrame 对象的合并与连接。

1) 按列添加 DataFrame 对象的数据

（1）使用 Series 对象、元组、列表或 NumPy 一维数组增加列。

格式为

DataFrame 名[新列索引] = Series 对象/元组/列表/一维 ndarray

【例 3-68】　利用 Series 对象、元组、列表或 NumPy 一维数组按列添加元素。

```
import pandas as pd
import numpy as np
'''
创建数据框 df,数据来源于国家统计局-金融业-上市公司数量统计数据
"http://www.stats.gov.cn/tjsj/ndsj/2021/indexch.htm"
'''
df = pd.DataFrame({'上交所':(1800,1572,1450),\
                   '深交所':(2354,2205,2134)},\
                   index = (2020,2019,2018))        #"\"为换行符
print("数据框原始数据:")
print(df)
#利用 Series 对象按列添加数据
df['A 股'] = pd.Series([4140,3760,3567],index = (2020,2019,2018))
#print(df)
#利用元组按列添加数据
df['B 股'] = (96,97,99)
#利用列表按列添加数据
df['A,B 股'] = [82,80,82]
#利用 NumPy 一维数组按列添加数据
df['合计'] = np.array([4154,3777,3584])
print("按列添加数据后:")
print(df)
```

代码运行结果如下。

```
runfile('D:/第 3 章代码/3-68.py', wdir='D:/第 3 章代码')
数据框原始数据:
       上交所    深交所
2020    1800    2354
2019    1572    2205
2018    1450    2134
```

按列添加数据后:

```
       上交所    深交所    A 股    B 股    A,B 股    合计
2020    1800     2354     4140    96      82       4154
2019    1572     2205     3760    97      80       3777
2018    1450     2134     3567    99      82       3584
```

(2) 利用 loc 方法按列添加数据。

格式为

```
DataFrame 名.loc[:,新索引] = Series 对象/元组/列表/一维 ndarray
```

【例 3-69】 利用 loc 方法对 DataFrame 按列添加数据。

```
df = pd.DataFrame({'上交所':(1800,1572,1450), '深交所':(2354,2205,2134)},\
                   index = (2020,2019,2018))          #"\"为换行符
print("数据框原始数据:")
print(df)
#利用 loc 方法按列添加数据,数据源为 Series 对象
df.loc[:,'A 股'] = pd.Series([4140,3760,3567],\
index = (2020,2019,2018))
#利用 loc 方法按列添加数据,数据源为元组
df.loc[:,'B 股'] = (96,97,99)
#利用 loc 方法按列添加数据,数据源为列表
df.loc[:,'A,B 股'] = [82,80,82]
#利用 loc 方法按列添加数据,数据源为 NumPy 一维数组
df.loc[:,'合计'] = np.array([4154,3777,3584])
print(df)
```

本例的运行结果与例 3-68 运行结果相同。

(3) 使用 DataFrame()方法按列增加数据。

格式为

```
DataFrame 名[:,新索引] = pd.DataFrame(添加的新数据)
```

【例 3-70】 利用 DataFrame()为 DataFrame 按列添加数据。

```
df = pd.DataFrame({'上交所':(1800,1572,1450),\
                    '深交所':(2354,2205,2134)},\
                   index = (2020,2019,2018))          #"\"为换行符
print("数据框原始数据:")
print(df)
#利用 DataFrame()按列添加数据
df['A 股'] = pd.DataFrame([4140,3760,3567],\
index = (2020,2019,2018))
print("按列添加数据后:")
print(df)
```

代码运行结果如下。

```
runfile('D:/第 3 章代码/3-70.py', wdir='D:/第 3 章代码')
数据框原始数据:
       上交所    深交所
2020    1800     2354
```

```
2019    1572    2205
2018    1450    2134
```
按列添加数据后：
```
        上交所    深交所    A 股
2020    1800     2354     4140
2019    1572     2205     3760
2018    1450     2134     3567
```

（4）使用 insert()方法增加列，insert()方法的原型为

数据框名`.insert(loc, column, value, allow_duplicates)`

insert()方法的参数如表 3.9 所示。

表 3.9　insert()方法的参数

参 数 名 称	描　　　述
loc	整数，表示要插入新列的列的位置
column	表示要插入新列的列索引
value	要插入的数据。可以是整型、浮点型、字符串，或者是序列（series）、列表、NumPy 一维数组
allow_duplicates	布尔值，默认为 False，用于检查是否存在具有相同名称的列

【例 3-71】　利用 insert()方法在 DataFrame 特定位置按列添加数据。

```
df = pd.DataFrame({'上交所':(1800,1572,1450), '深交所':(2354,2205,2134)},\
                index = (2020,2019,2018))       #"\"为换行符
print("数据框原始数据：")
print(df)
#利用 insert()方法在第 2 行添加一列
df.insert(loc=1,column='A 股',value=[4140,3760,3567])
print("按列添加数据后：")
print(df)
```

代码运行结果如下。

```
runfile('D:/第 3 章代码/3-71.py', wdir='D:/第 3 章代码')
数据框原始数据：
        上交所    深交所
2020    1800     2354
2019    1572     2205
2018    1450     2134
按列添加数据后：
        上交所    A 股    深交所
2020    1800     4140    2354
2019    1572     3760    2205
2018    1450     3567    2134
```

2）按行添加 DataFrame 数据

（1）利用 loc 方法在 DataFrame 的最后添加行。

格式为

```
DataFrame 名.loc[新行索引] =列表/元组/一维 ndarray
```

【例 3-72】 利用 loc 方法向 DataFrame 对象添加一行。

```
df = pd.DataFrame({'上交所':(1800,1572,1450), '深交所':(2354,2205,2134)},\
                  index = (2020,2019,2018))        # "\"为换行符
print("数据框原始数据:")
print(df)
#向 DataFrame 的末尾添加行数据
#利用列表向 df 中添加一行
df.loc[2017] = [1396,2089]
#利用元组向 df 中添加一行
df.loc[2016] = (1182,1870)
#利用一维数组(ndarray)向 df 中添加一行
df.loc[2015] = np.array([1081,1746])
print("添加行后的 df 数据:\n",df)
```

loc 方法添加行数据时要求赋值号右侧数据的长度与列数相一致,否则系统会报错,
代码运行结果如下。

```
runfile('D:/第 3 章代码/3-72.py', wdir='D:/第 3 章代码')
数据框原始数据:
      上交所    深交所
2020   1800    2354
2019   1572    2205
2018   1450    2134
添加行后的 df 数据:
      上交所    深交所
2020   1800    2354
2019   1572    2205
2018   1450    2134
2017   1396    2089
2016   1182    1870
2015   1081    1746
```

(2) 利用 append()方法实现 DataFrame 对象行的添加。

使用 DataFrame 对象的 append()方法向 DataFrame 对象的尾部添加新行,或者
append()将两个 DataFrame 以行的方式合并,两个 DataFrame 对象按行合并时,要求两
个 DataFrame 对象的列数相同。append()方法的原型结构为

```
pandas.append(other, ignore_index=False, verify_integrity=False)
```

append()方法的参数如表 3.10 所示。

表 3.10　append()方法的参数

参 数 名 称	描　　述
other	可以是 DataFrame 对象、Series 对象、字典、列表等类型
ignore_index	默认值为 False,如果为 True,则不使用 other 对象设置的 index 标签
verify_integrity	默认值为 False,如果为 True,当创建相同的 index 时会抛出 ValueError 的异常

【例 3-73】　利用 append()方法向 DataFrame 对象添加一行数据。

```
df = pd.DataFrame({'上交所':(1800,1572,1450),\
                   '深交所':(2354,2205,2134)},\
                   index = (2020,2019,2018))          # "\"为换行符
print("数据框原始数据:")
print(df)
#利用 append()方法,向 DataFrame 对象的末尾添加行数据
#使用字典添加新行,ignore_index=True,使用默认索引
df = df.append({"上交所":1396,"深交所":2089},ignore_index=True)
#使用 DataFrame 添加新行,使用自定义索引
df = df.append(pd.DataFrame({"上交所":1182,"深交所":1870},\
                            index=[2016]))
print("使用 append()方法添加新行后:\n",df)
```

本例中使用字典向数据框对象中添加一行数据时,需要将 ignore_index 参数设置为 True,此时行索引使用默认索引,需要使用自定义行索引时需要重新设置行索引,代码运行结果如下。

```
runfile('D:/第 3 章代码/3-73.py', wdir='D:/第 3 章代码')
数据框原始数据:
      上交所   深交所
2020   1800   2354
2019   1572   2205
2018   1450   2134
使用 append()方法添加新行后:
      上交所   深交所
0      1800   2354
1      1572   2205
2      1450   2134
3      1396   2089
2016   1182   1870
```

【例 3-74】　利用 append()方法完成两个 DataFrame 对象的合并。

```
df = pd.DataFrame({'上交所':(1800,1572,1450),\
                   '深交所':(2354,2205,2134)},\
                   index = (2020,2019,2018))          # "\"为换行符
df1=pd.DataFrame({'上交所':(1396,1182),'深交所':(2089,1870)},\
                  index = (2017,2016))                # "\"为换行符
print("数据框 df 原始数据:")
print(df)
print("数据框 df1 原始数据:")
print(df1)
#利用 append()方法,向 DataFrame 对象的末尾添加多行数据
df = df.append(df1)
print("df 添加数据后:\n",df)
```

本例是将一个 DataFrame 的数据按行添加到另一个 DataFrame 的行尾,实现 DataFrame 的多行添加,完成此操作时要求 df 与 df1 的列数相同,ignore_index 默认值为 False,append()方法执行结果保留了原有 DataFrame 的行索引,代码运行结果如下。

```
runfile('D:/第 3 章代码/3-74.py', wdir='D:/第 3 章代码')
数据框 df 原始数据：
        上交所    深交所
2020    1800    2354
2019    1572    2205
2018    1450    2134
数据框 df1 原始数据：
        上交所    深交所
2017    1396    2089
2016    1182    1870
df 添加数据后：
        上交所    深交所
2020    1800    2354
2019    1572    2205
2018    1450    2134
2017    1396    2089
2016    1182    1870
```

3）DataFrame 对象的合并与连接

当需要对多个数据集合并处理时，需要实现多个 DataFrame 连接，在 Pandas 中，提供了 concat()方法、join()方法、merge()方法等多种实现方式。

（1）利用 concat()方法实现 DataFrame 对象的连接。

concat()方法可以按行或者按列连接多个 DataFrame 对象。

```
pandas.concat(objs, axis = 0, join = 'outer', join_axes = None, ignore_index =
False)
```

concat()方法的常用参数如表 3.11 所示。

表 3.11　concat()方法的常用参数

参 数 名 称	描　　　述
objs	要连接的多个对象，可以是 Series、DataFrame、字典、列表等
axis	表示连接的轴，值为 0 或 1，默认为 0；为 0 时表示垂直方向连接，为 1 时表示水平方向连接
join	{'inner','outer'}，默认为'outer'；'outer'表示并集连接，'inner'表示交集连接
ignore_index	{True,False}，默认为 False，为 False 时表示连接后保留原索引；反之，表示忽略原索引，使用默认索引

根据连接轴的方向不同，可以将连接分为横向连接（axis=1）和纵向连接（axis=0），纵向连接是按列合并，生成长数据；横向连接是按行延伸，生成宽数据，也可以称作宽表，如图 3.5 所示。

图 3.5　concat()的连接轴方向示意图

【例 3-75】 利用 concat()方法实现多个 DataFrame 对象纵向连接合并。

```
#分别创建默认索引的数据框 df1,df2,df3
df1 = pd.DataFrame({'上交所':(1800,1572,1450),\
                    '深交所':(2354,2205,2134)})
df2 = pd.DataFrame({'上交所':(1396,1182),'深交所':(2089,1870)})
df3 = pd.DataFrame({'上交所':[1081]})
print("数据框 df1 原始数据——3 行 2 列:")
print(df1)
print("数据框 df2 原始数据——2 行 2 列:")
print(df2)
print("数据框 df3 原始数据——1 行 1 列:")
print(df3)
#axis = 0,表示垂直方向连接,即增加行
#inner 连接(内连接——交集)
df_inner = pd.concat(objs=[df1,df2,df3],join = 'inner',axis = 0)
print("df1,df2,df3 纵向内连接结果:\n",df_inner)
#outer 连接(外连接——并集)
df_outer = pd.concat(objs=[df1,df2,df3],join = 'outer',axis = 0)
print("df1,df2,df3 纵向外连接结果:\n",df_outer)
```

本例使用 concat()方法纵向连接(axis = 0)数据框 df1、df2、df3,当 join 参数设置为 inner 时,表示的是内连接(交集),也就是将键(列名)相同的列纵向连接,此列中 3 个 DataFrame 对象的公共列是第 1 列,数据框 df3 没有第 2 列,因此内连接操作时只取第 1 列(共有的列),故本例纵向内连接后得到的是 6 行 1 列的 DataFrame 对象。当 join 参数设置为 outer 时,表示的是外连接(并集),没有数据的用 NaN 填充,外连接的运行结果是 6 行 2 列的 DataFrame 对象,df_outer 的第 6 行第 2 列没有数据,用 NaN 填充。本例合并后的结果均使用合并前 DataFrame 的索引,若要重新设置索引,可将 ignore_index 参数设置为 True。代码运行结果如下。

```
runfile('D:/第 3 章代码/3-75.py', wdir='D:/第 3 章代码')
数据框 df1 原始数据——3 行 2 列:
    上交所   深交所
0   1800   2354
1   1572   2205
2   1450   2134
数据框 df2 原始数据——2 行 2 列:
    上交所   深交所
0   1396   2089
1   1182   1870
数据框 df3 原始数据——1 行 1 列:
    上交所
0   1081
df1,df2,df3 纵向内连接结果:
    上交所
0   1800
1   1572
2   1450
0   1396
1   1182
```

```
0      1081
df1,df2,df3 纵向外连接结果:
     上交所    深交所
0    1800    2354.0
1    1572    2205.0
2    1450    2134.0
0    1396    2089.0
1    1182    1870.0
0    1081     NaN
```

【例 3-76】 利用 concat()方法实现多个 DataFrame 对象横向连接合并。

```
import pandas as pd
#分别创建默认索引的数据框 df1,df2,df3
df1 = pd.DataFrame({'A':(1800,1572,1450),'B':(2354,2205,2134)})
df2 = pd.DataFrame({'A':(1396,1182),'B':(2089,1870)})
df3 = pd.DataFrame({'A':[1081]})
print("数据框 df1 原始数据——3 行 2 列:")
print(df1)
print("数据框 df2 原始数据——2 行 2 列:")
print(df2)
print("数据框 df3 原始数据——1 行 1 列:")
print(df3)
#axis = 1,表示水平方向连接,即横向合并
#inner 连接(内连接——交集)
df_inner = pd.concat(objs=[df1,df2,df3],join = 'inner',axis = 1)
print("df1,df2,df3 横向内连接结果:\n",df_inner)
#outer 连接(外连接——并集)
df_outer = pd.concat(objs=[df1,df2,df3],join = 'outer',axis = 1)
print("df1,df2,df3 横向内连接结果:\n",df_outer)
```

本例使用 concat()方法横向连接(axis = 1)数据框 df1、df2、df3,当 join 参数设置为 inner 时,表示的是内连接(交集),也就是将行索引相同的各列横向连接,行索引不同的忽略,此例中 3 个 DataFrame 对象公共行是第 1 行,因此内连接操作时只取第 1 行(共有的行),故本例横向内连接后得到的是 1 行 5 列的 DataFrame 对象。当 join 参数设置为 outer 时,表示的是外连接(并集),没有数据是用 NaN 填充,外连接的运行结果是 3 行 5 列的 DataFrame,没有数据的用 NaN 填充。本例合并后的结果均使用合并前 DataFrame 的索引,设置 ignore_index 参数为 True 可重新设置索引。代码运行结果如下。

```
runfile('D:/第 3 章代码/3-76.py', wdir='D:/第 3 章代码')
数据框 df1 原始数据——3 行 2 列:
      A      B
0    1800   2354
1    1572   2205
2    1450   2134
数据框 df2 原始数据——2 行 2 列:
      A      B
0    1396   2089
1    1182   1870
数据框 df3 原始数据——1 行 1 列:
      A
```

```
0  1081
```
df1,df2,df3 横向内连接结果：
```
        A     B     A     B     A
0  1800  2354  1396  2089  1081
```
df1,df2,df3 横向外连接结果：
```
        A     B      A       B       A
0  1800  2354  1396.0  2089.0  1081.0
1  1572  2205  1182.0  1870.0     NaN
2  1450  2134     NaN     NaN     NaN
```

（2）利用 merge()方法实现 DataFrame 对象的连接。

Pandas 库中 merge()方法可以根据一个或多个键将不同的 DatFrame 连接起来。

```
merge(left, right, how='inner', on=None, left_on=None, right_on=None, left_
index=False, right_index=False, sort=False, suffixes=('_x', '_y'), copy=True,
indicator=False)
```

merge()方法的主要参数如表 3.12 所示。

表 3.12　merge()方法的主要参数

参数名称	描　　述
left	参与合并的左侧 DataFrame 对象
right	参与合并的右侧 DataFrame 对象
how	连接方式,有 inner、left、right、outer,默认为 inner
on	用于连接的列索引名称,必须存在于左右两个 DataFrame 中,如果没有指定且其他参数也没有指定,则以两个 DataFrame 列名交集作为连接键
left_on	左侧 DataFrame 中用于连接键的列名
right_on	右侧 DataFrame 中用于连接键的列名
left_index	使用左侧 DataFrame 中的行索引作为连接键
right_index	使用右侧 DataFrame 中的行索引作为连接键
sort	默认为 True,将合并的数据进行排序,设置为 False 可以提高性能
suffixes	字符串值组成的元组,用于指定当左右 DataFrame 存在相同列名时在列名后面附加的后缀名称,默认为('_x', '_y')
copy	默认为 True,总是将数据复制到数据结构中,设置为 False 可以提高性能
indicator	显示合并数据中数据的来源情况

【例 3-77】　merge()方法使用单个键实现 DataFrame 的连接。

```
import pandas as pd
df1 = pd.read_excel("D:\\第 3 章代码\\源数据\\merge 表 1.xlsx")
df2 = pd.read_excel("D:\\第 3 章代码\\源数据\\merge 表 2.xlsx")
print("df1 的内容:\n",df1)
print("df2 的内容:\n",df2)
'''
#merge()方法使用单个连接键直接合并
```

```
#未设置连接列索引的名称,即未设置 on 参数,默认以 df1,df2 列名交集作为连接键
'''
df1_df2_merge_default = pd.merge(df1,df2)
print("df1_df2_default 的内容:\n",df1_df2_merge_default)
#设置 on 参数,则按照 on 参数的列索引连接 df1,df2
df1_df2_merge = pd.merge(df1,df2,on=['学号'])
print("df1_df2_merge 的内容:\n",df1_df2_merge)
#设置 how 参数为'outer',未设置 how 参数时默认为'inner'
df1_df2_merge_outer = pd.merge(df1,df2,on=['学号'],how = 'outer')
print("df1_df2_merge_outer 的内容:\n",df1_df2_merge_outer)
```

　　df1 有 5 条记录,每条记录有"学号""姓名"两列,df2 有 7 条记录,每条记录有"学号"和"性别"两列;df1、df2 有公共列"学号"。pd.merge(df1,df2) 语句并未设置连接参考键,则根据 df1 和 df2 公共列索引("学号")进行连接;语句 pd.merge(df1,df2,on=［学号'］)通过设置的参考键"学号"进行连接;语句 pd.merge(df1,df2,on=［学号'],how = 'outer')设置 how 参数为 outer,连接 df1 和 df2 数据框时,通过参考键"学号"连接,并且合并的结果是 df1 与 df2 的并集,没有数据的部分用 NaN 填充,代码运行结果如下。

```
runfile('D:/第 3 章代码/3-77.py', wdir='D:/第 3 章代码')
df1 的内容:
    学号   姓名
0  A01  王平
1  A02  李力
2  A03  赵猛
3  A04  曹金
4  A05  孙龙
df2 的内容:
    学号 性别
0  A01   女
1  A02   男
2  A03   男
3  A04   男
4  A05   男
5  A06   女
6  A07   男
df1_df2_default 的内容:
    学号   姓名 性别
0  A01  王平   女
1  A02  李力   男
2  A03  赵猛   男
3  A04  曹金   男
4  A05  孙龙   男
df1_df2_merge 的内容:
    学号   姓名 性别
0  A01  王平   女
1  A02  李力   男
2  A03  赵猛   男
3  A04  曹金   男
4  A05  孙龙   男
df1_df2_merge_outer 的内容:
    学号   姓名 性别
```

```
0   A01   王平    女
1   A02   李力    男
2   A03   赵猛    男
3   A04   曹金    男
4   A05   孙龙    男
5   A06   NaN    女
6   A07   NaN    男
```

【例 3-78】　merge()方法使用多个键实现 DataFrame 的连接。

```
import pandas as pd
df3 = pd.read_excel("D:\\第 3 章代码\\源数据\\merge 表 3.xlsx")
df4 = pd.read_excel("D:\\第 3 章代码\\源数据\\merge 表 4.xlsx")
print("df3 的内容:\n",df3)
print("df4 的内容:\n",df4)
#merge()多键合并
#how = 'outer',取并集,缺失数据用 NaN 填充
df3_df4_merge_outer = pd.merge(df3,df4,on=['学号','姓名'],\
                               how = 'outer')
print("df3_df4_merge_outer 的内容:\n",df3_df4_merge_outer)
#how = 'inner',取交集
df3_df4_merge_inner = pd.merge(df4,df3,on=['学号','姓名'],\
                               how = 'inner')
print("df3_df4_merge_inner 的内容:\n",df3_df4_merge_inner)
#how = 'left',以左边的表为参考合并,缺失数据用 NaN 填充
df3_df4_merge_left = pd.merge(df4,df3,on=['学号','姓名'],\
                              how = 'left')
print("df3_df4_merge_left 的内容:\n",df3_df4_merge_left)
#how = 'right',以右边的表为参考合并,缺失数据用 NaN 填充
df3_df4_merge_right = pd.merge(df4,df3,on=['学号','姓名'],\
                               how = 'right')
print("df3_df4_merge_right 的内容:\n",df3_df4_merge_right)
```

代码运行结果如下。

```
runfile('D:/第 3 章代码/3-78.py', wdir='D:/第 3 章代码')
df3 的内容:
    学号   姓名   科目
0   A01   王平   数学
1   A05   孙龙   英语
2   A07   王平   数学
df4 的内容:
    学号   姓名   生源地
0   A01   王平   黑龙江
1   A05   孙龙   辽宁
2   A03   赵猛   吉林
df3_df4_merge_outer 的内容:
    学号   姓名   科目   生源地
0   A01   王平   数学   黑龙江
1   A05   孙龙   英语   辽宁
2   A07   王平   数学   NaN
3   A03   赵猛   NaN   吉林
df3_df4_merge_inner 的内容:
```

```
       学号   姓名   生源地   科目
0   A01   王平    黑龙江   数学
1   A05   孙龙     辽宁    英语
df3_df4_merge_left 的内容:
       学号   姓名   生源地   科目
0   A01   王平    黑龙江   数学
1   A05   孙龙     辽宁    英语
2   A03   赵猛     吉林    NaN
df3_df4_merge_right 的内容:
       学号   姓名   生源地   科目
0   A01   王平    黑龙江   数学
1   A05   孙龙     辽宁    英语
2   A07   王平     NaN    数学
```

【例 3-79】 merge()方法单独设置左键和右键连接 DataFrame 对象。

```python
import pandas as pd
df5 = pd.read_excel("D:\\第 3 章代码\\源数据\\merge 表 5.xlsx")
df6 = pd.read_excel("D:\\第 3 章代码\\源数据\\merge 表 6.xlsx")
print("df5 的内容:\n",df5)
print("df6 的内容:\n",df6)
#merge()连接 DataFrame 对象时,列索引不同时,单独设置左键和右键。
df5_df6_merge = pd.merge(df5,df6,left_on = '学号',right_on = 'ID')
print("df5_df6_merge 的内容:\n",df5_df6_merge)
```

代码运行结果如下。

```
runfile('D:/第 3 章代码/3-79.py', wdir='D:/第 3 章代码')
df5 的内容:
       学号   姓名
0   A01   王平
1   A02   李力
2   A03   赵猛
3   A04   曹金
4   A05   孙龙
df6 的内容:
       ID 性别
0   A01    女
1   A02    男
2   A03    男
3   A04    男
df5_df6_merge 的内容:
       学号   姓名    ID 性别
0   A01   王平   A01    女
1   A02   李力   A02    男
2   A03   赵猛   A03    男
3   A04   曹金   A04    男
```

【例 3-80】 merge()方法利用行索引作为参考键连接 DataFrame 对象。

```python
import pandas as pd
df6 = pd.read_excel("D:\\第 3 章代码\\源数据\\merge 表 6.xlsx")
df7 = pd.DataFrame({'姓名':['王平','李力','赵猛']},\
                    index = ['A01','A02','A03'])
```

```
print("df6 的内容:\n",df6)
print("df7 的内容:\n",df7)
'''
#merge() 连接 DataFrame 对象时,right_index = True 时,表示右侧的 DataFrame 对象
(df7)的行索引作为参考键;left_on = 'ID',表示左侧的 DataFrame 对象(df6)单独设置参考
键'ID';
'''
df6_df7_merge = pd.merge(df6,df7,left_on = 'ID',\
                                right_index = True)
print("df6_df7_merge 的内容:\n",df6_df7_merge)
```

代码运行结果如下。

```
runfile('D:/第 3 章代码/3-80.py', wdir='D:/第 3 章代码')
df6 的内容:
     ID 性别
0   A01   女
1   A02   男
2   A03   男
3   A04   男
df7 的内容:
       姓名
A01   王平
A02   李力
A03   赵猛
df6_df7_merge 的内容:
     ID 性别   姓名
0   A01   女   王平
1   A02   男   李力
2   A03   男   赵猛
```

2. DataFrame 对象的修改

1）DataFrame 对象值的修改

DataFrame 对象数据值的修改包括单行、多行值的修改,单列、多列值的修改,多行、多列值的修改。

（1）利用 loc 方法修改 DataFrame 对象中的数据。

【例 3-81】 利用 loc 方法修改 DataFrame 对象的一行、多行数据。

数据框数据的修改

```
import pandas as pd
df = pd.read_excel("D:\\第 3 章代码\\源数据\\merge 表 1.xlsx")
print("df 的初始内容:\n",df)
#利用 iloc 方法修改单行或多行数据
#修改单行
df.iloc[0,[0,1]]=['D010','张芳']
#修改多行
df.iloc[3:,[0,1]] = [['101','李平'],['202','黄飞']]
print('df 修改单行、多行后的结果:\n',df)
```

代码运行结果如下。

```
runfile('D:/第 3 章代码/3-81.py', wdir='D:/第 3 章代码')
df 的初始内容:
```

```
        学号    姓名
0   A01    王平
1   A02    李力
2   A03    赵猛
3   A04    曹金
4   A05    孙龙
df 修改单行、多行后的结果：
        学号    姓名
0   D010    张芳
1   A02    李力
2   A03    赵猛
3   101    李平
4   202    黄飞
```

【例 3-82】 loc 方法修改 DataFrame 对象的一列、多列数据。

```
import pandas as pd
df = pd.read_excel("D:\\第 3 章代码\\源数据\\数据框修改源数据.xlsx")
print("df 的初始内容：\n",df)
##对单列或多列数据的修改
#修改单列
df.loc[:, '学号'] = ['X10','X11','X12']
#修改多列
df.loc[:,('生源地','科目')] = [['HLJ','Math'],['LY','English'],['JL','Math']]
print('df 修改单列、多列后的结果：\n',df)
```

代码运行结果如下。

```
runfile('D:/第 3 章代码/3-82.py', wdir='D:/第 3 章代码')
df 的初始内容：
        学号    姓名    生源地    科目
0   A01    王平    黑龙江    数学
1   A05    孙龙    辽宁    英语
2   A03    赵猛    吉林    数学
df 修改单列、多列后的结果：
        学号    姓名    生源地    科目
0   X10    王平    HLJ    Math
1   X11    孙龙    LY    English
2   X12    赵猛    JL    Math
```

【例 3-83】 loc 方法修改 DataFrame 对象的连续区域的值。

```
import pandas as pd
df = pd.read_excel("D:\\第 3 章代码\\源数据\\数据框修改源数据.xlsx")
print("df 的初始内容：\n",df)
##连续区域数据的修改
#修改从第 2 行第 3 列开始至第 3 行第 4 列结束的连续区域数据的值
df.loc[(1,2),('生源地','科目')]=[['LN','English'],['JL','Math']]
print('df 修改连续区域后的结果：\n',df)
```

代码运行结果如下。

```
runfile('D:/第 3 章代码/3-83.py', wdir='D:/第 3 章代码')
df 的初始内容：
```

```
     学号   姓名   生源地   科目
0   A01   王平   黑龙江   数学
1   A05   孙龙    辽宁   英语
2   A03   赵猛    吉林   数学
df 修改连续区域后的结果:
     学号   姓名   生源地     科目
0   A01   王平   黑龙江     数学
1   A05   孙龙    LN   English
2   A03   赵猛    JL    Math
```

（2）利用 iloc 方法修改 DataFrame 对象中的数据。

【例 3-84】　利用 iloc 方法修改 DataFrame 对象的一行、多行数据。

```
import pandas as pd
df = pd.read_excel("D:\\第 3 章代码\\源数据\\merge 表 1.xlsx")
print("df 的初始内容:\n",df)
#iloc 方法修改单行或多行数据
#修改单行
df.iloc[0,[0,1]]=['D010','张芳']
#修改多行
df.iloc[3:,[0,1]] = [['101','李平'],['202','黄飞']]
print('df 修改单行、多行后的结果:\n',df)
```

代码运行结果如下。

```
runfile('D:/第 3 章代码/3-84.py', wdir='D:/第 3 章代码')
df 的初始内容:
     学号   姓名
0   A01   王平
1   A02   李力
2   A03   赵猛
3   A04   曹金
4   A05   孙龙
df 修改单行、多行后的结果:
     学号   姓名
0   D010  张芳
1   A02   李力
2   A03   赵猛
3   101   李平
4   202   黄飞
```

【例 3-85】　iloc 方法修改 DataFrame 对象的一列、多列数据。

```
import pandas as pd
df = pd.read_excel("D:\\第 3 章代码\\源数据\\数据框修改源数据.xlsx")
print("df 的初始内容:\n",df)
#对单列或多列数据的修改
#修改单列
df.iloc[:, 0] = ['X10','X11','X12']
#修改多列
df.iloc[:,[2,3]] = [['HLJ','Math'],['LY','English'],['JL','Math']]
print('df 修改单列、多列后的结果:\n',df)
```

代码运行结果如下。

```
runfile('D:/第 3 章代码/3-85.py', wdir='D:/第 3 章代码')
df 的初始内容:
    学号   姓名   生源地   科目
0  A01   王平   黑龙江   数学
1  A05   孙龙    辽宁   英语
2  A03   赵猛    吉林   数学
df 修改单列、多列后的结果:
    学号   姓名  生源地      科目
0  X10   王平   HLJ     Math
1  X11   孙龙    LY  English
2  X12   赵猛    JL     Math
```

【例 3-86】 iloc 方法修改 DataFrame 对象的连续区域的值。

```
import pandas as pd
df = pd.read_excel("D:\\第 3 章代码\\源数据\\数据框修改源数据.xlsx")
print("df 的初始内容:\n",df)
#连续区域数据的修改
#修改从第 2 行第 3 列开始至第 3 行第 4 列结束的连续区域数据的值
df.iloc[[1,2],[2,3]]=[['LN','English'],['JL','Math']]
print('df 修改连续区域后的结果:\n',df)
```

代码运行结果如下。

```
runfile('D:/第 3 章代码/3-86.py', wdir='D:/第 3 章代码')
df 的初始内容:
    学号   姓名   生源地   科目
0  A01   王平   黑龙江   数学
1  A05   孙龙    辽宁   英语
2  A03   赵猛    吉林   数学
df 修改连续区域后的结果:
    学号   姓名   生源地      科目
0  A01   王平   黑龙江    数学
1  A05   孙龙    LN  English
2  A03   赵猛    JL     Math
```

2) DataFrame 对象列名的修改

DataFrame 对象列名的修改可以直接用 columns 属性修改,或者利用 rename()方法修改,columns 属性修改列名时是将 DataFrame 对象所有列名进行重新赋值,全部修改,不能对列名部分修改。rename()方法可以部分修改列名,rename()方法更灵活,推荐使用 rename()方法修改列名。

【例 3-87】 修改 DataFrame 对象的列名。

```
import pandas as pd
df = pd.read_excel("D:\\第 3 章代码\\源数据\\merge 表 1.xlsx")
print("df 的初始内容:\n",df)
#columns 属性修改 DataFrame 对象 df 的列名,df 的所有列名都要修改
#将 df 列名修改成'ID','Name'
df.columns=['ID','Name']
print("columns 属性修改 df 列名:\n",df)
```

```
#rename()方法修改 DataFrame 对象 df 的列名,可以修改某些列列名
#将 df 列名修改成列名为'ID'的修改为'XH',其余列列名不变
#inplace=True 直接修改 df 的列名
df.rename(columns={'ID':'XH'},inplace=True)
print("rename()方法修改 df 列名:\n",df)
```

代码运行结果如下。

```
runfile('D:/第 3 章代码/3-87.py', wdir='D:/第 3 章代码')
df 的初始内容:
    学号   姓名
0   A01  王平
1   A02  李力
2   A03  赵猛
3   A04  曹金
4   A05  孙龙
columns 属性修改 df 列名:
     ID   Name
0   A01  王平
1   A02  李力
2   A03  赵猛
3   A04  曹金
4   A05  孙龙
rename()方法修改 df 列名:
     XH   Name
0   A01  王平
1   A02  李力
2   A03  赵猛
3   A04  曹金
4   A05  孙龙
```

3）DataFrame 对象行索引的修改

【例 3-88】　修改 DataFrame 对象的行索引。

```
import pandas as pd
df = pd.read_excel("D:\\第 3 章代码\\源数据\\merge 表 1.xlsx")
print("df 的初始内容:\n",df)
#rename()方法修改数据框对象 df 的行索引
#修改 DataFrame 对象 df 的第 1 行、第 4 行的索引
df.rename({0:'行 1',3:'行 4'},inplace = True)
print("rename()方法修改 df 行索引:\n",df)
```

代码运行结果如下。

```
runfile('D:/第 3 章代码/3-88.py', wdir='D:/第 3 章代码')
df 的初始内容:
    学号   姓名
0   A01  王平
1   A02  李力
2   A03  赵猛
3   A04  曹金
4   A05  孙龙
rename()方法修改 df 行索引:
```

```
        学号   姓名
行 1   A01   王平
1     A02   李力
2     A03   赵猛
行 4   A04   曹金
4     A05   孙龙
```

【例 3-89】　重置 DataFrame 对象的行索引。

```
import pandas as pd
df1 = pd.read_excel("D:\\第 3 章代码\\源数据\\merge 表 1.xlsx")
df2 = pd.DataFrame({'学号':['A101','A102','A103'],\
                    '性别':['男','女','女']}\
                    ,index=['a','b','c'])
#修改 DataFrame 对象 df 的第 1 行、第 4 行的索引
df1.rename({0:'行 1',3:'行 4'},inplace = True)
print("df1 的初始内容:\n",df1)
print("df2 的初始内容:\n",df2)
#重置 DataFrame 对象 df1 的行索引
#inplace=True,直接在 df1 上重置行索引,drop=False 保留原行索引
df1.reset_index(inplace=True,drop=False)
print("drop=False 时保留原索引:\n",df1)
#inplace=True,直接在 df2 上重置行索引,drop=True 不保留原行索引
df2.reset_index(inplace=True,drop=True)
print("drop=True 时不保留原行索引:\n",df2)
```

代码运行结果如下。

```
runfile('D:/第 3 章代码/3-89.py', wdir='D:/第 3 章代码')
df1 的初始内容:
        学号   姓名
行 1   A01   王平
1     A02   李力
2     A03   赵猛
行 4   A04   曹金
4     A05   孙龙
df2 的初始内容:
      学号 性别
a   A101   男
b   A102   女
c   A103   女
drop=False 时保留原索引:
    index 学号   姓名
0   行 1   A01   王平
1    1    A02   李力
2    2    A03   赵猛
3   行 4   A04   曹金
4    4    A05   孙龙
drop=True 时不保留原行索引:
      学号 性别
```

```
0   A101    男
1   A102    女
2   A103    女
```

3. DataFrame 对象数据的删除

1）利用 drop()方法删除 DataFrame 对象的数据

drop()方法的原型结构为

数据框数据的删除

```
DataFrame.drop(labels=None,axis=0, index=None, columns=None, inplace=False)
```

drop()方法参数如表 3.13 所示。

表 3.13　drop()方法的参数

参 数 名 称	描　　　述
labels	要删除的行列的名字,用列表给定
axis	默认为 0,指删除行,删除列时 axis＝1
index	直接指定要删除的行
columns	直接指定要删除的列
inplace	inplace＝False,默认该删除操作不改变原数据,而是返回一个执行删除操作后的新 DataFrame;inplace＝True,则会直接在原数据上进行删除操作,删除后无法恢复

【例 3-90】　利用 drop()方法删除 DataFrame 对象中的列数据。

```
import pandas as pd
df = pd.read_excel("D:\\第 3 章代码\\源数据\\数据框修改源数据.xlsx")
print("df 的初始内容:\n",df)
#drop()删除列
#axis = 1,删除列
df1 = df.drop(['学号','科目'],axis = 1)
print("df.drop(['学号','科目'],axis = 1)的结果:\n",df1)
#通过设置 columns 参数删除列
df2 = df.drop(columns = ['学号','生源地'])
print(" df.drop(columns = ['学号','生源地'])的结果:\n",df2)
```

代码运行结果如下。

```
runfile('D:/第 3 章代码/3-90.py', wdir='D:/第 3 章代码')
df 的初始内容:
    学号  姓名  生源地  科目
0   A01  王平  黑龙江  数学
1   A05  孙龙   辽宁  英语
2   A03  赵猛   吉林  数学
df.drop(['学号','科目'],axis = 1)的结果:
    姓名  生源地
0   王平  黑龙江
1   孙龙   辽宁
2   赵猛   吉林
```

```
df.drop(columns = ['学号','生源地'])的结果:
    姓名   科目
0   王平   数学
1   孙龙   英语
2   赵猛   数学
```

【例 3-91】 drop()方法删除 DataFrame 对象中的行数据。

```
import pandas as pd
df = pd.read_excel("D:\\第 3 章代码\\源数据\\数据框修改源数据.xlsx")
print("df 的初始内容:\n",df)
#drop()方法删除行
#axis = 0,删除行
df1 = df.drop([1],axis = 0)                        #删除第 2 行
print("df.drop([1],axis = 0)的结果:\n",df1)
#通过设置 index 参数删除行
df2 = df.drop(index = [0,2])
print("df.drop(index = [0,2])的结果:\n",df2)
```

代码运行结果如下。

```
runfile('D:/第 3 章代码/3-91.py', wdir='D:/第 3 章代码')
df 的初始内容:
    学号   姓名   生源地    科目
0   A01  王平   黑龙江   数学
1   A05  孙龙    辽宁   英语
2   A03  赵猛    吉林   数学
df.drop([1],axis = 0)的结果:
    学号   姓名   生源地    科目
0   A01  王平   黑龙江   数学
2   A03  赵猛    吉林   数学
df.drop(index = [0,2])的结果:
    学号   姓名 生源地    科目
1   A05  孙龙    辽宁   英语
```

2) 利用 del 命令删除 DataFrame 对象的列数据

del 命令删除 DataFrame 对象的列数据的结构为

```
del DataFrame 对象名['列名']
```

【例 3-92】 利用 del 命令删除 DataFrame 对象中的列数据。

```
import pandas as pd
df = pd.read_excel("D:\\第 3 章代码\\源数据\\数据框修改源数据.xlsx")
print("df 的初始内容:\n",df)
#del 删除列
del df['生源地']
print("del df['生源地']的结果:\n",df)
```

代码运行结果如下。

```
runfile('D:/第 3 章代码/3-92.py', wdir='D:/第 3 章代码')
df 的初始内容:
```

```
     学号　姓名　生源地　科目
0   A01　王平　黑龙江　数学
1   A05　孙龙　 辽宁 　英语
2   A03　赵猛　 吉林 　数学
del df['生源地']的结果:
     学号　姓名　科目
0   A01　王平　数学
1   A05　孙龙　英语
2   A03　赵猛　数学
```

3) 利用 pop()方法删除 DataFrame 对象的数据

pop()方法可以将所选列从原 DataFrame 对象中弹出,原 DataFrame 对象中不再保留该列。格式为

```
DataFrame 对象名.pop("列名")
```

【例 3-93】　pop()方法删除 DataFrame 对象中的列数据。

```
import pandas as pd
df = pd.read_excel("D:\\第 3 章代码\\源数据\\数据框修改源数据.xlsx")
print("df 的初始内容:\n",df)
#pop() 删除列,将删除的列弹出
df_pop = df.pop('生源地')
print("df.pop('生源地')的结果:\n",df)
print("所删除的内容:\n",df_pop)
```

pop()方法删除 DataFrame 对象的列时,直接在 DataFrame 对象上删除列,并将删除的列弹出,若后续使用删除列,可以将删除的内容存放在变量中,代码运行结果如下。

```
runfile('D:/第 3 章代码/3-93.py', wdir='D:/第 3 章代码')
df 的初始内容:
     学号　姓名　生源地　科目
0   A01　王平　黑龙江　数学
1   A05　孙龙　 辽宁 　英语
2   A03　赵猛　 吉林 　数学
df.pop('生源地')的结果:
     学号　姓名　科目
0   A01　王平　数学
1   A05　孙龙　英语
2   A03　赵猛　数学
所删除的内容:
0    黑龙江
1     辽宁
2     吉林
Name: 生源地, dtype: object
```

4) 删除特定数值的行

通过设置 DataFrame 对象索引为逻辑值,过滤不满足条件的行,实现删除 DataFrame 对象特定数值的行。

【例 3-94】 删除 DataFrame 对象 df 中性别为"男"的行。

```
import pandas as pd
df = pd.read_excel("D:\\第 3 章代码\\源数据\\merge 表 2.xlsx")
print("df 的初始内容:\n",df)
#删除性别为"男"的记录
df1 =df[ df['性别'] == '女' ]
print("df1 的内容:\n",df1)
#删除性别为"男"的记录
df2 =df[ df['性别'] != '男' ]
print("df2 的内容:\n",df2)
```

代码运行结果如下。

```
runfile('D:/第 3 章代码/3-94.py', wdir='D:/第 3 章代码')
df 的初始内容:
    学号 性别
0   A01   女
1   A02   男
2   A03   男
3   A04   男
4   A05   男
5   A06   女
6   A07   男
df1 的内容:
    学号 性别
0   A01   女
5   A06   女
df2 的内容:
    学号 性别
0   A01   女
5   A06   女
```

5）删除某列包含特殊字符的行

【例 3-95】 提取数据框 df"性别"列中包含"男"的行;删除 df"性别"列中包含"男"的行。

```
import pandas as pd
df = pd.read_excel("D:\\第 3 章代码\\源数据\\merge 表 2.xlsx")
print("df 的初始内容:\n",df)
#提取 df"性别"列中包含"男"的行
df1 =df[ df['性别'].str.contains('男') ]
print("df1 的内容:\n",df1)
#删除 df"性别"列中包含"男"的行
df2 =df[~df['性别'].str.contains('男') ]
print("df2 的内容:\n",df1)
```

代码运行结果如下。

```
runfile('D:/第 3 章代码/3-95.py', wdir='D:/第 3 章代码')
df 的初始内容:
    学号 性别
0   A01   女
```

```
1   A02    男
2   A03    男
3   A04    男
4   A05    男
5   A06    女
6   A07    男
df1 的内容:
    学号 性别
1   A02    男
2   A03    男
3   A04    男
4   A05    男
6   A07    男
df2 的内容:
    学号 性别
0   A01    女
5   A06    女
```

3.5.4　DataFrame 的文件读写

数据框
常用方法

1. 外部文件的读取

Pandas 可以将外部文件读取为 DataFrame 类型,下面主要介绍 Pandas 读取的 3 种类型文件:第 1 种是将 Excel 文件(XLS 或 XLSX)读取为 DataFrame 类型数据;第 2 种是将 CSV 文件读取为 DataFrame 类型数据;第 3 种是将 TXT 文件读取为 DataFrame 类型数据。

1) 读取 Excel 文件

Pandas 通过 read_excel()方法读取 Excel 文件,read_excel()原型结构为

```
pandas.read_excel(io, sheet_name=0, header=0, names=None, index_col=None,
usecols=None, skiprows=None, nrows=None, skipfooter=0)
```

read_excel()方法的主要参数如表 3.14 所示。

表 3.14　read_excel()方法的主要参数

参 数 名 称	描　　述
io	表示 Excel 文件的存储路径
sheet_name	要读取的工作表名称
header	指定作为列名的行,默认为 0,即取第 1 行的值为列名;若数据不包含列名,则设定 header = None。若将其设置为 header = 2,则表示将前两行作为多重索引
names	一般适用于 Excel 缺少列名或者需要重新定义列名的情况;names 的长度必须等于 Excel 表格列的长度,否则会报错
index_col	用作行索引的列,可以是工作表的列名称,如 index_col = "列名",也可以是整数或者列表
usecols	int 或 list 类型,默认为 None,表示需要读取所有列

续表

参 数 名 称	描　　述
skiprows	接收一个列表,表示从头部第 1 行开始跳过指定行数的数据
nrows	需要读取的行数
skipfooter	接收一个列表,从尾部最后一行开始,省略指定行数的数据

【例 3-96】　通过 io 和 sheet_name 读取 Excel 文件。

```
import pandas as pd
#通过 io 和 sheet_name 读取 Excel 文件
df = pd.read_excel(io = "D:\\第 3 章代码\\源数据\\student1.xlsx",\
                sheet_name = '一班')
print(df)
```

pd.read_excel(io = "D：\\第 3 章代码\\源数据\\student1.xlsx"，sheet_name = '一班')语句可以省略参数名,直接写成"pd.read_excel("D：\\第 3 章代码\\源数据\\student1.xlsx"，'一班')"。如果"student1.xlsx"文件只有一张表,或者要读取的数据表为第一张表,sheet_name 参数可以省略,代码运行结果如下。

```
runfile('D:/第 3 章代码/3-96.py', wdir='D:/第 3 章代码')
    学号      姓名   年龄      性别
0  C001  HanMei    3  Female
1  C002    Yuan   43    Male
2  C003     Yao   13    Male
3  C004      Su   12    Male
4  C005   David   33    Male
5  C006      Dw    3  Female
6  C007     Qiu   23    Male
7  C008    Wang   21  Female
```

【例 3-97】　读取 Excel 文件,利用 header 参数设置列标题。

```
import pandas as pd
#header = 1 表示表的第 2 行为列名
df = pd.read_excel("D:\\第 3 章代码\\源数据\\student2.xlsx",\
                header = 1)
print(df)
```

如果 Excel 表的列标题不在第 1 行,需要通过 header 参数指定表头,标题行是第几行,header 的参数就设置为几,注意行号是从 0 开始计算的,代码运行结果如下。

```
runfile('D:/第 3 章代码/3-97.py', wdir='D:/第 3 章代码')
    学号      姓名   年龄      性别
0  C001  HanMei    3  Female
1  C002    Yuan   43    Male
2  C003     Yao   13    Male
3  C004      Su   12    Male
4  C005   David   33    Male
5  C006      Dw    3  Female
```

```
6  C007     Qiu    23    Male
7  C008     Wang   21  Female.
```

【**例 3-98**】　读取 Excel 文件,利用 skipfooter 参数忽略表尾数据。

```python
import pandas as pd
#header = 1 表示表的第 2 行为列名
df = pd.read_excel("D:\\第 3 章代码\\源数据\\student2.xlsx",\
                    header = 1,skipfooter = 2)
print(df)
```

设置"skipfooter = 2"时表示读取"student2.xlsx"文件中的数据时跳过后两行数据,代码运行结果如下。

```
runfile('D:/第 3 章代码/3-98.py', wdir='D:/第 3 章代码')
   学号      姓名    年龄      性别
0  C001  HanMei     3  Female
1  C002    Yuan    43    Male
2  C003     Yao    13    Male
3  C004      Su    12    Male
4  C005   David    33    Male
5  C006      Dw     3  Female
```

【**例 3-99**】　读取 Excel 文件,读取多个工作表。

```python
import pandas as pd
#sheet_name = [0,1]读取指定的工作表,表示读取第 1 个和第 2 个工作表
df1 = pd.read_excel("D:\\第 3 章代码\\源数据\\student3.xlsx",\
                    sheet_name = [0,1])
#sheet_name = None,表示读取全部工作表
df2 = pd.read_excel("D:\\第 3 章代码\\源数据\\student3.xlsx",\
                    sheet_name = None)
print("df1 的内容:\n",df1,"\n")
print("df2 的内容:\n",df2,"\n")
```

sheet_name 参数返回多个工作表或者全表。参数 sheet_name 可以设置成列表,列表中的整数表示要读取的工作表,例如,本例中的第 2 条语句 sheet_name 设置成了列表,列表的内容为 0 和 1,表示要读取 student.xlsx 文件的第 1 个工作表和第 2 个工作表;第 3 条语句的 sheet_name 参数设置为 None,表示读取所有的工作表(有几个工作表就返回几个工作表),代码运行结果如下。

```
runfile('D:/第 3 章代码/3-99.py', wdir='D:/第 3 章代码')
df1 的内容:
 OrderedDict([(0,     学号      姓名    年龄      性别
0  C001  HanMei     3  Female
1  C002    Yuan    43    Male
2  C003     Yao    13    Male
3  C004      Su    12    Male
4  C005   David    33    Male
5  C006      Dw     3  Female
6  C007     Qiu    23    Male
7  C008    Wang    21  Female), (1,     ID    Name  Age  Gender
```

```
0  X001    Judy   22   Female
1  X002   Cindy   21   Female
2  X003   Alice   22   Female
3  X004    Jack   24     Male
4  X005   David   20     Male
5  X006    Mary   22   Female
6  X007    Rose    3   Female
7  X008   Black   43     Male
8  X009     Joe   13     Male)])
```

df2 的内容:

```
 OrderedDict([('一班',        学号     姓名    年龄       性别
0  C001   HanMei     3   Female
1  C002     Yuan    43     Male
2  C003      Yao    13     Male
3  C004       Su    12     Male
4  C005    David    33     Male
5  C006       Dw     3   Female
6  C007      Qiu    23     Male
7  C008     Wang    21   Female), ('二班',       ID    Name   Age  Gender
0  X001    Judy    22   Female
1  X002   Cindy    21   Female
2  X003   Alice    22   Female
3  X004    Jack    24     Male
4  X005   David    20     Male
5  X006    Mary    22   Female
6  X007    Rose     3   Female
7  X008   Black    43     Male
8  X009     Joe    13     Male), ('Sheet3', Empty DataFrame
Columns: []
Index: [])])
```

2) 读取 CSV 文件

Pandas 还可以读取 CSV 文件,CSV 也称为字符分隔值,其文件以纯文本形式存储表格数据。CSV 是一种通用的、相对简单的文件格式,Pandas 可以很方便地处理 CSV 文件。Pandas 读取 CSV 文件的格式为

```
pandas.read_csv(filepath_or_buffer, sep=, delimiter=None, header='infer',
names=None, index_col=None, usecols=None, skiprows=None, skipfooter=0, nrows
=None, )
```

read_csv()方法的主要参数如表 3.15 所示。

表 3.15 read_csv()方法的主要参数

参 数 名 称	描　　　述
filepath_or_buffer	数据输入的路径,可以是文件路径、URL
sep	读取 CSV 文件时指定的分隔符,默认为逗号。有特殊要求则需要设置分隔符;sep 参数设置的分隔符要与 CSV 文件中指定的分隔符一致
delimiter	字符串,sep 的别名,默认为 None

参 数 名 称	描　　述
header	代表列索引,表示读取指定的行号为默认列索引,默认值为 0,表示读取第 1 行作为列索引,若 CSV 中不包含列索引,则将 header 设置为 None
names	当 names 没被赋值时,即选取数据文件的第 1 行作为列名。当 names 被赋值时,为文件设置列名
index_col	读取某列数据作为行索引,默认值为 None
usecols	指定需要读取的列
skiprows	可以是列表,指从头部第 1 行开始跳过指定行数的数据
nrows	需要读取的行数
skipfooter	可以是列表,从尾部最后一行开始,省略指定行数的数据

【例 3-100】　Pandas 读取 CSV 文件。

```python
import pandas as pd
df1 = pd.read_csv("D:\\第 3 章代码\\源数据\\student1.csv")
print("读取 student1.cv 为数据框对象:")
print(df1,"\n")
print("取消第 1 行作为列索引,表中所有行都作为数据:")
df2 = pd.read_csv("D:\\第 3 章代码\\源数据\\student1.csv",\
                  header=None)
print(df2,"\n")
print("为各个字段取名:")
df3 = pd.read_csv("D:\\第 3 章代码\\源数据\\student1.csv",\
                  names=['XH','XM','NL','XB'])
print(df3,"\n")
print("将 XH 字段设为索引:")
df4 = pd.read_csv("D:\\第 3 章代码\\源数据\\student1.csv",\
                  names=['XH','XM','NL','XB'],\
                  index_col = "XH")
print(df4,"\n")
print("用 sep 参数设置分隔符:")
df5 = pd.read_csv("D:\\第 3 章代码\\源数据\\student1.csv",\
                  names=['XH','XM','NL','XB'],\
                  sep = ',')
print(df5)
```

代码运行结果如下。

```
runfile('D:/第 3 章代码/3-100.py', wdir='D:/第 3 章代码')
读取 student1.cv 为数据框对象:
     ID    Name  Age  Gender
0  X001    Judy   22  Female
1  X003   Alice   22  Female
2  X004     NaN   24    Male
取消第 1 行作为列索引,表中所有行都作为数据:
       0     1    2       3
0    ID   Name  Age  Gender
```

```
1   X001    Judy    22   Female
2   X003    Alice   22   Female
3   X004    NaN     24     Male
```
为各个字段取名：
```
        XH    XM    NL      XB
0   ID      Name   Age   Gender
1   X001    Judy    22   Female
2   X003    Alice   22   Female
3   X004    NaN     24     Male
```
将 XH 字段设为索引：
```
        XM    NL      XB
XH
ID      Name   Age   Gender
X001    Judy    22   Female
X003    Alice   22   Female
X004    NaN     24     Male
```
用 sep 参数设置分隔符：
```
        XH    XM    NL      XB
0   ID      Name   Age   Gender
1   X001    Judy    22   Female
2   X003    Alice   22   Female
3   X004    NaN     24     Male
```

3）读取 TXT 文件

Pandas 通过 read_table()方法读取文本文件（TXT）为 DataFrame 对象。read_table()的结构原型为

```
read_table(filepath_or_buffer, sep='\t', header='infer', names=None, index_
col= None, usecols = None , skiprows = None , skipfooter = None , nrows = None,
delimiter=None)
```

read_table()方法的主要参数如表 3.16 所示。

表 3.16　read_table()方法的主要参数

参　数　名　称	描　　　述
filepath_or_buffer	文件路径字符串、路径对象或类文件对象
sep	分隔符，默认值为\t
delimiter	分隔符别名，默认值为 None
header	标题行，默认值为 infer，自动推导
names	列名，可选
index_col	索引列，默认值为 None
usecols	指定要读取哪些列（字段）的数据
skiprows	可选，定义文件头部跳过的行数
skipfooter	可选，定义文件尾部跳过的行数
nrows	可选，定义要读取的行数

现有 3 个文本文件"data1.txt""data2.txt""data3.txt",其中,"data1.txt"的数据是用逗号分隔的,"data2.txt"中的数据是用制表符分隔的,"data3.txt"的数据用空格分隔。

【例 3-101】　Pandas 读取"data1.txt""data2.txt""data3.txt"文件为 DataFrame 对象。

```
import pandas as pd
#读取 TXT 文件,分隔符为逗号(","),设置无表头
df1 = pd.read_table("D:\\第 3 章代码\\源数据\\data1.txt",\
                    sep=',',\
                    header = None)
print("读取 data1.txt 为数据框对象的内容:")
print(df1,"\n")
#读取 TXT 文件,分隔符为制表符("\t"),带表头
df2 = pd.read_table("D:\\第 3 章代码\\源数据\\data2.txt",\
                    sep='\t')
print("读取 data2.txt 为数据框对象的内容:")
print(df2,"\n")
#读取 TXT 文件,分隔符为逗号(","),带表头
df3 = pd.read_table("D:\\第 3 章代码\\源数据\\data3.txt",\
                    sep='\s+')                      #sep 也可设置为空格
print("读取 data3.txt 为数据框对象的内容:")
print(df3)
```

读取文本文件设置 sep 参数时,要与文本文件的分隔符一致,否则不能正确分隔数据。在某些情况下,分隔符可以使用"\s+"。"\s"表示空白字符,包括但不限于空格、回车(\r)、换行符(\n)、Tab 键或者水平制表符(\t)等。"+"是重复修饰符,表示它前面与它紧邻的表达式格式相匹配的字符串至少出现 1 个,上不封顶。"\s+"意思就是至少有 1 个空白字符存在。也就是在对行数据拆分时,数据之间只要存在至少 1 个空白字符时就将数据拆分,代码运行结果如下。

```
runfile('D:/第 3 章代码/3-101.py', wdir='D:/第 3 章代码')
读取 data1.txt 为数据框对象的内容:
   0  1  2   3   4   5
0  0  0  1   1   2   2
1  3  3  4   4   5   5
2  6  6  7   7   8   8
3  9  9  10  10  11  11
读取 data2.txt 为数据框对象的内容:
     ID   Name  Age  Gender
0  X001   Judy   22  Female
1  X003  Alice   22  Female
2  X004    NaN   24    Male
读取 data3.txt 为数据框对象的内容:
    a   b   c   d   e
0   1   2   3   4   5
1   6   7   8   9  10
2  11  12  13  14  15
```

2. 数据的写入

1) 写入 Excel 文件

to_excel()方法是将 DataFrame 对象数据写入 Excel 的方法,其原型结构为

```
DataFrame 对象.to_excel(excel_writer, sheet_name='sheet1', na_rep=" ", columns
=None, header=True, index=True, encoding=None)
```

to_excel()方法的主要参数如表 3.17 所示。

表 3.17　to_excel()方法的主要参数

参 数 名 称	描　　述
excel_writer	文件路径,不存在会自动生成
sheet_name	指定写入 Excel 的工作表名称,默认为"Sheet1"
na_rep	表示缺失数据,不写默认为空
columns	指定输出 DataFrame 对象的某些列
header	是否保存列索引,默认为 True
index	是否写行索引,默认为 True
encoding	指定编码,常用 utf-8

【例 3-102】　将 DataFrame 对象的数据写入 Excel 文件中。

```
import pandas as pd
df1 = pd.DataFrame({"Id":['X01','X02','X03'],\
                    "Name":['Wang','Sun','Zhao'],})
df2 = pd.DataFrame({"Name":['Wang','Sun','Zhao'],\
                    "Score":[98,80,87]})
#单个工作表的写入
#将 df1 写入"df_excel.xlsx"文件的 sheet1 工作表中,df1 的行索引不写入
df1.to_excel("D:\\第 3 章代码\\源数据\\df_excel.xlsx",\
            sheet_name='sheet1',index = False)
'''
#多个工作表写入同一个 Excel 文件中
#将 df1,df2 写入"two_df_excel.xlsx"文件的 sheet1,sheet2 工作表中,不写入行索引
'''
with pd.ExcelWriter("D:\\第 3 章代码\\源数据\\two_df_excel.xlsx"\
                    ,) as writer:
    df1.to_excel(writer,sheet_name = 'sheet1',index = False)
    df2.to_excel(writer,sheet_name = 'sheet2',index = False)
```

2) 写入 CSV 文件

Pandas 提供的 to_csv()方法用于将 DataFrame 数据写入 CSV 格式文件,to_csv()方法的原型结构为

```
DataFrame.to_csv(path_or_buf=None, sep=',', na_rep='', columns=None, header=
True, index=True, mode='w')
```

to_csv()方法的主要参数如表 3.18 所示。

表 3.18　to_csv()方法的主要参数

参 数 名 称	描　　述
path_or_buf	输出文件的存放路径
sep	输出文件的字段分隔符,默认为逗号","
na_rep	缺失值填充 ''
columns	指定要输出的列
header	字符串或布尔列表,默认为 True,如果给定字符串列表,则作为列名的别名
index	布尔值,默认为 True,写入行名称(索引)
mode	mode="w",写入模式,默认为 w。 r:只能读,必须存在,可在任意位置读取。 w:只能写,可以不存在,若存在会擦掉原有内容从头写。 a:只能写,可以不存在,不能修改原有内容,只能在结尾追加写,文件指针无效。 r+:可读可写,必须存在,可在任意位置读写,读与写共用同一个指针。 w+:可读可写,可以不存在,擦掉原有内容从头写。 a+:可读可写,可以不存在,不能修改原有内容,只能在结尾追加写,文件指针只对读有效(写操作会将文件指针移动到文件尾)

【例 3-103】　将 DataFrame 对象的数据写入 CSV 文件中。

```
import pandas as pd
df = pd.DataFrame({"Name":['Wang','Sun','Zhao'],\
                   "Score":[98,80,87]})
#使用绝对路径直接保存,其他参数默认
df.to_csv("D:\\第 3 章代码\\源数据\\df_csv1.csv")
#　使用分号";"分隔,sep = ";"
df.to_csv("D:\\第 3 章代码\\源数据\\df_csv2.csv",\
         sep = ";")
#将'Score'列和索引保存到 CSV 文件
df.to_csv("D:\\第 3 章代码\\源数据\\df_csv3.csv",\
          columns = ['Score'])
#不保留列名
df.to_csv("D:\\第 3 章代码\\源数据\\df_csv4.csv",\
         header = False)
#不保留行索引
df.to_csv("D:\\第 3 章代码\\源数据\\df_csv5.csv",\
         index = False)
'''
#保存至 file 文件中,index=False 表示文件中不添加索引;
header=False 表示不添加列名;
mode='a+'表示在已有数据基础上添加新数据,并不覆盖已有数据
'''
df1 = pd.DataFrame({'Name':['Zhao','Li'], 'Score':[60,75]})
df1.to_csv("D:\\第 3 章代码\\源数据\\df_csv5.csv",\
          index = False,\
          header = False,\
          mode='a+')
```

3.5.5 DataFrame 的分组与聚合

数据分析时往往需要根据不同的分析需求对数据进行整合。整合数据比较常用的方法是数据的分组和聚合。

1. 分组

在分析数据时,经常需要将数据分成不同的群组,Pandas 中的 groupby()方法可以根据 DataFrame 的某个字段值,将该字段的值相等的行或列分到同一组中,每个组是一个新的 DataFrame;groupby()也可以按 DataFrame 中的多个字段分组,当多个字段的值都相等时分到同一组。

groupby()结构原型为

```
groupby(by=None, axis=0, level=None, as_index=True, sort=True, dropna=True);
```

groupby()方法的主要参数如表 3.19 所示。

表 3.19 groupby()方法的主要参数

参数名称	描 述
by	接收映射、函数、标签或标签列表;用于确定分组字段,默认为 None
axis	设置按列分组还是按行分组,axis = 0 表示按列分组,axis = 1 表示按行分组,默认值为 0
level	接收 int、级别名称或序列,默认为 None;如果轴是一个多索引(层次化),则按一个或多个特定级别分组
as_index	接收布尔值,默认为 True;True 则返回以组标签为索引的对象,False 则不以组标签为索引
sort	结果按分组列的值升序排列,将 sort 设置为 False 则不排序
dropna	默认情况下,分组列的 NaN 在分组结果中不保留,将 dropna 设置为 False,可以保留 NaN 分组

1) groupby()实现简单分组

【例 3-104】 对数据框数据简单分组。

```
import pandas as pd
import numpy as np
#创建分组数据框对象 df
df=pd.DataFrame({'id':['id1','id2','id3','id4','id5','id6',\
            'id7','id8','id9','id10','id11'],
        'province':['山东','山东','四川','河南','广东',\
            '上海','河南','上海','江苏','上海','浙江'],
        'gender':['男','男','女','女','男','男','女','女',\
            '男','男','女'],
        'age':[20,20,30,30,34,23,34,np.nan,np.nan,23,34],
        'education':['本科','本科','研究生','本科','研究生',\
            '专科','本科','专科','本科','本科','本科'],
        'score':[80,80,82,73,74,91,80,78,93,82,74],
        'date':pd.date_range('5/1/2022',periods=11, freq='W')})
```

```
print("初始数据:\n",df,"\n")
#单字段分组,按"gender"字段分组
group_gender = df.groupby(by = 'gender')
#使用 get_group()方法获取分组数据
group_gender_female = group_gender.get_group("女")
print("女子组:\n",group_gender_female,"\n" )
group_gender_male = group_gender.get_group("男")
print("男子组:\n",group_gender_male,"\n")
#分组计算
#在取得 group_gender 分组后,按分组字段对 group_gender 字段求和,
#对属性名称添加前缀 sum_;注意:这里非数值数据则不会进行分组运算
group_gender_sum = group_gender.sum().add_prefix('sum_')
print("按'gender'字段统计各组的和:\n",group_gender_sum,"\n")
#按分组字段对 group_gender 求中位数
group_gender_median = \
                      group_gender.median().add_prefix('median_')
print("按'gender'字段统计各组的中位数:\n",group_gender_median)
```

代码运行结果如下。

```
runfile('D:/第 3 章代码/3-104.py', wdir='D:/第 3 章代码')
初始数据:
      id province gender   age education  score       date
0    id1     山东     男   20.0      本科     80 2022-05-01
1    id2     山东     男   20.0      本科     80 2022-05-08
2    id3     四川     女   30.0    研究生     82 2022-05-15
3    id4     河南     女   30.0      本科     73 2022-05-22
4    id5     广东     男   34.0    研究生     74 2022-05-29
5    id6     上海     男   23.0      专科     91 2022-06-05
6    id7     河南     女   34.0      本科     80 2022-06-12
7    id8     上海     女    NaN      专科     78 2022-06-19
8    id9     江苏     男    NaN      本科     93 2022-06-26
9   id10     上海     男   23.0      本科     82 2022-07-03
10  id11     浙江     女   34.0      本科     74 2022-07-10
女子组:
      id province gender   age education  score       date
2    id3     四川     女   30.0    研究生     82 2022-05-15
3    id4     河南     女   30.0      本科     73 2022-05-22
6    id7     河南     女   34.0      本科     80 2022-06-12
7    id8     上海     女    NaN      专科     78 2022-06-19
10  id11     浙江     女   34.0      本科     74 2022-07-10
男子组:
      id province gender   age education  score       date
0    id1     山东     男   20.0      本科     80 2022-05-01
1    id2     山东     男   20.0      本科     80 2022-05-08
4    id5     广东     男   34.0    研究生     74 2022-05-29
5    id6     上海     男   23.0      专科     91 2022-06-05
8    id9     江苏     男    NaN      本科     93 2022-06-26
9   id10     上海     男   23.0      本科     82 2022-07-03
按'gender'字段统计各组的和:
        sum_age  sum_score
gender
女        128.0        387
```

```
男              120.0          500
```
按'gender'字段统计各组的中位数：
```
         median_age  median_score
gender
女              32.0           78
男              23.0           81
```

Pandas 为分组后的数据提供了求和、平均值、最大值等统计计算方法,便于对分组后的数据做进一步的分析。分组计算的函数如表 3.20 所示。

表 3.20   分组计算的函数

函 数 名 称	说　　明
count()	统计分组后各数值列的数量
sum()	分组中各数值列的和
mean()	分组中各数值列的平均值
median()	分组中各数值列的中位数
std(),var()	分组中各数值列的标准差、方差
min(),max()	分组中各数值列的最小值、最大值
prod()	分组中各数值列的积
first(),last()	分组中各数值列的第一个、最后一个数值

2) groupby()实现多重分组

【例 3-105】   对 DataFrame 数据的多重分组。

```python
import pandas as pd
import numpy as np
#创建分组数据框对象 df
df=pd.DataFrame({'id':['id1','id2','id3','id4','id5','id6',\
                'id7','id8','id9','id10','id11'],
            'province':['山东','山东','四川','河南','广东',\
                    '上海','河南','上海','江苏','上海','浙江'],
            'gender':['男','男','女','女','男','男','女','女',\
                    '男','男','女'],
            'age':[20,20,30,30,34,23,34,np.nan,np.nan,23,34],
            'education':['本科','本科','研究生','本科','研究生',\
                    '专科','本科','专科','本科','本科','本科'],
            'score':[80,80,82,73,74,91,80,78,93,82,74],
            'date':pd.date_range('5/1/2022',periods=11, freq='W')})
print("初始数据:\n",df,"\n")
#多字段分组,按"gender"和"education"字段分组
group_gender = df.groupby(by = ['gender','education'])
#输出分组结果,key是分组字段,data是分组结果
for key,data in group_gender:
    print("分组字段:",key)
    print(data)
#可以利用 size()方法计算分组后的数据获得组别的个数
```

```
print(group_gender.size())
```

代码运行结果如下。

```
runfile('D:/第 3 章代码/3-105.py', wdir='D:/第 3 章代码')
初始数据:
     id province gender  age education  score       date
0   id1     山东     男  20.0       本科     80 2022-05-01
1   id2     山东     男  20.0       本科     80 2022-05-08
2   id3     四川     女  30.0      研究生    82 2022-05-15
3   id4     河南     女  30.0       本科     73 2022-05-22
4   id5     广东     男  34.0      研究生    74 2022-05-29
5   id6     上海     男  23.0       专科     91 2022-06-05
6   id7     河南     女  34.0       本科     80 2022-06-12
7   id8     上海     女   NaN       专科     78 2022-06-19
8   id9     江苏     男   NaN       本科     93 2022-06-26
9  id10     上海     男  23.0       本科     82 2022-07-03
10 id11     浙江     女  34.0       本科     74 2022-07-10
分组字段: ('女', '专科')
     id province gender  age education  score       date
7   id8     上海     女   NaN       专科     78 2022-06-19
分组字段: ('女', '本科')
     id province gender  age education  score       date
3   id4     河南     女  30.0       本科     73 2022-05-22
6   id7     河南     女  34.0       本科     80 2022-06-12
10 id11     浙江     女  34.0       本科     74 2022-07-10
分组字段: ('女', '研究生')
     id province gender  age education  score       date
2   id3     四川     女  30.0      研究生    82 2022-05-15
分组字段: ('男', '专科')
     id province gender  age education  score       date
5   id6     上海     男  23.0       专科     91 2022-06-05
分组字段: ('男', '本科')
     id province gender  age education  score       date
0   id1     山东     男  20.0       本科     80 2022-05-01
1   id2     山东     男  20.0       本科     80 2022-05-08
8   id9     江苏     男   NaN       本科     93 2022-06-26
9  id10     上海     男  23.0       本科     82 2022-07-03
分组字段: ('男', '研究生')
     id province gender  age education  score       date
4   id5     广东     男  34.0      研究生    74 2022-05-29
gender  education
女       专科          1
        本科          3
        研究生         1
男       专科          1
        本科          4
        研究生         1
dtype: int64
```

3) 利用自定义函数分组

利用 groupby() 方法不仅可以实现单字段、多字段分组,还可以利用自定义函数进行分组,同时可以通过 groupby()方法中的参数 axis＝1 对列进行分组(axis＝0 对行进行分组)。用 groupby()分组更加灵活,还可以制定一些比较特殊的规则。

【例 3-106】 利用预先设定的函数进行分组,将列名带有"inf"的划分为一组,其他的划分为另一组。

```python
import pandas as pd
import numpy as np
#创建分组 DataFrame 对象 df
df=pd.DataFrame({'id':['id1','id2','id3','id4','id5','id6',\
                'id7','id8','id9','id10','id11'],
                inf-'province':['山东','山东','四川','河南','广东',\
                        '上海','河南','上海','江苏','上海','浙江'],
                'gender':['男','男','女','女','男','男','女','女',\
                        '男','男','女'],
                'age':[20,20,30,30,34,23,34,np.nan,np.nan,23,34],
                inf-'education':['本科','本科','研究生','本科','研究生',\
                        '专科','本科','专科','本科','本科','本科'],
                inf-'score':[80,80,82,73,74,91,80,78,93,82,74],
                'date':pd.date_range('5/1/2022',periods=11, \
                                freq='W')})
print("初始数据:\n",df,"\n")
#利用预先设定的函数进行分组,包含"inf"的为一组,其余的为另一组
def get_group_type(letter): #定义分组函数
    if 'inf' in letter:
        return 'inf'
    else:
        return 'other'
for key,data in list(df.groupby(get_group_type, axis=1)):
#axis= 1,按列分组
    print("分组字段为:",key)
    print(data)
```

代码运行结果如下。

```
runfile('D:/第 3 章代码/3-106.py', wdir='D:/第 3 章代码')
初始数据:
    id inf_province gender  age inf_education  inf_score      date
0   id1      山东     男  20.0          本科         80 2022-05-01
1   id2      山东     男  20.0          本科         80 2022-05-08
2   id3      四川     女  30.0         研究生         82 2022-05-15
3   id4      河南     女  30.0          本科         73 2022-05-22
4   id5      广东     男  34.0         研究生         74 2022-05-29
5   id6      上海     男  23.0          专科         91 2022-06-05
6   id7      河南     女  34.0          本科         80 2022-06-12
7   id8      上海     女   NaN          专科         78 2022-06-19
8   id9      江苏     男   NaN          本科         93 2022-06-26
9  id10      上海     男  23.0          本科         82 2022-07-03
10 id11      浙江     女  34.0          本科         74 2022-07-10
分组字段为: inf
   inf_province inf_education  inf_score
0       山东          本科         80
1       山东          本科         80
```

2	四川	研究生	82
3	河南	本科	73
4	广东	研究生	74
5	上海	专科	91
6	河南	本科	80
7	上海	专科	78
8	江苏	本科	93
9	上海	本科	82
10	浙江	本科	74

```
分组字段为: other
      id gender   age       date
0    id1    男   20.0 2022-05-01
1    id2    男   20.0 2022-05-08
2    id3    女   30.0 2022-05-15
3    id4    女   30.0 2022-05-22
4    id5    男   34.0 2022-05-29
5    id6    男   23.0 2022-06-05
6    id7    女   34.0 2022-06-12
7    id8    女    NaN 2022-06-19
8    id9    男    NaN 2022-06-26
9   id10    男   23.0 2022-07-03
10  id11    女   34.0 2022-07-10
```

2. 聚合

聚合就是在对数据进行合理分组后,再根据需要对数据进行的一系列操作,如求和、转换等。聚合函数通常是数据处理的最终目的,大多数情况下数据分组也是为数据聚合服务的。本节介绍的聚合方法为 aggregate(),也可以写作 agg()。

agg()方法的原型结构为

```
agg(func=None, axis=0, * args, **kwargs):
```

agg()方法的主要参数如表 3.21 所示。

表 3.21　agg()方法的主要参数

函数名称	说　　　明
func	func 参数可以接收函数名、函数名的字符串、函数组成的列表、行/列标签和函数组成的字典
axis	设置是按列还是按行聚合。设置为 0 或 index,表示对每列应用聚合函数;设置为 1 或 columns,表示对每行应用聚合函数
* args	给函数 func 的位置参数
**kwargs	传递给函数 func 的关键字参数

返回结果有 scalar(标量)、Series 或 DataFrame 三种类型。

scalar:当 series.agg()聚合单个函数时返回标量。

Series:当 DataFrame.agg()聚合单个函数时,或 Series.agg()聚合多个函数时返回 Series。

DataFrame:当 DataFrame.agg()聚合多个函数时返回 DataFrame。

【例 3-107】 利用 agg()方法按性别统计"score"的最大值、平均值及标准差。

```python
import pandas as pd
import numpy as np
#创建分组 DataFrame 对象 df
df=pd.DataFrame({'id':['id1','id2','id3','id4','id5','id6',\
                'id7','id8','id9','id10','id11'],
                'province':['山东','山东','四川','河南','广东',\
                '上海','河南','上海','江苏','上海','浙江'],
                'gender':['男','男','女','女','男','男','女','女',\
                '男','男','女'],
                'age':[20,20,30,30,34,23,34,np.nan,np.nan,23,34],
                'education':['本科','本科','研究生','本科','研究生',\
                '专科','本科','专科','本科','本科','本科'],
                'score':[80,80,82,73,74,91,80,78,93,82,74],
                'date':pd.date_range('5/1/2022',periods=11, \
                                    freq='W')})
print("初始数据:\n",df)
#按"gender"字段分组
group_gender = df.groupby(by = 'gender')
#对 group_gender 聚合操作,计算 score 列的最大值、平均值、标准差
print(group_gender.agg({'score':[np.max,np.mean,np.std]}))
```

代码运行结果如下。

```
runfile('D:/第 3 章代码/3-107.py', wdir='D:/第 3 章代码')
初始数据:
       id province gender   age education   score        date
0     id1     山东      男   20.0      本科      80  2022-05-01
1     id2     山东      男   20.0      本科      80  2022-05-08
2     id3     四川      女   30.0     研究生     82  2022-05-15
3     id4     河南      女   30.0      本科      73  2022-05-22
4     id5     广东      男   34.0     研究生     74  2022-05-29
5     id6     上海      男   23.0      专科      91  2022-06-05
6     id7     河南      女   34.0      本科      80  2022-06-12
7     id8     上海      女    NaN      专科      78  2022-06-19
8     id9     江苏      男    NaN      本科      93  2022-06-26
9    id10     上海      男   23.0      本科      82  2022-07-03
10   id11     浙江      女   34.0      本科      74  2022-07-10
        score
         amax       mean       std
gender
女         82  77.400000  3.847077
男         93  83.333333  7.257180
```

transform()是非常实用的方法,可以方便地将某个或某些函数处理过程作用在传入数据的每一列上,从而返回与输入数据形状一致的运算结果。transform()并不对数据进行聚合输出,而只是对每一行记录提供了相应聚合结果。

【例 3-108】 利用 transform()实现分组转换。

```python
import pandas as pd
import numpy as np
```

```
#创建分组 DataFrame 对象 df
df=pd.DataFrame({'id':['id1','id2','id3','id4','id5','id6',\
                       'id7','id8','id9','id10','id11'],
                 'province':['山东','山东','四川','河南','广东',\
                             '上海','河南','上海','江苏','上海','浙江'],
                 'gender':['男','男','女','女','男','男','女','女',\
                           '男','男','女'],
                 'age':[20,20,30,30,34,23,34,np.nan,np.nan,23,34],
                 'education':['本科','本科','研究生','本科','研究生',\
                              '专科','本科','专科','本科','本科','本科'],
                 'score':[80,80,82,73,74,91,80,78,93,82,74],
                 'date':pd.date_range('5/1/2022',periods=11,\
                                      freq='W')})
print("初始数据:\n",df)
#按"gender"字段分组
group_gender = df.groupby(by = 'gender')
#根据分组结果,计算 df 每个省的"score"和"age"字段的平均值
group_gender_mean = group_gender.transform('mean')
print("男、女组的'age'、'score'的平均值:\n",group_gender_mean)
'''
#也可以用一行语句实现分组与转换,即
#group_gender_transfer = df.groupby(by = 'gender').transform('mean')
#自定义函数,用 transform() 方法,对缺失值用分组后的平均值填充
#'age'缺失值填充原则为:若'gender'对应的值为'男',则用男子组的'age'列的
#平均值 24 填充,反之则用女子组的'age'列的平均值填充
'''
func = lambda x: x.fillna(x.mean())
group_gender_na = df.groupby('gender').transform(func)
print("按分组后的平均值填充缺失值:\n",group_gender_na)
```

代码运行结果如下。

```
runfile('D:/第 3 章代码/3-108.py', wdir='D:/第 3 章代码')
初始数据:
      id province gender  age education  score       date
0    id1     山东      男   20.0      本科     80 2022-05-01
1    id2     山东      男   20.0      本科     80 2022-05-08
2    id3     四川      女    NaN     研究生     82 2022-05-15
3    id4     河南      女   30.0      本科     73 2022-05-22
4    id5     广东      男   34.0     研究生     74 2022-05-29
5    id6     上海      男   23.0      专科     91 2022-06-05
6    id7     河南      女   34.0      本科     80 2022-06-12
7    id8     上海      女    NaN      专科     78 2022-06-19
8    id9     江苏      男    NaN      本科     93 2022-06-26
9   id10     上海      男   23.0      本科     82 2022-07-03
10  id11     浙江      女   34.0      本科     74 2022-07-10
男、女组的'age'、'score'的平均值:
        age      score                date
0  24.000000  83.333333 2022-06-01 12:00:00
1  24.000000  83.333333 2022-06-01 12:00:00
2  32.666667  77.400000 2022-06-09 04:48:00
3  32.666667  77.400000 2022-06-09 04:48:00
```

```
4    24.000000    83.333333 2022-06-01 12:00:00
5    24.000000    83.333333 2022-06-01 12:00:00
6    32.666667    77.400000 2022-06-09 04:48:00
7    32.666667    77.400000 2022-06-09 04:48:00
8    24.000000    83.333333 2022-06-01 12:00:00
9    24.000000    83.333333 2022-06-01 12:00:00
10   32.666667    77.400000 2022-06-09 04:48:00
```
按分组后的平均值填充缺失值:
```
        age      score       date
0   20.000000       80 2022-05-01
1   20.000000       80 2022-05-08
2   32.666667       82 2022-05-15
3   30.000000       73 2022-05-22
4   34.000000       74 2022-05-29
5   23.000000       91 2022-06-05
6   34.000000       80 2022-06-12
7   32.666667       78 2022-06-19
8   24.000000       93 2022-06-26
9   23.000000       82 2022-07-03
10  34.000000       74 2022-07-10
```

3.5.6　DataFrame 对象的常用操作

1. DataFrame 对象的常用属性

DataFrame 对象的常用属性如表 3.22 所示。

表 3.22　DataFrame 对象的常用属性

方　　法	描　　述
columns	获取数据框对象的列名
index	获取数据框对象的行索引
values	获取数据框对象的数据
dtypes	查看每列的数据类型
shape	查看数据框对象的行、列数
size	查看数据的总个数

【例 3-109】　DataFrame 对象的常用属性应用。

```
import pandas as pd
import numpy as np
#创建分组 DataFrame 对象 df
df=pd.DataFrame({'id':['id1','id2','id3','id4','id5','id6',\
                'id7','id8','id9','id10','id11'],
        'province':['山东','山东','四川','河南','广东',\
                '上海','河南','上海','江苏','上海','浙江'],
        'gender':['男','男','女','女','男','男','女','女',\
                '男','男','女'],
```

```
            'age':[20,20,30,30,34,23,34,np.nan,np.nan,23,34],
            'education':['本科','本科','研究生','本科','研究生',\
                         '专科','本科','专科','本科','本科','本科'],
             'score':[80,80,82,73,74,91,80,78,93,82,74],
             'date':pd.date_range('5/1/2022',periods=11, \
                         freq='W')})
print("初始数据:\n",df)
#查看 DataFrame 对象 df 的列名
print("df.columns 的结果为:\n",df.columns,)
#查看 DataFrame 对象 df 的行索引
print("df.index 的结果为:\n",df.index)
#获取 df 的数据,返回 ndarry 类型的结果
print("df.values 的结果为:\n",df.values)
#查看 df 每列的数据类型,返回序列(Series)类型
print("df.dtypes 的结果为:\n",df.dtypes)
#查看 DataFrame 对象 df 的行、列数,返回元组类型的结果
print("df.shape 的结果为:",df.shape)
#查看 DataFrame 对象 df 的数据的总数量,返回一个整数
print("df.size 的结果为:",df.size)
```

代码运行结果如下。

```
runfile('D:/第 3 章代码/3-109.py', wdir='D:/第 3 章代码')
初始数据:
     id province gender   age education  score       date
0   id1     山东      男  20.0      本科     80 2022-05-01
1   id2     山东      男  20.0      本科     80 2022-05-08
2   id3     四川      女   NaN     研究生     82 2022-05-15
3   id4     河南      女  30.0      本科     73 2022-05-22
4   id5     广东      男  34.0     研究生     74 2022-05-29
5   id6     上海      男  23.0      专科     91 2022-06-05
6   id7     河南      女  34.0      本科     80 2022-06-12
7   id8     上海      女   NaN      专科     78 2022-06-19
8   id9     江苏      男   NaN      本科     93 2022-06-26
9  id10     上海      男  23.0      本科     82 2022-07-03
10 id11     浙江      女  34.0      本科     74 2022-07-10
df.columns 的结果为:
 Index(['id', 'province', 'gender', 'age', 'education', 'score', 'date'], dtype
='object')
df.index 的结果为:
 RangeIndex(start=0, stop=11, step=1)
df.values 的结果为:
 [['id1' '山东' '男' 20.0 '本科' 80 Timestamp('2022-05-01 00:00:00')]
 ['id2' '山东' '男' 20.0 '本科' 80 Timestamp('2022-05-08 00:00:00')]
 ['id3' '四川' '女' nan '研究生' 82 Timestamp('2022-05-15 00:00:00')]
 ['id4' '河南' '女' 30.0 '本科' 73 Timestamp('2022-05-22 00:00:00')]
 ['id5' '广东' '男' 34.0 '研究生' 74 Timestamp('2022-05-29 00:00:00')]
 ['id6' '上海' '男' 23.0 '专科' 91 Timestamp('2022-06-05 00:00:00')]
 ['id7' '河南' '女' 34.0 '本科' 80 Timestamp('2022-06-12 00:00:00')]
 ['id8' '上海' '女' nan '专科' 78 Timestamp('2022-06-19 00:00:00')]
 ['id9' '江苏' '男' nan '本科' 93 Timestamp('2022-06-26 00:00:00')]
 ['id10' '上海' '男' 23.0 '本科' 82 Timestamp('2022-07-03 00:00:00')]
 ['id11' '浙江' '女' 34.0 '本科' 74 Timestamp('2022-07-10 00:00:00')]]
```

df.dtypes 的结果为:

```
 id                object
province           object
gender             object
age               float64
education          object
score              int64
date          datetime64[ns]
dtype: object
```

df.shape 的结果为: (11, 7)

df.size 的结果为: 77

数据的清洗

2. DataFrame 对象的常用方法

DataFrame 对象的常用方法如表 3.23 所示。

表 3.23　DataFrame 对象的常用方法

方　　法	描　　述
len()	查看行数
head()	查看前几行数据,默认为前 5 行
tail()	查看后几行数据,默认为后 5 行
replace()	替换值。返回替换结果,不对原数据框数据的值进行替换
sort_values()	按值排序
sort_index()	按索引排序
as.matrix()	将数据框转换为数组
dropna()	去除空值
fillna()	空值填充
describe()	统计出多个描述性统计指标
max()	统计最大值
min()	统计最小值
mean()	统计平均值
sum()	求和
count()	非空元素计数
idxmin()	最小值的位置
idxmax()	最大值的位置
median()	中位数
mode()	众数
var()	方差
std()	标准差

续表

方　　法	描　　述
quantile()	函数生成样本分位数
mad()	平均绝对偏差
skew()	偏度
kurt()	峰度

【例 3-110】　DataFrame 对象的常用方法应用。

```
import pandas as pd
import numpy as np
#创建分组 DataFrame 对象 df
df=pd.DataFrame({'id':['id1','id2','id3','id4','id5','id6',\
                'id7','id8','id9','id10','id11'],
            'province':['山东','山东','四川','河南','广东',\
                '上海','河南','上海','江苏','上海','浙江'],
            'gender':['男','男','女','女','男','男','女','女',\
                '男','男','女'],
            'age':[20,20,30,30,34,23,34,np.nan,np.nan,23,34],
            'education':['本科','本科','研究生','本科','研究生',\
                '专科','本科','专科','本科','本科','本科'],
            'score':[80,80,82,73,74,91,80,78,93,82,74],
            'date':pd.date_range('5/1/2022',periods=11,\
                        freq='W')})
print("初始数据:\n",df,"\n")
#利用 len()查看 df 的行数,返回整型数据
print("len(df)的结果: ",len(df),"\n")
#查看前 n 行的数据,默认为前 5 行
print("df.head(3)的结果:\n",df.head(3),"\n")
#查看后 n 行的数据,默认为后 5 行
print("df.tail()的结果:\n",df.tail(),"\n")
#删除 df 的空值
print("df.dropna()的结果:\n",df.dropna(),"\n")
#用 0 填充 df 的空值
print("df.fillna(0)的结果:\n",df.fillna(0),"\n")
#用'age'列的平均值填充其空值
print("用'age'列的平均值填充其空值:\
                        \n",df.fillna({'age':df['age'].mean()}),"\n")
#去除重复值
print("去除 df 中'province'列和'education'列的重复值:\n",\
    df.drop_duplicates(subset=['province','education']),"\n")
#sort_values()按值排序,ascending = False,降序排序;
#默认 ascending = True 升序
print("按'score'列降序排序:\n",df.sort_values('score',\
                        ascending = False),"\n")
#sort_index()按索引排序,ascending = False,降序排序
#默认 ascending = True 升序
print("按索引降序排序:\n",df.sort_index(ascending= False),"\n")
#将 DataFrame 对象转换为矩阵
print("df.as_matrix()的结果:\n",df.as_matrix(),"\n")
```

代码运行结果如下。

```
runfile('D:/第 3 章代码/3-110.py', wdir='D:/第 3 章代码')
初始数据:
      id province gender  age education  score      date
0   id1     山东     男  20.0       本科     80 2022-05-01
1   id2     山东     男  20.0       本科     80 2022-05-08
2   id3     四川     女   NaN      研究生     82 2022-05-15
3   id4     河南     女  30.0       本科     73 2022-05-22
4   id5     广东     男  34.0      研究生     74 2022-05-29
5   id6     上海     男  23.0       专科     91 2022-06-05
6   id7     河南     女  34.0       本科     80 2022-06-12
7   id8     上海     女   NaN       专科     78 2022-06-19
8   id9     江苏     男   NaN       本科     93 2022-06-26
9  id10     上海     男  23.0       本科     82 2022-07-03
10 id11     浙江     女  34.0       本科     74 2022-07-10
len(df) 的结果: 11
df.head(3) 的结果:
      id province gender  age education  score      date
0   id1     山东     男  20.0       本科     80 2022-05-01
1   id2     山东     男  20.0       本科     80 2022-05-08
2   id3     四川     女   NaN      研究生     82 2022-05-15
df.tail() 的结果:
      id province gender  age education  score      date
6   id7     河南     女  34.0       本科     80 2022-06-12
7   id8     上海     女   NaN       专科     78 2022-06-19
8   id9     江苏     男   NaN       本科     93 2022-06-26
9  id10     上海     男  23.0       本科     82 2022-07-03
10 id11     浙江     女  34.0       本科     74 2022-07-10
df.dropna() 的结果:
      id province gender  age education  score      date
0   id1     山东     男  20.0       本科     80 2022-05-01
1   id2     山东     男  20.0       本科     80 2022-05-08
3   id4     河南     女  30.0       本科     73 2022-05-22
4   id5     广东     男  34.0      研究生     74 2022-05-29
5   id6     上海     男  23.0       专科     91 2022-06-05
6   id7     河南     女  34.0       本科     80 2022-06-12
9  id10     上海     男  23.0       本科     82 2022-07-03
10 id11     浙江     女  34.0       本科     74 2022-07-10
df.fillna(0) 的结果:
      id province gender  age education  score      date
0   id1     山东     男  20.0       本科     80 2022-05-01
1   id2     山东     男  20.0       本科     80 2022-05-08
2   id3     四川     女   0.0      研究生     82 2022-05-15
3   id4     河南     女  30.0       本科     73 2022-05-22
4   id5     广东     男  34.0      研究生     74 2022-05-29
5   id6     上海     男  23.0       专科     91 2022-06-05
6   id7     河南     女  34.0       本科     80 2022-06-12
7   id8     上海     女   0.0       专科     78 2022-06-19
8   id9     江苏     男   0.0       本科     93 2022-06-26
9  id10     上海     男  23.0       本科     82 2022-07-03
10 id11     浙江     女  34.0       本科     74 2022-07-10
```

用 'age' 列的平均值填充其空值:

```
        id province gender   age education   score      date
0    id1     山东     男  20.00       本科      80 2022-05-01
1    id2     山东     男  20.00       本科      80 2022-05-08
2    id3     四川     女  27.25      研究生      82 2022-05-15
3    id4     河南     女  30.00       本科      73 2022-05-22
4    id5     广东     男  34.00      研究生      74 2022-05-29
5    id6     上海     男  23.00       专科      91 2022-06-05
6    id7     河南     女  34.00       本科      80 2022-06-12
7    id8     上海     女  27.25       专科      78 2022-06-19
8    id9     江苏     男  27.25       本科      93 2022-06-26
9   id10     上海     男  23.00       本科      82 2022-07-03
10  id11     浙江     女  34.00       本科      74 2022-07-10
```

去除 df 中'province'列和'education'列的重复值值：

```
        id province gender   age education   score      date
0    id1     山东     男   20.0       本科      80 2022-05-01
2    id3     四川     女    NaN      研究生      82 2022-05-15
3    id4     河南     女   30.0       本科      73 2022-05-22
4    id5     广东     男   34.0      研究生      74 2022-05-29
5    id6     上海     男   23.0       专科      91 2022-06-05
8    id9     江苏     男    NaN       本科      93 2022-06-26
9   id10     上海     男   23.0       本科      82 2022-07-03
10  id11     浙江     女   34.0       本科      74 2022-07-10
```

按'score'列降序排序：

```
        id province gender   age education   score      date
8    id9     江苏     男    NaN       本科      93 2022-06-26
5    id6     上海     男   23.0       专科      91 2022-06-05
2    id3     四川     女    NaN      研究生      82 2022-05-15
9   id10     上海     男   23.0       本科      82 2022-07-03
0    id1     山东     男   20.0       本科      80 2022-05-01
1    id2     山东     男   20.0       本科      80 2022-05-08
6    id7     河南     女   34.0       本科      80 2022-06-12
7    id8     上海     女    NaN       专科      78 2022-06-19
4    id5     广东     男   34.0      研究生      74 2022-05-29
10  id11     浙江     女   34.0       本科      74 2022-07-10
3    id4     河南     女   30.0       本科      73 2022-05-22
```

按索引降序排序：

```
        id province gender   age education   score      date
10  id11     浙江     女   34.0       本科      74 2022-07-10
9   id10     上海     男   23.0       本科      82 2022-07-03
8    id9     江苏     男    NaN       本科      93 2022-06-26
7    id8     上海     女    NaN       专科      78 2022-06-19
6    id7     河南     女   34.0       本科      80 2022-06-12
5    id6     上海     男   23.0       专科      91 2022-06-05
4    id5     广东     男   34.0      研究生      74 2022-05-29
3    id4     河南     女   30.0       本科      73 2022-05-22
2    id3     四川     女    NaN      研究生      82 2022-05-15
1    id2     山东     男   20.0       本科      80 2022-05-08
0    id1     山东     男   20.0       本科      80 2022-05-01
```

df.as_matrix()的结果：

```
[['id1' '山东' '男' 20.0 '本科' 80 Timestamp('2022-05-01 00:00:00')]
 ['id2' '山东' '男' 20.0 '本科' 80 Timestamp('2022-05-08 00:00:00')]
 ['id3' '四川' '女' nan '研究生' 82 Timestamp('2022-05-15 00:00:00')]
 ['id4' '河南' '女' 30.0 '本科' 73 Timestamp('2022-05-22 00:00:00')]
```

```
['id5' '广东' '男' 34.0 '研究生' 74 Timestamp('2022-05-29 00:00:00')]
['id6' '上海' '男' 23.0 '专科' 91 Timestamp('2022-06-05 00:00:00')]
['id7' '河南' '女' 34.0 '本科' 80 Timestamp('2022-06-12 00:00:00')]
['id8' '上海' '女' nan '专科' 78 Timestamp('2022-06-19 00:00:00')]
['id9' '江苏' '男' nan '本科' 93 Timestamp('2022-06-26 00:00:00')]
['id10' '上海' '男' 23.0 '本科' 82 Timestamp('2022-07-03 00:00:00')]
['id11' '浙江' '女' 34.0 '本科' 74 Timestamp('2022-07-10 00:00:00')]]
```

【例 3-111】 DataFrame 对象的常用统计方法应用。

```python
import pandas as pd
import numpy as np
#创建分组 DataFrame 对象 df
df=pd.DataFrame({'id':['id1','id2','id3','id4','id5','id6',\
                'id7','id8','id9','id10','id11'],
        'province':['山东','山东','四川','河南','广东',\
                '上海','河南','上海','江苏','上海','浙江'],
        'gender':['男','男','女','女','男','男','女','女',\
                '男','男','女'],
        'age':[20,20,30,30,34,23,34,np.nan,np.nan,23,34],
        'education':['本科','本科','研究生','本科','研究生',\
                '专科','本科','专科','本科','本科','本科'],
        'score':[80,80,82,73,74,91,80,78,93,82,74],
        'date':pd.date_range('5/1/2022',periods=11, \
                freq='W')})
#统计 df 各个数值列('age','score')的和,返回序列(Series)类型
print("df 的'age'列和'score'列的和:\n",df[['age','score']].sum())
#统计 df 各个数值列('age','score')的和,返回 Series 类型
print("数据框 df 的'age'列和'score'列的和:\n",df[['age','score']].mean())
#统计 df 列非空数据的个数,返回 Series 类型
print("数据框 df 的各列非空数据的个数:\n",df.count())
#统计 df 多个描述性统计数据,返回 DataFrame 类型
print("df.describe()的结果:\n",df.describe())
```

代码运行结果如下。

```
df 的'age'列和'score'列的和:
 age       218.0
score     887.0
dtype: float64
数据框 df 的'age'列和'score'列的和:
 age       27.250000
score     80.636364
dtype: float64
数据框 df 的各列非空数据的个数:
id           11
province     11
gender       11
age           8
education    11
score        11
date         11
dtype: int64
```

```
df.describe()的结果:
           age        score
count   8.000000   11.000000
mean   27.250000   80.636364
std     6.386369    6.469509
min    20.000000   73.000000
25%    22.250000   76.000000
50%    26.500000   80.000000
75%    34.000000   82.000000
max    34.000000   93.000000
```

小结

　　Pandas 库是数据分析的最重要工具之一。本章系统阐述了 Pandas 库的特点、作用、数据类型等知识;全面介绍了 Pandas 库的序列(Series)、数据框(DataFrame)两大重要数据类型。通过本章的学习,读者可以掌握序列、数据框的创建、访问、编辑、属性以及 Pandas 的文件读取等知识,同时还可以学习到 DataFrame 的连接、分组、聚合、统计、数据缺失值、重复值等的处理方法。这些操作是数据分析的基础。学完本章读者将具备数据准备、数据转换、数据聚合的能力。

习题

一、单选题

1. import pandas as pd 语句的功能是(　　)。

　　A. 导入 Pandas 模块　　　　　　　　　B. 安装 Pandas 模块,并约定简称为 pd

　　C. 导入 Pandas 模块,并约定简称为 pd　　D. 以上都不对

2. s1 是 Series 类型对象,s1.index=['A','B','C','D','E']的功能是(　　)。

　　A. 修改 s1 的索引　　　　　　　　　　B. 修改 s1 的值

　　C. 删除 s1 的值　　　　　　　　　　　D. 以上都不对

3. s1、s2 为 Series 类型对象,执行语句 s3=s1.append(s2),下列说法正确的是(　　)。

　　A. s3 是 DataFrame 类型的对象

　　B. s1 的数据发生变化

　　C. s2 的数据发生变化

　　D. 将 s2 拼接到 s1 数据的后面,并将返回的序列赋值给 s3

4. 下列语句能计算序列 s1 中位数的语句是(　　)。

　　A. s1.max()　　　　　　　　　　　　B. s1.median()

　　C. s1.mode()　　　　　　　　　　　　D. s1.mul()

5. df 是 DataFrame 类型的对象,df.tail()语句的功能是(　　)。

　　A. 显示前 5 行数据　　　　　　　　　B. 显示前 5 列数据

　　C. 显示后 5 行数据　　　　　　　　　D. 显示后 5 列数据

6. df1 是 DataFrame 类型的对象,df1.index 的功能是( )。

    A. 查看 df1 的索引　　　　　　　　　　B. 查看 df1 的数值

    C. 查看 df1 的列名　　　　　　　　　　D. 以上均错误

7. df1 是 DataFrame 类型的对象,df1.columns 的功能是( )。

    A. 查看 df1 的索引　　　　　　　　　　B. 查看 df1 的数值

    C. 看 df1 的列名　　　　　　　　　　　D. 以上均错误

8. df1 是 DataFrame 类型的对象,df1.values 的功能是( )。

    A. 查看 df1 的索引　　　　　　　　　　B. 查看 df1 的数值

    C. 查看 df1 的列名　　　　　　　　　　D. 以上均错误

9. data 是 DataFrame 类型的对象,下列语句中能实现 data 做描述统计的语句是( )。

    A. data.describe()　　　　　　　　　　B. data.T()

    C. data.min()　　　　　　　　　　　　D. data.show()

10. data 是 DataFrame 类型的对象,data.sort_values(by='age') 语句的功能是( )。

    A. 按索引升序排序　　　　　　　　　　B. 按索引降序排序

    C. 按 age 列降序排列　　　　　　　　　D. 按 age 列升序排列

二、多选题

1. 下面属于 Pandas 包的数据类型是( )。

    A. list([1,2,3,4])　　　　　　　　　　B. np.array([1,2,3,4])

    C. pd.Series([1,2,3,4])　　　　　　　　D. pd.DataFrame([1,2,3,4])

2. 下列关于 Series 说法正确的是( )。

    A. Pandas 中,Series 可以被看作由 1 列数据组成的数据集

    B. Series 主要由一组数据和与之相关的索引两部分构成

    C. Series 数据的索引位于左边,数据位于右边

    D. 可以通过列表创建 Series

3. s1 为 Series 类型对象,语句 s1[:3] 的功能是( )。

    A. 返回的结果是 DataFrame 类型的对象　　B. 返回的结果是序列类型的对象

    C. 对 s1 的前 3 个索引访问　　　　　　　　D. 对 s1 的后 3 个数据访问

4. 下列关于 DataFram 描述正确的是( )。

    A. DataFrame 可以有多列数据

    B. 可以通过 NumPy 数组创建 DataFrame

    C. 可以通过字典数组创建 DataFrame

    D. 以上说法均错误

5. 下列语句更改数据框 df 中数据的语句是( )。

    A. df.loc['a','score']=86　　　　　　　B. df.iat[1,0]=25

    C. df['a'].sum()　　　　　　　　　　　D. df['score'].mean()

三、操作题

1. 创建 1 个 DataFrame 对象 data_df,data_df 中存放如图 3.6 所示的数据。要求:第 1 行为列名;空白单元格用空值(NaN)表示。

Store_Number	Store_Name	City	State	Country	Phone_Number
47370-257954	Meritxell, 96	Andorra la Vella	AJ	AD	376818720
22331-212325	Ajman Drive Thru	Ajman	AJ	AE	
47089-256771	Dana Mall	Ajman	AJ	AE	
22126-218024	Twofour 54	Abu Dhabi	AZ	AE	
17127-178586	Al Ain Tower	Abu Dhabi	AZ	AE	
17688-182164	Dalma Mall, Ground Floor	Abu Dhabi	AZ	AE	
18182-182165	Dalma Mall, Level 1	Abu Dhabi	AZ	AE	
23359-229184	Debenhams Yas Mall	Abu Dhabi	AZ	AE	
30781-99022	Khalidiya Street	Abu Dhabi	AZ	AE	26670052
20423-205465	Eastern Mangroves	Abu Dhabi	AZ	AE	
20424-205466	Nation Towers	Abu Dhabi	AZ	AE	

图 3.6　源数据

2. 根据第 1 题创建的 DataFrame 对象 data_df, 完成如下操作。

(1) 显示 "store_Name" 列和 "City" 列的内容。

(2) 按 "State" 字段分组, 并对分组后的数据降序排序。

(3) 删除缺失值。

(4) 将缺失值用 0 填充。

金融数据可视化

4.1　数据可视化概述

数据可视
化概述

　　数据可视化主要旨在借助于计算机图形学和图像处理技术,将数据转换为图形或图像在屏幕上显示出来,从而能够清晰有效地传达与沟通信息。数据可视化技术通过综合运用计算机图形学、图像、人机交互等技术,将采集、清洗、转换、处理过的符合标准和规范的数据映射为可识别的图形、图像、动画甚至视频,并允许用户与可视化数据进行交互和分析。这样就使得枯燥乏味的数据变得新颖而有趣、充实而高效、美感且悦目。数据可视化是数据科学家工作中的重要组成部分,它有助于使数据变得更加清晰易懂,特别是对于大型、高维数据集而言,有效地对数据进行可视化将非常利于对数据的理解和探索。此外,随着信息化、数字化在金融领域的深入开展,涌现了越来越多的基于数字化的金融企业,数据量每天都在急速增长,来源多而杂乱,因此找到准确、精细、相关的数据变得更加困难和重要。可视化能够让金融机构、投资者精准地洞察数据反映的结果,如趋势、占比等,而不需要去手动读取那些困难的表格,能够更好地服务金融。

4.1.1　什么是可视化

　　人眼是一个高带宽的巨量视觉信号输入并行处理器,最高带宽为 100MB/s,具有很强的模式识别能力,对可视符号的感知速度比对数字或文本快多个数量级,且大量的视觉信息的处理发生在潜意识阶段。视觉是获取信息的最重要通道,超过 50% 的人脑功能用于视觉的感知,包括解码可视信息、高层次可视信息处理和思考可视符号。可视化对应两个英文单词:Visualize 和 Visualization。Visualize 是动词,意即"生成符合人类感知"的图像,通过可视元素传递信息。Visualization 是名词,表达"使某物、某事可见的动作或事实",对某个原本不可见的事物在人的大脑中形成一幅可感知的心理图片的过程或能力。在计算机学科的分类中,利用人眼的感知能力对数据进行交互的可视表达以增强认知的技术,称为可视化。它将不可见或难以直接显示的数据转换为可感知的图形、符号、颜色、纹理等,增强数据识别效率,传递有效信息。

　　可视化技术可以追溯到很久之前,中世纪时期,人们就开始使用包含等值线的地磁图、表示海上主要风向的箭头图和天象图。可视化通常被理解为一个生成图形图像的过程。更深刻的认识是,可视化是认知的过程,即形成某个物体的感知图像,强化认知理解。因此,可视化的终极目的是对事物规律的洞悉,而非所绘制的可视化结果本身。

4.1.2　数据可视化的设计原则

一般而言,数据可视化的核心作用是让用户在较短时间内获取数据的整体或大部分信息,这些信息通过直接观察数据往往无法得到。但是如果设计者能够预测用户观察、使用的行为和期望,并以此指导数据可视化的设计过程,这样就有助于用户对数据的理解。

设计数据可视化时,需要遵循以下 8 个方面的设计原则。

1. 美学标准原则

视觉是人类获取信息较为重要的通道,人脑对美的感知没有绝对统一的标准,但是有一定的规律可循。在设计数据可视化时要遵守美学标准原则,即稳定的构图、合理的信息布局、适宜的色彩情感等。

2. 效果精致原则

传统的数据可视化设计以各种图表组件为主,而优秀的数据可视化设计需要具有绚丽的视觉效果。通常,其需要具备以下特征:颜色搭配合适、信息承载丰富、动画效果逼真等。

3. 视图恰当原则

通过分析、挖掘数据,提炼数据中所隐藏的信息,然后根据具体的要求,选择合适的视图类型,最后有层次、有顺序地使用一个或多个视图展示数据中包含的重要信息。

4. 信息合理原则

合理的信息展示有利于向用户清晰地描述数据,信息不是越多越好。信息合理的基本评判标准是:筛选信息密度,使信息展示量恰到好处;区分信息主次,使信息显示主次分明。

5. 直观映射原则

数据可视化的核心是要让用户在较短的时间内获取数据所表达的信息,因此需要充分利用固有经验,选择合适数据到可视化原则的映射,从而提高可视化设计的可用性和功能性。

6. 视图交互原则

在数据可视化过程中,用户可以自动切换数据信息,以加强与用户的交互。在需要用户交互操作时,要保证操作的引导性和预见性;交互之后要有反馈,使整个可视化过程自然连贯。

7. 信息隐喻原则

在利用数据描述业务时,将陌生的数据信息用可视化用户所熟悉的事务进行比较,可以降低可视化用户的理解门槛,加深对产品的印象,有助于增强可视化用户对故事的理解。

8. 巧用动画原则

动画效果可以增加可视化结果视图的丰富性与可理解性,增强用户交互的反馈效果;还可以增强重点信息或者整体画面的表现力,吸引用户的关注,加深视图印象。

4.1.3　常见的图表类型和用途

在实践中,当分析需求和抽取数据时,选用合适的图表进行数据展示,可以清晰、有效地传达所要沟通的信息。因此,图表是数据可视化的常用且重要的策略。图表是指在屏幕中显示的、可以直观地展示统计信息、对知识挖掘和信息生动感受起关键作用的图形结构。不同网站每周访问量对比如图 4.1 所示。从这张图中可以很容易看出,几个网站从周一到周日不同访问量的对比情况,横坐标代表时间,纵坐标代表访问人数,不同颜色的条形对应右侧不同的网站。从图中可以看出,如"baidu.com"这个网站,在周五和周日的访问量就明显高于其他几个网站。

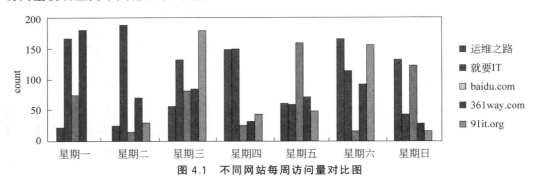

图 4.1　不同网站每周访问量对比图

如果能将图形展示得非常生动,对用户理解图形背后的数据会有非常大的帮助。在数据分析中,常用的图表可以分为对比型、趋势型、比例型、分布型等。对比型图表一般用于比较几组数据的差异,常见的有条形图、气泡图和雷达图;趋势型图表用于反映数据随时间变化而变化的趋势,尤其适用于整体趋势比单个数据点更重要的场景,常见的有折线图、面积图和曲面图等;比例型图表用于展示每一部分占整体百分比情况,常见的有饼图和环形图;分布型图表用于研究数据的集中趋势、离散程度等描述性度量,用以反映数据的分布特征,包括直方图、散点图、箱型图等。常见图表及用途如表 4.1 所示。

表 4.1　常见图表及用途

图表类型	用途描述
折线图	反映一组数据的变化趋势
条形图	显示各个项目之间的比较情况
直方图	适于反映数据分布的情况
饼图	反映数据各类别的比重情况
散点图	显示若干数据系列中各数值属性之间的关系
箱型图	反映数据分布情况,在识别异常值方面有一定的优越性

1. 折线图

折线图是在二维平面上,用直线段将各数据点连接起来而组成的图形,以折线的方式显示数据的变化趋势。折线图可以显示随时间变化的连续数据,适用于显示在相等时间间隔下数据的趋势。折线图用于在连续间隔或时间跨度上显示定量数值,常用来显示趋势和关系(与其他折线组合起来)。此外,折线图也能给出某时间段内的整体概览,看看数据在这段时间内的发展情况。要绘制折线图,先在笛卡儿坐标系上画出数据点,然后用直线把这些点连接起来。在折线图中,X 轴包括类别型变量或者有序数型变量,分别对应文本坐标轴和序数坐标轴(如日期坐标轴)两种类型;Y 轴为数值型变量。在金融数据中,折线图主要应用于时间序列数据的可视化。

三种产品销售量情况如图 4.2 所示,这是一张由三条折线组成的图形,反映了产品 A、B、C 四个季度销售额的情况。图中的产品 B,四个季度的销售额是递增的,但增长速度缓慢;产品 C,四个季度的销售额同样是递增的,但是增长速度很快;产品 A 前 3 个季度的销售额递增,第 4 季度出现了减少的情况。

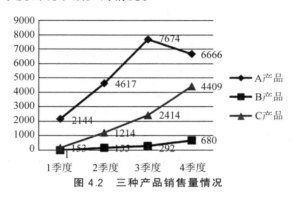

图 4.2　三种产品销售量情况

2. 条形图

条形图,是用宽度相同的条形的高度或者长短来表示数据多少的图形,可以水平放置或也可以纵向放置,纵置时也称为柱形图。饮料和点心区域销量对比如图 4.3 所示,这是一个典型的水平放置的条形图。横坐标为销量情况;纵坐标为销售产品的地区,包括华东地区、华北地区。根据图例可以看出,深色柱形表示饮料,浅色柱形表示点心。通过这张条形图,可以看出饮料和点心两种类型的商品,在华北和华东两个区域的产品销售对比情况。

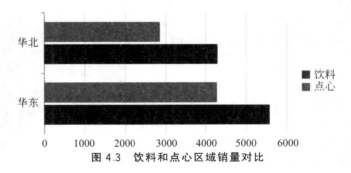

图 4.3　饮料和点心区域销量对比

3. 直方图

直方图又称作质量分布图,它是由一系列高度不等的纵向条形表示数据分布的情况,一般用横轴表示数据的划分,纵轴表示分布情况。直方图可以利用条形的高度来反映数据的差异,一般适用于中小规模的数据集,不适用于大规模的数据集。

直方图形状类似柱形图,却有着与柱形图完全不同的含义。绘制直方图时,首先要从数据中找出它的最大值和最小值,然后确定一个区间,使其包含全部测量数据,将区间分成若干个小区间,统计测量数据出现在各个小区间的频数 M。绘图时,在平面直角坐标系中,横轴上标出每个小区间的端点,用每个小区间的频数 M 作为条形的高度,绘制条形。直方图示意图如图 4.4 所示。

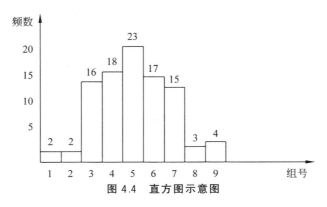

图 4.4　直方图示意图

直方图的主要作用有:①能够显示各组频数或数量分布的情况;②易于显示各组之间频数或数量的差别,通过直方图还可以观察和估计哪些数据比较集中,异常或者孤立的数据分布在何处。

4. 饼图

饼图,是将一个圆饼按照分类的占比划分成多个区块,整个圆饼代表数据的总量,每个区块(圆弧)表示该分类占总体的比例大小,所有区块(圆弧)的加和等于 100%。它可以显示一个数据序列中各项的大小与各项总和的比例。每个数据序列具有唯一的颜色或图形,并且与图例中的颜色是相对应的。饼图可以很清晰地反映出各数据系列的百分比情况。

某产品销量分布如图 4.5 所示。这是一张某种产品在全球不同国家的销售额与销售总额的比例分布的饼图。从这张饼图中可以看到,该产品在中国、俄罗斯和美国的销售额是比较大的,在日本和韩国的销售额是相对较小的。

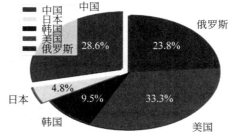

图 4.5　某产品销量分布

饼图可以很好地帮助用户快速了解数据的占比分配,被广泛地应用在各个领域的数据可视化中。但饼图也有一定的缺点,主要如下。

(1) 饼图不适用于过多分类的数据,原则上一张饼图不可多于 9 个分类。因为随着分类的增多,每个切片就会变小,最后导致大小区分不明显,每个切片看上去都差不多大小,这样对于数据的对比是没有什么意义的。

(2) 相比具备同样功能的其他图表(如百分比堆积柱形图、圆环图),饼图需要占据更大的画布空间,所以饼图不适合用于数据量大的场景。

在绘制饼图前要将多个类别按一定的规则排序,但不是简单地升序或者降序。人们在阅读材料时一般都是从上往下,按顺时针方向的,所以千万不要把饼图的类别数据从小到大,按顺时针方向展示。因为如果按顺时针或者逆时针的顺序由小到大排列饼图的数据类别,那么最不重要的部分就会占据图表最显著的位置。阅读饼图就如同阅读钟表一样,人们会自然地从 12 点位置开始顺时针往下阅读内容。因此,如果最大占比超过 50％,推荐将饼图的最大部分放置在 12 点位置的右边,以强调其重要性。再将第二大占比部分设置在 12 点位置的左边,剩余的类别则按逆时针方向放置。饼图数据块排列方式如图 4.6 所示,最小占比的类别放置在最不重要的位置,即靠近图表底部,如图 4.6(a)所示。如果最大占比不是很大,一般小于 50％时,则可以将数据从 12 点位置的右边开始,按从小到大、顺时针方向放置类别,如图 4.6(b)所示。将图 4.6(a)、图 4.6(b)与图 4.6(c)、图 4.6(d)进行对比,可以看出前两种数据表达效果更加清晰。

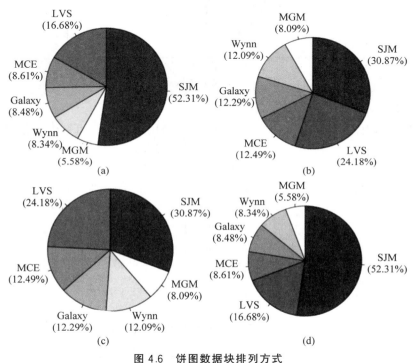

图 4.6　饼图数据块排列方式

5. 散点图

散点图是指数据点在直角坐标系平面上的分布图,属于最直接的图形。通常用于显示二维数据点的分布情况,也可以用来比较跨类别的数据。三类数据散点分布图如图 4.7 所示。散点图使用一系列的散点在直角坐标系中展示变量的数值分布。散点图包含的数据点越多,比较的效果就会越好。散点图中每个坐标点的位置是由变量的值决定的,在回归分析中,常用于表示因变量随自变量而变化的大致趋势,以判断两种变量的相关性。在二维散点图中,可以通过观察两个变量的数据分析,发现两者的关系与相关性。散点图可以提供 3 类关键信息:①变量之间是否存在数量关联趋势;②如果存在关联趋势,那么是线性的还是非线性的;③观察是否存在离群值,从而分析这些离群值对建模分析的影响。

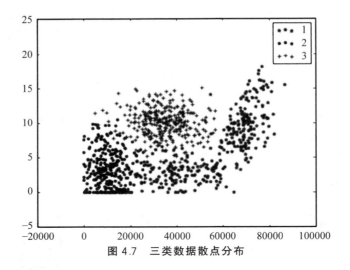

图 4.7　三类数据散点分布

6. 箱型图

箱型图又称为盒须图、盒式图或箱线图,是一种用于显示一组数据分散情况的统计图。箱型图提供了一种只用 5 个点对数据集做简单总结的方式。

箱型图示例如图 4.8 所示。在这个箱型图中有这样比较重要的 6 个位置,从上到下,依次是上边缘、上四分位数、中位数、下四分位数、下边缘、异常值。

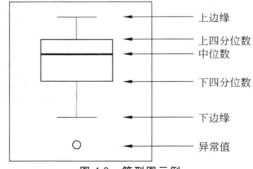

图 4.8　箱型图示例

各个数值表示的含义如下。

(1)中位数:数据按从小到大顺序排列后的处于中间位置的值,如果序列元素的个数是偶数个,则中位数是中间两个数的平均值。

(2)下四分位数 Q1:位于数据序列 25% 位置处的数。

(3)上四分位数 Q3:位于数据序列 75% 位置处的数。

(4)四分位间距 IQR:即 $IQR = Q3 - Q1$。

(5)下边缘:$= Q1 - 1.5 \times IQR$。

(6)上边缘:$= Q3 + 1.5 \times IQR$。

数据序列中位于下边缘和上边缘以外的点为异常值,如图 4.8 中最下面的圆圈点。这些数据点为什么是异常值呢? 这是因为通常如果一组数据比较正常,不会有偏离太远的数值；而当某个数据点已经落在下边缘和上边缘之外，这就说明很不正常，一般可以认为数据点出现了异常。

4.2　使用 Matplotlib 进行数据可视化

Matplotlib 是使用 Python 进行数据可视化最常用的绘图库。它可与 NumPy 一起使用，提供了一种有效的数据可视化方案。其中，pyplot 是 Matplotlib 用来绘图最常用的一个子库，基本上日常使用 Matplotlib 进行绘图指的就是这个子库。pyplot 是一个有命令风格的函数集合。每一个 pyplot 函数都使一幅图像做出一些改变，例如创建一幅图，在图中创建一个绘图区域，在绘图区域中添加一条线等都对应着一个函数（即命令）。

使用 Matplotlib 进行绘制图形编码时，主要考虑以下两类元素概念。

（1）基础类：线（line）、点（marker）、文字（text）、图例（legend）、网格（grid）、标题（title）、图片（image）等。

（2）容器类：图形（figure）、坐标图形（axes）、坐标轴（axis）和刻度（tick）。

其中，基础类元素就是绘图时要绘制的标准对象，容器类元素则可以包含许多基础类元素并将它们组织成一个整体。它们有如下层级结构：图形（figure）→坐标图形（axes）→坐标轴（axis），其具体的区别如下。

（1）figure 对象：整个图形即一个 figure 对象。figure 对象至少包含一个子图，也就是 axes 对象。

（2）axes 对象：字面上理解，axes 是 axis（坐标轴）的复数，但它并不是指坐标轴，而是子图对象。可以这样理解，每一个子图都有独立的 X 轴和 Y 轴，axes 则用于代表这两个坐标轴所对应的一个子图对象。在绘制多个子图时，需要使用 axes 对象。

（3）axis 对象：axis 是坐标轴对象，主要用于控制坐标轴上的刻度位置和显示数值。

4.2.1　绘图基本过程

如前文提到的那样，使用 Matplotlib 进行数据可视化时，往往调用的是 pyplot 子库进行绘图。使用 pyplot 绘图的基本语法结构为

```
import matplotlib.pyplot as plt
plt.func1(…)
plt.func2(…)
…
plt.show()
```

第 1 行代码是引入 pyplot 这个库，并将其重命名为 plt，简化拼写。之后，就可以根据具体的需要，调用 pyplot 模块中的不同功能函数来一步一步地绘制图形。最后调用 show() 函数，将图片显示出来即可。

下面以绘制折线图为例来讲解使用 pyplot 绘图的具体过程。折线图在 pyplot 子库中对应的函数名字为 plot。plot() 函数的语法格式如下。

```
plot([x], y, [fmt], *, data=None, **kwargs)
```

plot()函数中常用参数表示含义为: x 代表 X 轴数据,[x]表示 X 轴数据可以省略;y 代表 Y 轴数据,不能省略;fmt 代表格式化说明符。

折线图的绘制方式就是先将点绘制在二维平面的笛卡儿坐标系中,然后用直线将相邻的两点连接。根据前文的描述,可以比较容易地理解 plot()函数的前两个参数 X 轴数据和 Y 轴数据的意义。每个点的坐标包括横坐标和纵坐标,X 轴数据存储要绘制在图上的点的横坐标,Y 轴数据存储要绘制的点的纵坐标。通常来讲,X 轴数据和 Y 轴数据是等长的两个序列类型的数据。fmt 参数将在后面的章节中进行更详细的介绍。

【例 4-1】 使用 plot()函数绘制折线图。

```
#导入绘图相关模块
import matplotlib.pyplot as plt
#设置点的 X 轴和 Y 轴坐标
x = [1,2,3,4]
y = [1,8,27,64]
#调用 plot()函数绘制折线图
plt.plot(x,y)
#调用 show()函数将折线图显示出来
plt.show()
```

运行结果如图 4.9 所示。

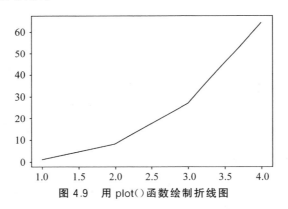

图 4.9   用 plot()函数绘制折线图

根据 plot()函数的使用方法,在某些情况下,可以省略掉 X 轴数据,直接只给出 Y 轴数据就可以了。

【例 4-2】 使用 plot()函数,省略 X 轴参数绘制折线图。

```
#导入绘图相关模块
import matplotlib.pyplot as plt
y = [1,8,27,64]
plt.plot(y)
plt.show()
```

运行结果如图 4.10 所示。

当调用 plot()函数,省略 x 轴数据的时候,系统默认 x 轴数据是从 0 开始,每次递增 1。

plot()函数还支持非数值类型数据作为 x 轴和 y 轴数据进行图形绘制。

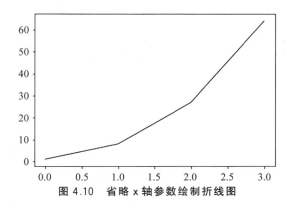

图 4.10　省略 x 轴参数绘制折线图

【例 4-3】　使用 plot()函数,根据字符串类型参数绘制折线图。

```
#导入绘图相关模块
import matplotlib.pyplot as plt
plt.plot(['Math','English','Computer'],[80,90,85])
plt.show()
```

在这个例子中,x 轴数据没有使用数值类型的数据,而是字符串型的数据。这个时候,x 轴坐标刻度显示的就是字符串,而不是数值。尽管此时坐标刻度显示的是字符串,但在 plot()函数内部,实际上将 x 轴坐标设为[0,1,2],对应的坐标刻度的显示值为['Math','English','Computer']。运行结果如图 4.11 所示。

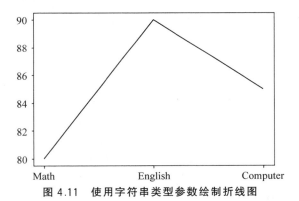

图 4.11　使用字符串类型参数绘制折线图

plot()函数还支持对带索引的数据(如 Pandas 中的 Series 和 DataFrame)进行图形绘制。索引自动成为横坐标,数据值成为纵坐标。

【例 4-4】　使用 plot()函数,根据 Series 数据类型参数绘制折线图。

```
import pandas as pd
import matplotlib.pyplot as plt
boc = pd.read_excel("boc.xlsx",
        usecols = ["trade_date","open","high","low","close"],
        dtype={"trade_date":str})
boc.set_index("trade_date",inplace=True)
print(boc.head(10))
```

```
plt.plot(boc.iloc[:5]["close"])
plt.show()
```

在这个例子中，boc 是 DataFrame 类型数据，数据内容是中国银行的 2020 年的股票价格数据，包括该股票每日的开盘价（open）、最高价（high）、最低价（low）和收盘价（close）。运行结果前 10 行的内容如图 4.12 所示。

	open	high	low	close
trade_date				
2020-01-02	3.71	3.74	3.70	3.72
2020-01-03	3.73	3.73	3.70	3.71
2020-01-06	3.70	3.72	3.68	3.69
2020-01-07	3.69	3.74	3.69	3.72
2020-01-08	3.71	3.71	3.68	3.69
2020-01-09	3.71	3.71	3.68	3.69
2020-01-10	3.69	3.70	3.68	3.69
2020-01-13	3.70	3.70	3.68	3.70
2020-01-14	3.70	3.71	3.69	3.69
2020-01-15	3.70	3.70	3.66	3.67

图 4.12　2020 年中国银行股票数据前 10 条

在这个例子中，boc.iloc[:5]["close"]是 Series 类型数据，有索引和数据，索引是日期，数据是具体的收盘价格。运行结果如图 4.13 所示。plot()函数可以直接对 Series 数据进行画图，相当于将索引和数值分别作为 x 轴数据和 y 轴数据，代码 plt.plot(boc.iloc[:5]["close"])可以等价表示为

```
plt.plot(boc.iloc[:5]["close"].index,
         boc.iloc[:5]["close"].values)
plt.show()
```

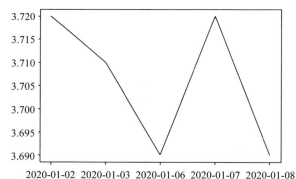

图 4.13　使用 Series 数据类型参数绘制折线图

绘图完成之后，常常需要把图片保存在本地硬盘中。要想保存当前生成的图表，在 plot()函数中可以调用 savefig()函数进行保存。savefig()函数的语法格式如下。

```
plt.savefig(fname, dpi=None, facecolor='w', edgecolor='w',…)
```

savefig()函数中常用参数表示含义如下。

fname：要保存到本地的图片的路径和文件名，图片名称可以为 png、jpg 等。

dpi：图片每英寸的像素点数。

fname 参数是一个包含文件名路径的字符串，或者是一个类似于 Python 文件的对象。如果 fname 参数没有提供一个明确的图形扩展名，则输出格式将根据文件名的扩展名自动推导出来。

【例 4-5】 使用 savefig()函数保存图片。

```
import matplotlib.pyplot as plt
x = [1,2,3,4]
y = [1,4,9,16]
plt.plot(x,y)
#保存图片
plt.savefig("a.jpg")
```

运行代码，会在与当前代码相同目录下得到一个图片文件 a.jpg。

注意：show()函数不能出现在 savefig()函数的前面，否则会得到一张空白图片。

4.2.2　简单美化图表

在使用 plot()函数绘制折线图时。有时会出现 x 轴坐标刻度相互交叠在一起的现象。这是由于 x 轴坐标的刻度标签长度较长所致。因此，常常需要对坐标轴的坐标刻度进行手动设置才能清晰地显示出 x 轴坐标刻度。

坐标属性
（上）

1. 设置坐标刻度与显示角度

设置坐标刻度的函数有两个，分别是 xticks()和 yticks()，分别对应 x 轴和 y 轴的坐标刻度的设置。函数的语法格式如下。

坐标属性
（下）

```
plt.xticks(location,labels)
plt.yticks(location,labels)
```

xticks()和 yticks()函数中常用参数表示含义如下。

location：坐标位置，也就是刻度值，一般为浮点数或整数组成的列表。

labels：坐标的刻度值标签，一般为与 location 等长的字符串列表。

xticks()和 yticks()两个函数的用法相同，第一个参数 location 是要显示的坐标刻度的数值；第二个参数 labels 是要在图形中显示的实际标签值，labels 的参数要与 location 参数长度一致。当 labels 省略时，直接使用 location 中的数值作为坐标刻度。

【例 4-6】 使用 xticks()函数省略 labels 参数绘制折线图。

```
import matplotlib.pyplot as plt
y = [1,4,9,16,25]
plt.plot(y)
plt.xticks([0,1,2,3,4])
plt.show()
```

在这个例子中，xticks()函数中没有提供 labels 参数的值，所以 pyplot 直接将 01234 设置为 x 轴坐标刻度来显示。运行结果如图 4.14 所示。

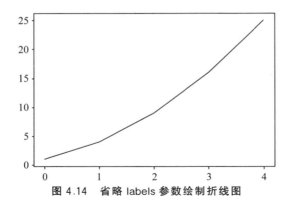

图 4.14　省略 labels 参数绘制折线图

【例 4-7】　使用 xticks()函数的 labels 参数绘制折线图。

```
import numpy as np
import matplotlib.pyplot as plt
y = [1,4,9,16,25]
plt.plot(y)
plt.xticks(np.arange(0,5),np.arange(1,6))
plt.show()
```

在这个例子中,xticks()函数使用一个参数列表[0,1,2,3,4]作为 location 参数的值,为 labels 提供参数值[1,2,3,4,5]。由于有了明确的 lables 值,此时 pyplot 将坐标轴上实际的 01234 几个位置的坐标刻度设置为[1,2,3,4,5]来显示。运行结果如图 4.15 所示。

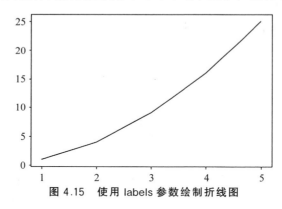

图 4.15　使用 labels 参数绘制折线图

上述两个例子在画折线图时,并没有提供 x 轴数据,而是直接使用默认值。现在如果提供了明确的 x 轴数据的内容,那么在手动设置坐标刻度时要如何做呢? 这时,就需要在 xticks()函数中提供和 plot()函数中相同的 x 轴数据作为 location 参数的值,同时给 labels 参数设置要实际显示的刻度值。

【例 4-8】　使用 plot()函数和 xticks()函数绘制折线图。

```
import pandas as pd
import matplotlib.pyplot as plt
boc = pd.read_excel("boc.xlsx", usecols=["trade_date","open",
        "high","low","close"],dtype={"trade_date":str})
```

```
boc.set_index("trade_date",inplace=True)
boc = boc[::-1]
plt.plot(boc.iloc[:5]["close"].index,
        boc.iloc[:5]["close"].values)
plt.xticks(boc.iloc[:5]["close"].index,
        ["Thu","Fri","Mon","Tue","Wed"])
plt.show()
```

运行结果如图 4.16 所示。

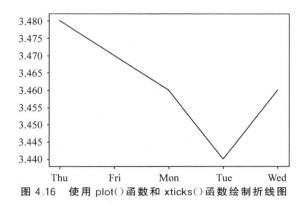

图 4.16　使用 plot( )函数和 xticks( )函数绘制折线图

在绘图时会出现由于手动设置的 labels 过长，导致 x 轴坐标刻度重叠的现象。如果将 x 轴坐标刻度的角度做一下旋转，由水平显示改为一定程度的倾斜，那么就不会出现坐标刻度重叠的问题了。

为了让 x 轴坐标倾斜，可以调整 xticks( )函数的参数 rotation。默认情况下，如果不设置 rotation 参数，坐标刻度的显示方向是从左向右水平的。可以给 rotation 一个角度值，如 rotation=45，表示将向左倾斜 45°输出。

【例 4-9】　使用 rotation 参数调整 x 轴坐标刻度绘制折线图。

```
import matplotlib.pyplot as plt
plt.plot([1,1,0,0,-1,0,1,1,-1])
plt.xticks(range(9),['2020-01-01','2020-01-02','2020-01-03',
        '2020-01-04','2020-01-05','2020-01-06','2020-01-07',
        '2020-01-08','2020-01-09'],rotation=45)
plt.show()
```

运行结果如图 4.17 所示，通过 x 轴刻度旋转，可以在一定程度上解决坐标刻度由于过多过长导致的重叠问题。读者可以尝试对 rotation 参数设置不同的值，观察生成的图会有什么样的倾斜角度变化。

2. 坐标显示范围设定

默认情况下，pyplot 会自动调整所绘图形和坐标轴之间的距离，如图 4.18 所示。图中 4 个圆圈的位置是几个边界点，这 4 个点与坐标轴之间的距离是系统默认调整的。但如果有手动调整需要怎么办？例如，想让图的上边界更远一些，留白更多一些。

pyplot 提供了两个函数来设置坐标显示范围，分别是 xlim( )和 ylim( )。同样地，这里的 x 和 y 分别代表 x 轴和 y 轴。lim 是单词 limit(极限)的缩写。

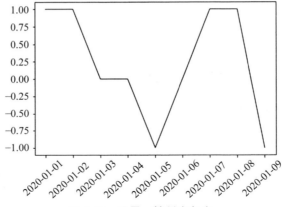

图 4.17　设置 x 轴刻度角度

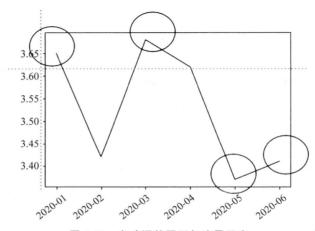

图 4.18　自动调整图形与边界距离

xlim()和 ylim()函数的语法格式如下。

```
plt.xlim(num1, num2)              #设置 x 轴坐标范围
plt.xlim(left=num1,right=num2)
plt.ylim(num1, num2)              #设置 y 轴坐标范围
plt.ylim(top=num1,bottom=num2)
```

这两个函数的功能就是用来设置坐标轴显示的左右、上下极限范围的。在 xlim()函数中,第一个参数是左极限,第二个参数是右极限;在 ylim()函数中,第一个参数是下极限,第二个参数是上极限。

【例 4-10】　使用 ylim()函数调整图形边界绘制折线图。

```
import matplotlib.pyplot as plt
plt.ylim(3,5) #y 轴坐标范围
plt.plot(['2020-1-1','2020-1-2','2020-1-3','2020-1-4',
        '2020-1-5','2020-1-6'],[3.65,3.42,3.68,3.62,3.37,3.41])
plt.show()
```

运行结果如图 4.19 所示。

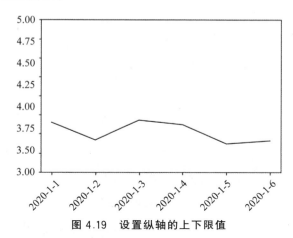

图 4.19　设置纵轴的上下限值

在这个例子中,设置了 y 轴的下极限和上极限分别是 3 和 5,通过这样的设定,使用 plot()函数绘制折线图后,可以增大图形上边界距离。

【**例 4-11**】　使用 xlim()函数调整图形边界绘制折线图。

```
import matplotlib.pyplot as plt
plt.plot(['2020-1-1','2020-1-2','2020-1-3','2020-1-4',
        '2020-1-5','2020-1-6'], [3.65,3.42,3.68,3.62,3.37,3.41])
plt.ylim(3.3,3.8)                    #y 轴坐标范围
plt.xlim(0,6)                        #x 轴坐标范围
plt.show()
```

在这个例子中,plot()函数的 x 轴数据是非数值型的,而 xlim()函数要求必须提供数值型的坐标极限位置。那么这个时候如果想设定 x 轴的显示范围要如何做呢? 其实,对于非数值型坐标序列而言,plot()函数内部会根据序列的长度 N 来推断坐标的数值刻度,从 0 开始,到 N−1 结束。根据这些信息,就可以设置所需要的极限位置了。如代码所示,在 xlim()函数中提供了极限位置 0 和 6,这样就将 x 轴进行了范围限制。运行结果如图 4.20 所示。

3. 添加文本

pyplot 可以在图表中增加标题、x 轴标签和 y 轴标签。设置标题文本的函数是 title()。函数的语法格式如下。

添加文本

```
plt.title(label,loc)
```

title()函数的常用参数有两个,第一个参数 label 为标题字符串,第二个参数 loc 则是标题将来显示在图形的位置(center,left,right),默认为 center 居中显示。

【**例 4-12**】　根据中国银行 2020 年 1～5 月份股票收盘价,生成有标题的折线图。

```
import pandas as pd
import matplotlib.pyplot as plt
boc = pd.read_excel("boc.xlsx", usecols=["trade_date","open",
        "high","low","close"],dtype={"trade_date":str})
```

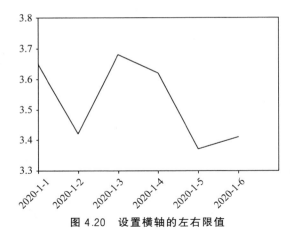

图 4.20　设置横轴的左右限值

```
boc["trade_date"] = pd.to_datetime(boc["trade_date"],
        format='%Y-%m-%d')
boc.set_index("trade_date" ,inplace=True)
plt.plot(boc[:"2020-05"]["close"])
plt.title("Close Price -- Bank of China")
plt.show()
```

运行结果如图 4.21 所示。在这个例子中,将 boc 的索引列处理为时间序列数据,关于时间序列将在第 6 章详细说明。从生成的图表来看,默认的标题显示位置为图片上方,并且居中显示。

图 4.21　添加图表标题

如果想为图表添加中文标题,必须要为中文标题选择一个系统能够支持的字体,如 Windows 系统自带的黑体。使用 title()函数的参数 fontproperties 设置为 simhei。除了 simhei 字体,也可以使用一些其他支持的字体,如 simsun 等。不过根据经验,simhei 是最不容易出现系统无此字体的情况的。如果不设置中文字体参数,则图表中的中文会是一个个的小白框,中文无法正常显示。title()函数除了可以设置字体,还可以设置字体大小。使用参数 fontsize 可以解决这个需求。

【**例 4-13**】　在例 4-12 的图表中添加中文标题,增大标题字号。

```
import pandas as pd
import matplotlib.pyplot as plt
boc = pd.read_excel("boc.xlsx", usecols=["trade_date","open",
        "high","low","close"],dtype={"trade_date":str})
boc["trade_date"] = pd.to_datetime(boc["trade_date"],
        format='%Y-%m-%d')
boc.set_index("trade_date" ,inplace=True)
plt.plot(boc[:"2020-05"]["close"])
#添加图表标题并设置标题字体和字号
plt.title("中国银行 2020 年前 5 个月收盘价格 ",
        fontproperties='simhei',fontsize=20)
plt.show()
```

运行结果如图 4.22 所示。

图 4.22　添加图表中文标题

pyplot 中为坐标轴添加文本标签的函数有两个,分别是 xlabel()和 ylabel(),对应设置 x 轴标题和 y 轴标题。两个函数的用法是一样的,只需要提供要显示的坐标轴标题的字符串即可。下面是两个函数的基本用法。

【**例 4-14**】　在例 4-13 的图表中添加横轴和纵轴的标签。

```
import pandas as pd
import matplotlib.pyplot as plt
boc = pd.read_excel("boc.xlsx", usecols=["trade_date","open",
        "high","low","close"],dtype={"trade_date":str})
boc["trade_date"] = pd.to_datetime(boc["trade_date"],
        format='%Y-%m-%d')
boc.set_index("trade_date" ,inplace=True)
plt.plot(boc[:"2020-05"]["close"])
plt.title('中国银行 2020 年前 5 个月收盘价格 ',
        fontproperties='simhei',fontsize=20)
#添加 x 轴标签
plt.xlabel("日期",fontproperties='simhei',fontsize=15)
#添加 y 轴标签
```

```
plt.ylabel("收盘价/元",fontproperties='simhei',fontsize=15)
plt.show()
```

运行结果如图 4.23 所示。

图 4.23　添加图表坐标轴标签

注意：由于坐标轴标签要设置为中文字体，所以 xlabel()函数和 ylabel()函数要设置参数 fontproperties 为 simhei。

4. 添加图例

图例通常起着对图中不同颜色或符号代表含义的解释。常常需要在一张图上绘制多个图形，那么每个颜色或符号的线条都代表什么？能否有种助记符呢？这就是图例的作用。

在图表中添加图例需要使用 legend()函数。为了让 legend()函数能够工作，需要为 plot()函数设置 label 参数的值，这样 legend()函数才能知道为哪个线条生成何种内容的图例。

【例 4-15】　使用 legend()函数在图表中添加图例。

```
import pandas as pd
import matplotlib.pyplot as plt
boc = pd.read_excel("boc.xlsx", usecols=["trade_date","open",
        "high","low","close"],dtype={"trade_date":str})
boc["trade_date"] = pd.to_datetime(boc["trade_date"],
        format='%Y-%m-%d')
boc.set_index("trade_date",inplace=True)
plt.plot(boc["open"],label="open")
plt.legend(loc='lower left')
plt.show()
```

运行结果如图 4.24 所示。在这个例子中，为折线图设置了 label 值为 open，这样，legend()函数就知道要生成 open 这个图例。有的时候，系统自动生成的图例位置可能达不到需要，可以通过手动设置 loc 参数来进行位置控制。

添加图例
文本

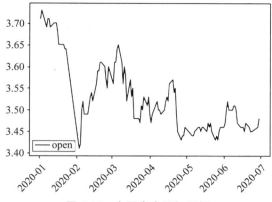

图 4.24　在图表中添加图例

legend()函数支持的图例显示位置如表 4.2 所示。图例默认的位置是 best,这时系统将尽可能地调整图形中各个元素的位置。设置或其他位置参数,会强制图例出现在某个位置。例如,示例代码中的 lower left,图例会强制显示在左下角。

表 4.2　legend()函数支持的图例显示位置

图 例 位 置	描　　述
lower right	在右下角显示图例
upper right	在右上角显示图例
lower left	在左下角显示图例
upper left	在左上角显示图例
right	在右侧显示图例
best	在默认位置显示图例
center	在中心显示图例
center left	在左侧居中显示图例
center right	在右侧居中显示图例
lower center	在底部居中显示图例
upper center	在顶部居中显示图例

注意:在代码中,图例的添加只能在绘制完图形之后才能进行。

5. 线条美化

为了让图表更加美观,可以根据需要将图表中的线条进行设置,如背景网格、线条样式、线条颜色、线条粗细等。什么时候需要设置背景网格呢?当需要清晰地对比点的横纵坐标的数值,换句话,需要精准对比位置的时候,有背景网格就更加清晰。网格可以看作一种参考线,能够帮助读者很好地定位所画的图形上的数据。

在 pyplot 中为图形设置网格的函数为 grid()。函数的语法格式如下。

```
plt.grid(axis=xxx)
```

grid()函数的参数有很多,本书只介绍 axis 参数,也就是坐标轴参数,其余的参数可

线条美化
（上）

线条美化
（下）

以查阅文档来了解。axis 可以设置为 x、y 和 both,分别代表 x 轴、y 轴和两个轴。首先看一下将 axis 参数设置为 both 的情况。从图 4.25 中可以看到,grid()函数在 x 轴和 y 轴上都增加了网格。并且 pyplot 会自动设置网格的间距。

【例 4-16】 使用 grid()函数在图表中添加网格线。

```python
import matplotlib.pyplot as plt
import numpy as np
x = np.arange(14)
y = np.sin(x / 2)
plt.plot(x,y)
plt.grid(axis='both')
plt.show()
```

运行结果如图 4.25 所示。

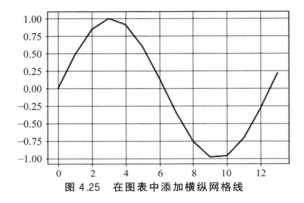

图 4.25　在图表中添加横纵网格线

在这个例子中,如果将代码 plt.grid(axis='both')中的参数 both 改为 x,即 plt.grid(axis='x'),表示的是在 x 轴上做网格,也就是纵向网格线。运行结果如图 4.26 所示。

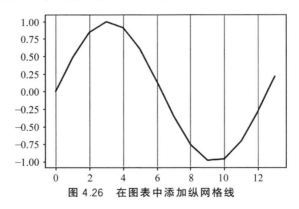

图 4.26　在图表中添加纵网格线

网格线可以通过修改颜色参数 color 做进一步的美化,设置 color 参数为不同的颜色可以让网格显示得更加丰富多彩起来。例如,将 color 设置为 red,则在生成的图中网格线会变为红色。

折线图中的线条可以使用不同的线条样式进行美化。在本节折线图的示例中,数据点之间是使用实线连接的。那么除了实线之外,是否还有其他的线条呢?答案是肯定的。除了实线之外,pyplot 支持的线条样式如表 4.3 所示。除了实线之外,还可以使用破折线、点画线、点虚线来绘图。每种类型的线条在代码中有两种方式设置,一种是用名称取值,另一种是使用符号取值。在 plot()函数中,可以通过设置参数 linestyle 来控制线条样式。

表 4.3　线条样式

类　型	名　称	符　号
实线(默认)	'solid'	'-'
破折线	'dashed'	'--'
点画线	'dashdot'	'-.'
点虚线	'dotted'	':'
不画线	'None'	' '

【例 4-17】　使用点虚线样式线条绘制折线图。

```python
import matplotlib.pyplot as plt
import numpy as np
plt.plot([3.71, 3.73, 3.7 , 3.69, 3.71, 3.71, 3.69] ,
        linestyle= 'dotted')
plt.xticks(np.arange(7),['2020-01-02','2020-01-03',
        '2020-01-06', '2020-01-07','2020-01-08','2020-01-09',
        '2020-01-10'], rotation=45)
plt.show()
```

运行结果如图 4.27 所示。

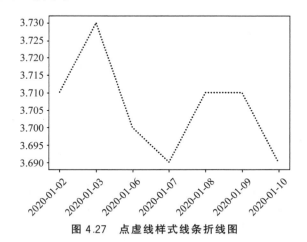

图 4.27　点虚线样式线条折线图

除了使用线条名称作 linestyle 的参数值外,还可以直接使用符号说明线条样式。在这个例子中,如果将代码

```python
plt.plot([3.71, 3.73, 3.7 , 3.69, 3.71, 3.71, 3.69] ,
        linestyle= 'dotted')
```

修改为

```
plt.plot([3.71, 3.73, 3.7 , 3.69, 3.71, 3.71, 3.69],linestyle='-.')
```

就可以得到由线和点构成的点画线折线。运行结果如图 4.28 所示。

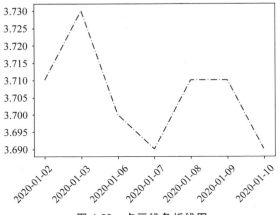

图 4.28 点画线条折线图

折线图中的线条可以使用不同的颜色进行美化设置。线条颜色,可以使用参数 color。这个参数不仅在 plot()函数中可以使用,在 pyplot 的很多函数中,设置颜色的时候也可以使用。pyplot 支持的常见的颜色名称和颜色简写,如表 4.4 所示。

表 4.4 颜色设置

颜 色 名 称	颜 色 简 写	描 述
'red'	'r'	红色
'green'	'g'	绿色
'magenta'	'm'	品红色
'blue'	'b'	蓝色
'cyan'	'c'	青色
'yellow'	'y'	黄色
'black'	'k'	黑色
'white'	'w'	白色

折线图除了可以美化线条的类型和颜色外,有的时候系统显示的线条宽度略窄,不能达到目标需求,这个时候就需要通过设置 linewidth(线宽)这个参数来调整线条的粗细。

【例 4-18】 使用红色粗实线绘制折线图。

```
import matplotlib.pyplot as plt
import numpy as np
plt.plot([3.71, 3.73, 3.7 , 3.69, 3.71, 3.71, 3.69],color='red',
        linewidth=5)
plt.xticks(np.arange(7),['2020-01-02','2020-01-03',
        '2020-01-06', '2020-01-07','2020-01-08', '2020-01-09',
```

```
'2020-01-10'], rotation=45)
plt.show()
```

运行结果图如 4.29 所示。

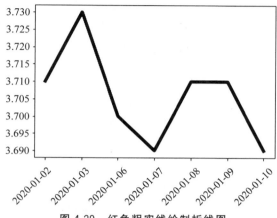

图 4.29　红色粗实线绘制折线图

在这个例子中,设置 plot()函数参数 color 的值为 red 线条会显示为红色;linewidth
参数为 5,表示线条宽度为 5px。

折线图其实是在相邻的两个数据点间进行连线,数据点本身的显示也可以进行美化。
通过 marker 参数,来控制数据点的形状。pyplot 支持的常用数据点符号,如表 4.5 所示。
符号里的字符,很多都是数据点的形状。

表 4.5　常用 marker 数据点符号

标　记	符　号	描　述
"."	·	点(默认)
"o"	●	实心圆
"v"	▼	下三角
"^"	▲	上三角
"<"	◀	左三角
">"	▶	右三角
"1"	Y	下三叉
"2"	⅄	上三叉
"3"	⊀	左三叉
"4"	⊁	右三叉
"s"	■	正方形
"p"	⬠	五边形
"*"	★	星号
"+"	✚	加号

标　　记	符　　号	描　　述
"x"	×	乘号
"D"	◆	菱形

【例 4-19】 使用正方形数据标记绘制折线图。

```
import matplotlib.pyplot as plt
import numpy as np
plt.plot([3.71, 3.73, 3.7 , 3.69, 3.71, 3.71, 3.69] ,marker='s')
plt.xticks(np.arange(7),['2020-01-02','2020-01-03',
        '2020-01-06', '2020-01-07','2020-01-08', '2020-01-09',
        '2020-01-10'], rotation=45)
plt.show()
```

运行结果如图 4.30 所示。

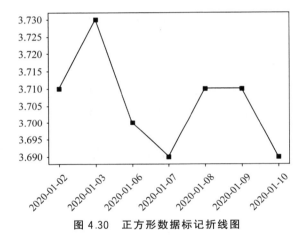

图 4.30　正方形数据标记折线图

在这个例子中,将 marker 设置为 s,s 代表 square 也就是正方形。如果将 marker 参数设置为 o,数据标记会由点变为一个实心圆,也就是 o 的形状。运行结果如图 4.31 所示。

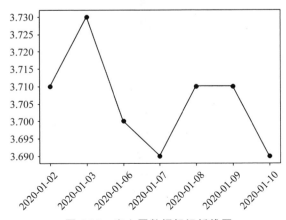

图 4.31　实心圆数据标记折线图

数据点的类型可以改变,大小同样可以改变。使用 markersize 这个参数就可以对数据点的大小进行配置,markersize 可以简写为 ms。

【例 4-20】　使用 10 磅正方形数据标记绘制折线图。

```
import matplotlib.pyplot as plt
import numpy as np
plt.plot([3.71, 3.73, 3.7 , 3.69, 3.71, 3.71, 3.69],marker='s',
        markersize=10)
plt.xticks(np.arange(7),['2020-01-02','2020-01-03',
        '2020-01-06', '2020-01-07','2020-01-08', '2020-01-09',
        '2020-01-10'], rotation=45)
plt.show()
```

运行结果如图 4.32 所示。

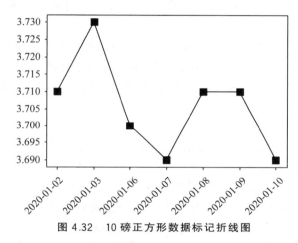

图 4.32　10 磅正方形数据标记折线图

在这个例子中,数据标记参数 markersize 设置为 10 磅。对比图 4.31 和图 4.32 可以看出,图 4.32 中的正方形数据标记增大了。

4.2.3　常用的数据可视化工具

数据可视化的工具非常丰富。本书只针对使用 Python 语言进行数据可视化方面的工具来进行介绍。Python 语言在数据可视化方面有着独特的优势,越来越多地应用于数据分析,这得益于 Python 中丰富的数据分析库。Python 中常用的数据可视化相关的库有 Matplotlib、Seaborn、Plotly、Bokeh 和 Pyecharts 等。

1. Matplotlib

Matplotlib 应该是最广泛使用也是比较基础的 Python 可视化工具,支持的图形种类非常多,它基于 NumPy 数据运算,并且可直接使用 Pandas 包中的数据结构。使用 Matplotlib 可以轻松地绘制一些复杂的图形,例如,几行代码就可以生成折线图、直方图、条形图和散点图等。使用 Matplotlib 时需要先导入相关库,需要注意的是,它不支持原生中文,因此在显示中文内容时,要对中文显示进行配置。

2. Seaborn

Seaborn 是一种基于 Matplotlib 的图形可视化库,也就是在 Matplotlib 的基础上进行了更高级的 API 封装,可以与 Pandas 进行无缝对接,从而使得作图更加容易,图形更加漂亮,在大多数情况下使用 Seaborn 就能作出很具有吸引力的图。相比较使用 Matplotlib,使用 Seaborn 更加容易一些,对初学者更加友好,可以把 Seaborn 视为 Matplotlib 的补充,而不是替代物。

3. Plotly

Plotly 是 Python 的一个在线可视化交互库,优点是实现 Web 在线交互,功能非常强大,可以用于在线绘制条形图、饼图、散点图、箱型图、时间序列图等多种图形,生成图形的质量很高。Plotly 生成的所有图表实际上都是由 JavaScript 产生的,无论是在浏览器中还是在 Jupyter Notebook 中,都是基于 plot.js 的。它是一个高级的声明性图表库,提供多种图表,包含 3D 图表、统计图等。不过,有关 Plotly 相关的中文资料不是很多,大多是入门型的基本使用与介绍,查找相关参数的设置上将会耗费一定时间。

4. Bokeh

Bokeh 是一个专门针对 Web 浏览器的呈现功能的交互式可视化 Python 库。这是 Bokeh 与其他可视化库最核心的区别,它可以作出简洁漂亮的交互可视化效果。Bokeh 一个很明显的特点就是代码量较多,大多是在数据的处理上,并且和 Plotly 一样,有关 Bokeh 相关的中文资料也不多。

5. Pyecharts

ECharts 是一个由百度开源的数据可视化的 Web 插件,凭借着良好的交互性、精巧的图表设计,得到了众多开发者的认可。为了能够在 Python 中使用 ECharts 的强大可视化能力,有人开发了 Pyecharts(Python Echarts Plotting Library)工具包,它支持 30 多种图表。Pyecharts 生成的图表支持交互式展示与单击,默认生成的样式也较为美观,并且 Pyecharts 有详细的中文文档与范例,网上关于 Pyecharts 的讨论也较多,如果是刚接触的读者也能比较快地上手。如果对默认样式不满意,可以进行一些调整,由于文档十分完整,所以代码修改起来并不困难。

常用图表的
绘制(上)

4.2.4　常用图表的绘制

本节将介绍利用 pyplot 库绘制常用的图表的方法。

1. 绘制直方图

绘制直方图可以使用 hist() 函数。hist() 函数的常用用法如下。

```
plt.hist(x,bins = None, range =None, color = None)
    x——表示输入值。
    bins——表示绘制条柱的个数。
    range——表示数据的有效范围。
    color——表示条柱的颜色,默认为 None。
```

在 hist() 函数的参数中,x 表示输入的要统计分布信息的序列;bins 表示绘制条柱的个数;color 表示条柱的颜色,默认为 None。这几个参数的作用见下面的示例代码。

```
import pandas as pd
import matplotlib.pyplot as plt
data = [1,2,2,3,3,3,4,4,4,4]
plt.hist(data,bins=4)
plt.show()
```

（1）条柱个数参数 bins 的用法。这里的 bins 是箱子、罐子的含义,可以理解为这些罐子将来会存放数据。bins 的值就是罐子的个数。在示例代码中,data 是一个列表,包括 1 个 1,2 个 2,3 个 3 和 4 个 4,共计 10 个元素。设置 bins 为 4,表示会有 4 个罐子,来存放这个 10 个元素。每个罐子存放最终元素的数量的多少就是直方图中每个柱条的高度。每个罐子的范围应该是多少呢？关于每个罐子的范围可以这样计算,使用 NumPy 中的 linspace() 函数计算出每个罐子的左右边界点来。如下面的示例代码所示,得到了 1,1.75,2.5,3,25 和 4 这 5 个边界点来。5 个边界点,组成了 4 个罐子。这里需要注意,罐子左右边界是左闭右开的。有了罐子的左右边界点后,就可以计算出每个罐子中存放的元素个数了,从左到右,罐子中元素的数量分别为 1,2,3,4。对应地,直方图也就绘制出来了,如图 4.33 所示。

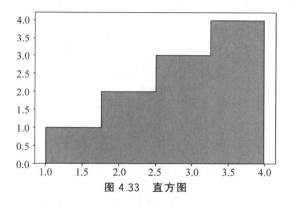

图 4.33　直方图

```
np.linspace(min(data),max(data),bins+1)
#[1.  , 1.75, 2.5, 3.25, 4.  ]
```

当 bins＝6 时,data 数据同上,代码如下。用同样的方法,可以得到 6 个罐子的 7 个边界点[1.,1.5,2.,2.5,3.,3.5,4.]。1～1.5 罐子中,落入了 1 个 1;1.5～2.0 罐子中,由于罐子边界的左闭右开性质,所以没有落入元素,元素个数为 0;其余的类似求出罐子中元素的个数。最终得到了如图 4.34 所示的直方图。

```
data = [1,2,2,3,3,3,4,4,4,4]
plt.hist(data,bins=6)
plt.show()
```

直方图常常用来观察一个序列数据的分布情况。这里使用一个正态分布来反过来验证这个结论,使用 randn() 函数随机生成负无穷大到正无穷大区间内的 100 个点。然后把罐子的数量设为 8,颜色参数 color 设置 g,也就是绿色,绘制这个直方图（图 4.35）。从

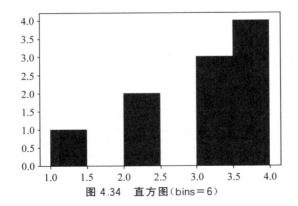

图 4.34　直方图(bins=6)

直方图中可以看出,这 100 个数据多数都集中于−1～1 这个区间,中间多,两边对称少,很符合正态分布的数据形态。

```
import numpy as np
arr_random = np.random.randn(100)
#绘制直方图
plt.hist(arr_random, bins=8, color='g')
plt.show()
```

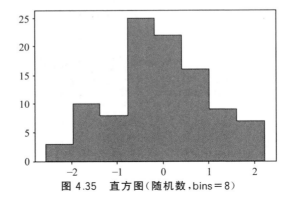

图 4.35　直方图(随机数,bins=8)

(2) range 参数的用途。参见下面的示例代码,boc["close"]是中国银行这只股票一年来的收盘价数据,这个数据在前面几节已经说明过了,可以参见前面的介绍。通过设置 range 参数为(3.5,3.6)这样一个元组,使得 hist()函数只选取所有收盘价位于 3.5～3.6 这个区间的数据,根据 bins 的值计算罐子的边界范围,统计落在罐子中的元素数量。此外,示例代码中还有一个 orientation 参数,这里把它设置为'horizontal',表示水平方向。所以就得到了一个水平直方图,如图 4.36 所示。最后一个 edgecolor 参数的作用是设置条柱边缘的颜色。

```
plt.hist(boc["close"],bins=4,range=(3.5,3.6),
    orientation='horizontal',color='green',edgecolor='blue')
plt.show()
```

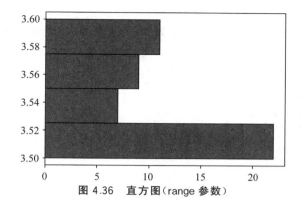

图 4.36　直方图（range 参数）

2. 绘制散点图

pyplot 模块中的 scatter()函数用于绘制散点图。scatter()函数的常见用法如下。

```
plt.scatter(x, y, s=None, c=None, marker=None, alpha=None)
    x, y——表示 x 轴和 y 轴对应的数据。
    s——指定点的大小。
    c——指定散点的颜色。
    marker——表示绘制的散点类型。
    alpha——表示点的透明度,接收 0~1 的小数。
```

下面的示例代码演示了一个生成散点图的例子。代码中首先生成了 51 个 x 轴坐标和 51 个 y 轴坐标。然后使用 scatter()将对应的数据点(x,y)一个一个地画在图形上,如图 4.37 所示。

```
#x 轴的数据
x = np.arange(51)
#表示 y 轴的数据
y = np.random.rand(51) * 10
plt.scatter(x, y)
plt.show()
```

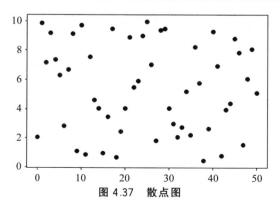

图 4.37　散点图

常用图表的
绘制(下)

3. 绘制条形图

pyplot 模块中用于绘制条形图的函数为 bar()。bar()函数常见的用法如下。

```
bar(x, height, width, c,edgecolor)
    x——表示 x 轴的数据。
    height——表示条形的高度。
    width——表示条形的宽度,默认为 0.8。
    color——表示条形的颜色。
    edgecolor——表示条形边框的颜色。
```

下面的示例代码演示了一个生成条形图的例子。对于这个例子,参数 x 的值为[36,37,38,39],也就是每个条形所在的中心位置。参数 width 为 0.5,即每个条形的宽度就是 0.5。由于 x 的每个值是条形的中心位置,所以,每个条形会在中心位置左右各有 0.25 个宽度。参数 height,注意是第二个参数,它的值为[1,2,3,4],分别对应 4 个条形的高度,为 1,2,3,4。color 的值为 g,表示条形的颜色为绿色;edgecolor 的值为 b,表示每个条形的外侧边缘线的颜色为蓝色。生成的图形如图 4.38 所示。

```
plt.bar([36,37,38,39],[1,2,3,4],width=0.5,color='g',edgecolor='b')
plt.show()
```

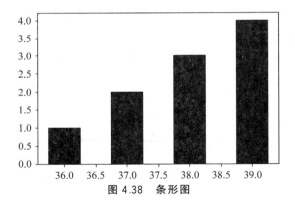

图 4.38　条形图

常见的条形图还有一种水平条形图。对应的函数名字叫 barh。barh()的用法和 bar()是非常类似的,只不过需要注意参数的含义。在 bar()函数中,第一个参数对应的是 x 轴数据,第二个参数是条形的高度;barh()函数中,第一个参数对应的是 y 轴数据,第二个参数是条形的长度。其余几个参数都相同。示例代码如下,生成的水平条形图如图 4.39 所示。

```
plt.barh([1,2,3,4],[35,36,37,38],0.8,color='g',edgecolor='b')
plt.show()
```

4. 绘制饼图

绘制饼图对应的函数名称为 pie。pie()函数用法如下:第一个参数 x 是一个数值类型的数据序列,pie()函数根据 x 中每个数值在数据总和中的百分比来绘制饼型区域;第

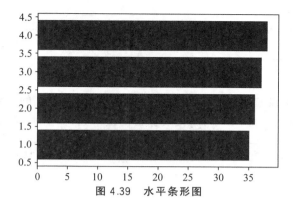

图 4.39　水平条形图

二个参数 labels 用来标识每个饼型的区域;shadow 参数用来标识是否显示阴影;其余参数功能具体见图 4.40。

```
plt.pie(x,labels,colors,shadow=False)
```

常用参数功能如下。

```
labels:设定扇形图的标签,为字符串。
colors:颜色,字符串。
shadow:是否有阴影。
```

属性	说明	类型
x	数据	list
labels	标签	list
autopct	数据标签	%0.1%% 保留一位小数
explode	突出的部分	list
shadow	是否显示阴影	bool
pctdistance	数据标签距离圆心位置	0~1
labeldistance	标签的比例	float
startangle	开始绘图的角度	float
radius	半径长	默认是1

图 4.40　pie()函数的全部参数说明

下面的示例代码演示了一个生成饼图的例子。

1) x 参数和 labels 参数

pie()函数的第一个参数是一个列表,代表某种产品为 1 月、2 月、3 月的成交量。根据这 3 个成交量及其综合占比情况,得到了 3 个颜色的饼型区域。第二个参数 labels 设置为字符串"Jan","Feb","Mar",用来在饼图中显示标签,提示每个区域代表的含义,如图 4.41所示。

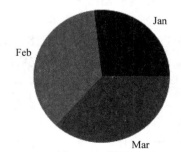

图 4.41　饼图

```
plt.pie([15110069,20384161,20681201],labels=["Jan","Feb","Mar"])
plt.show()
```

2) autopct 参数

autopct 参数用于设置每个饼型区域所占的比例,以百分比的小数格式字符串显示,如下面的示例代码所示,"%0.2f%%"代表保留两位小数,如图 4.42 所示。

```
plt.pie([15110069,20384161,20681201],labels=["Jan","Feb","Mar"],autopct
="%0.2f%%")
plt.show()
```

3) explode 参数

explode 参数为突出显示。这个参数接收一个和数据等长的列表,列表按照对应位置,存放突出显示的比例,如下面的示例代码所示。第一个值为 0 对应 Jan,不需要突出显示;第二个值为 0.05 不为 0,对应的 Feb 区域需要突出显示,突出距离为远离圆心 0.05 个单位;第三个值为 0,对应 Mar,表示这个区域不需要突出显示。最终生成图如图 4.43 所示。

```
plt.pie([15110069,20384161,20681201],labels=["Jan","Feb","Mar"],autopct
="%0.2f%%",explode=[0,0.05,0])
plt.show()
```

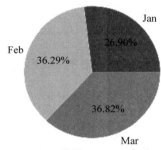

图 4.42　饼图(autopct 参数)

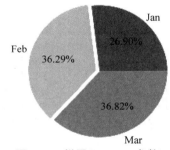

图 4.43　饼图(explode 参数)

5. 绘制箱型图

绘制箱型图对应的函数名称为 boxplot。常用的参数有 x 参数,代表的是数据,数据可以是一维的,也可以是多维的。如果是多维的数据,则会对每一维数据进行箱式分析。第二个参数是 labels,对应数据的标签。

```
plt.boxplot(x,labels)
    x:数据
    labels:标签
```

1) 一维箱型图

下面的示例代码演示了一个生成箱型图的例子。这里的 boc 变量还是前文中使用的中国银行 2020 年的股票数据,用箱型图来分析一下中国银行这只股票在 2020 年前 5 个月开盘价数据的情况。结果如图 4.44 所示。

```
plt.boxplot(boc[:"2020-05"]["open"].values,labels=["open"])
plt.show()
```

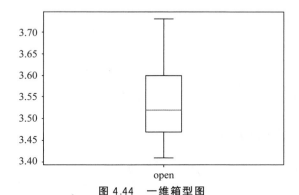

图 4.44　一维箱型图

图 4.44 的 x 轴有个 open 标签,显示该箱型图是开盘价数据。图中的长方形箱内的水平线条是数据中位数线,表明前 5 个月开盘价的中位数位于 3.52 左右。下四分位数和上四分位数所处的位置表明整体数据偏向下边缘,即价格普遍偏低。

2) 多维箱型图

boxplot() 函数展示多维数据的箱型图,代码如下。使用数据是中国银行股票数据,每三个月进行切分,得到 4 个一维数据,将其放置在一个列表中,得到一个二维数据 boc_qua。使用 boxplot() 分析 boc_qua,同时设置 labels 为 [1,2,3,4]。

```
#绘制中国银行 2020 年四个季度每日最高值的箱型图
boc_qua = [boc[:"2020-03"]["high"].values,
           boc["2020-04":"2020-06"]["high"].values,
           boc["2020-07":"2020-09"]["high"].values,
           boc["2020-10":"2020-12"]["high"].values]
plt.boxplot(boc_qua, labels=[1,2,3,4])
plt.show()
```

如图 4.45 所示,4 个季度对应 4 个箱型图,x 轴坐标标签分别是一、二、三、四季度的含义。分析可得:一季度的数据,主要集中在 3.45～3.65,中位数基本处于中间位置,上下边缘的位置也很平均,数据分布很均衡。二、三、四季度的箱型图具有相似性。①3 个箱型图的上边缘上面都有一些离散点,表明这 3 个季度的数据中,存在异常点,结合数据的实际含义,代表这 3 个季度中,都有特别高的收盘价出现;②二季度和四季度,箱型图的上下边缘、上四分位和下四分位的距离都很短,说明数据分布非常集中;③三季度的异常点比二季度和四季度更加发散;④整体而言,4 个季度的收盘价是持续走低的。

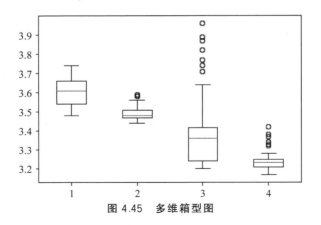

图 4.45　多维箱型图

4.2.5　多图绘制的方法

图 4.46 是中国银行 2020 年 1 月份股票价格的走势图。在一张图中同时绘制 4 条折线,对应 4 种价格。这种一图多曲线的情况,适用于在 x 轴坐标相同的情况下,比较不同 y 值的对比情况;除了这种情况,还有很多时候需要在一张大图中画出多个子图。掌握多图绘制,更容易对数据进行对比分析。

多图绘制
(上)

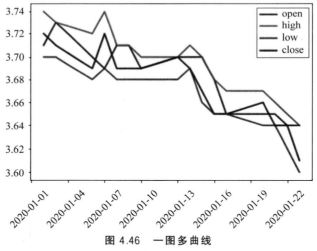

图 4.46　一图多曲线

1. 一图多曲线

在本节中,首先学习以下几种多图绘制:①在一张图上同时绘制多条折线图;②在一张图上同时绘制多个条形图;③在一张图上绘制多种不同类型的图形。

1)一张图中绘制多条折线图

下列代码中的变量 boc 是中国银行股票数据,具体的数据类型为 DataFrame,4 个价格分别存储在 open、close、high 和 low 列之中。一图中绘制多条折线图,只需要顺序地使用 plot()函数即可。如果不显式地设置每个线条的颜色,pyplot 会自动地选择不同的颜色来区分 4 条折线。此外,使用 label 参数配合 legend() 函数,绘制图例。如图 4.47 所示,每条折线的颜色、线条形状等属性可以单独设置 plot() 函数的参数。

```python
import pandas as pd
import numpy as np
from matplotlib import pyplot as plt
boc = pd.read_excel("boc.xlsx", usecols=["trade_date","open","high","low","close"],dtype={"trade_date":str})
boc["trade_date"] = pd.to_datetime(boc["trade_date"],format='%Y-%m-%d')
boc.set_index("trade_date", inplace=True)
boc = boc[::-1]

plt.plot(boc["open"],label="open")
plt.plot(boc["close"],label="close")
plt.plot(boc["high"],label="high")
plt.plot(boc["low"],label="low")

xlabel = ['2020-01', '2020-04', '2020-07', '2020-10', '2021-01','2021-04']
xticks = xlabel
plt.xticks(xticks, xlabel, rotation=45)

plt.legend()
plt.show()
```

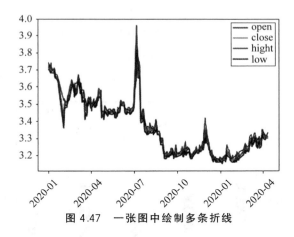

图 4.47　一张图中绘制多条折线

2) 一张图中绘制多个条形图

此方式常用于对少量相同 x 轴数据的 y 轴数据进行对比。如两种产品在不同时间间隔点、不同地点、不同销售者的对比分析。

首先,绘制中国银行 1 月份前 5 个交易日的开盘价格信息。使用 ylim() 函数设置 y 轴数据显示的范围为 3.65～3.8;每个条形的宽度为 0.2,如图 4.48 所示。

```python
plt.ylim(3.65,3.8)
plt.bar(['2020-01-02', '2020-01-03', '2020-01-06', '2020-01-07', '2020-01-08'],  boc.iloc[:5]["open"].values, width=0.2, label="open")
```

```
plt.legend()
plt.show()
```

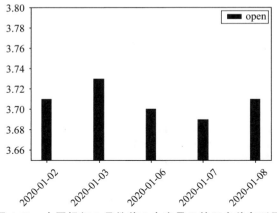

图 4.48　中国银行 1 月份前 5 个交易日的开盘价条形图

同理,绘制中国银行 1 月份前 5 个交易日的收盘价格的信息。使用 ylim()函数设置 y 轴数据显示的范围为 3.65～3.8;每个条形的宽度为 0.2,如图 4.49 所示。

```
plt.ylim(3.65,3.8)
plt.bar(['2020-01-02', '2020-01-03', '2020-01-06', '2020-01-07', '2020-01-
08'],  boc.iloc[:5]["close"].values, width=0.2, label="close")
plt.legend()
plt.show()
```

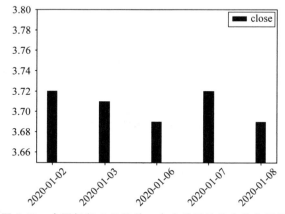

图 4.49　中国银行 1 月份前 5 个交易日的收盘价条形图

在一张图上同时显示上述两个条形图,可以顺序地调用两次 bar()函数。但如果不做调整,绘制的两个条形图会出现重叠的情况。这是因为两次绘制条形图的 X 轴数据是相同的。因此错开两个条形图显示的方法是,条形图的中心位置不能相同。因此,设置一个变量间距(gap)来实现,如下面代码所示。

```
plt.ylim(3.65,3.8)
xticks = np.arange(5)                    #横坐标的显示位置
gap = 0.1                                #设置间距
open_xticks = xticks - gap               #出现在横坐标的左边
close_xticks = xticks + gap              #出现在横坐标的右边
plt.bar(open_xticks,boc.iloc[:5]["open"].values, width=0.2, label="open")
plt.bar(close_xticks,boc.iloc[:5]["close"].values, width=0.2, label=
"close")
xlabel = ['2020-01-02', '2020-01-03', '2020-01-06', '2020-01-07', '2020-
01-08']
plt.xticks(xticks, xlabel)
plt.legend()
plt.show()
```

第 2 行代码,由于 x 轴显示的坐标刻度是字符串类型,而为了设置 gap 的数值,因此需要获取真实的 x 轴坐标。之前介绍过,对于非数值型 x 轴数据,x 轴坐标是从 0 开始的,到长度−1 截止,因此可以使用 np.arange(5)来获取 x 轴的数值坐标 xticks。

注意,这个 x 轴坐标位置应该是每两个条形的正中间。第 3 行代码,为了让对应的两个条形一左一右地出现在 x 轴坐标点的两侧,代码中定义了一个间距 0.1。第 4 行和第 5行代码,令开盘价条形坐标 open_xticks 等于 xticks−gap、收盘价条形坐标 close_xticks等于 xticks+gap。这样,这两个条形的中心位置就恰好出现在 xticks 坐标的两侧,相隔0.2。第 6、7 两行代码,绘制条形图。可以做一个简单计算,设置绘制的条形宽度为 0.2,则恰好可以让两个条形贴在一起。第 8、9 两行代码,使用 xticks()函数将 xlabel 显示在 x坐标轴上。最后的结果如图 4.50 所示。

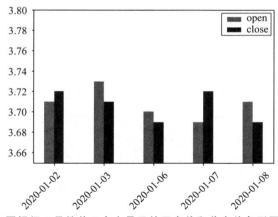

图 4.50　中国银行 1 月份前 5 个交易日的开盘价和收盘价条形图(gap=0.1)

增大 gap 的值,如下面的示例代码,当把 gap 由 0.1 调整到 0.2 之后,每两个对应的条形中心位置的间隔达到了 0.4,而每个条形的宽度仅为 0.2。这使得每两个对应的条形中间出现了空白,如图 4.51 所示。

```
plt.ylim(3.65,3.8)
xticks = np.arange(5)                        #横坐标的显示位置
gap = 0.2                                    #设置间距
open_xticks = xticks - gap                   #出现在横坐标的左边
close_xticks = xticks + gap                  #出现在横坐标的右边
plt.bar(open_xticks,boc.iloc[:5]["open"].values, width=0.2, label="open")
plt.bar(close_xticks,boc.iloc[:5]["close"].values, width=0.2, label=
"close")
xlabel = ['2020-01-02', '2020-01-03', '2020-01-06', '2020-01-07', '2020-
01-08']
plt.xticks(xticks, xlabel)
plt.legend()
plt.show()
```

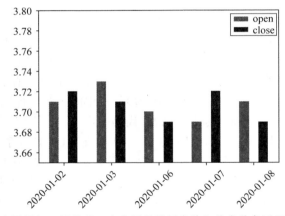

图 4.51　中国银行 1 月份前 5 个交易日的开盘价和收盘价条形图(gap＝0.2)

【思考】　如果把 gap 调整为 0.2,bar()函数的参数 width 的值应该设置为多少,才能使两个条形中间无空白?

3) 一张图中绘制多种图形

下列代码展示了在一张图中绘制折线图和条形图的方法,即只需要顺序地调用相应的画图函数即可,如图 4.52 所示。

```
plt.ylim(3.65,3.8)
plt.bar(['2020-01-02','2020-01-03','2020-01-06','2020-01-07','2020-01-08'],
boc.iloc[:5]["open"].values, width=0.1, label="open_bar")
plt.plot(['2020-01-02','2020-01-03','2020-01-06','2020-01-07','2020-01-08'],
boc.iloc[:5]["open"].values, marker='+',ms=10,c='r',label='open_plot')
plt.legend()
plt.show()
```

在示例代码中,先调用了 bar()函数绘制了一个条形图,然后调用 plot()函数绘制了一条折线图。为了让显示更加清晰,折线图设置了 marker 数据点为加号,线条的颜色为红色。

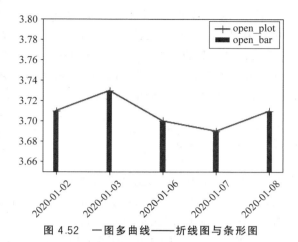

图 4.52　一图多曲线——折线图与条形图

2. pyplot 绘图机制深入

为了更好地做到多图绘制，下面深入地介绍 pyplot 模块绘制图形的原理，主要涉及两个内容：Figure 对象和 Axes 对象。理解这两个对象在 pyplot 绘图中的作用，在进行多图绘制时会有非常大的帮助。

多图绘制
（中）

使用 Matplotlib 画图类似于白纸上作画。读者可以想象，如果需要完成画作，首先需要根据内容的多少确定画纸的尺寸。其次，确定各种颜色、各种形状的笔。最后，在一张画布上同时画几幅画，我们考虑会在画布上做一些记号作为分隔符。在 pyplot 中绘制多张图形，也是类似于这个过程。Figure 对象和 Axes 对象帮助我们实现对画布进行逻辑上的切割，便于在每个区域上分别绘画。

首先在 pyplot 中，使用 figure() 函数创建一张空白的画布。函数的用法见下面的代码。

```
plt.figure(figsize = None,dpi=None,facecolor = None,edgecolor = None)
    figsize——元组，用于设置画布的尺寸(英寸)。
    dpi——设置画布显示时每英寸的像素数量。
    facecolor——用于设置画板的背景颜色。
    edgecolor——用于显示边框颜色。
```

该函数会创建一个 Figure 对象，代表之后要在其上进行绘图的画布对象。每次绘图之前，需要创建这个 Figure 对象，得到一个空白区域。如下面的代码所示，如果不对 figure() 进行参数设置，得到的 fig 对象的各个属性都是默认值。

```
fig = plt.figure()
<Figure size 432x288 with 0 Axes>
```

根据上面的样例代码的输出，在默认情况下，画布的大小为 432×288 像素，分别代表水平方向有 432px，垂直方向有 288px。像素为整个图像中不可分割的单位。不可分割的意思是它不能够再切割成更小的单位素，它是以一个单一颜色的小格存在的。每一个点阵图像包含一定量的像素,这些像素决定图像在屏幕上所呈现的大小。figure()函数默认的 dpi 是 72,所以简单计算一下可知,默认的画布大小是长为 6in(1in=2.54cm),高为 4in。

现在手动配置一下 figure()函数的参数。首先设置 figsize 为元组(16,9),这里的 16 和 9 的单位是英寸,表示画布的物理尺寸。设置 dpi 为 80,表示要求每英寸包含的像素数量为 80,所以最终画布的像素大小为 1280=16×80,720=9×80。

```
fig = plt.figure(figsize=(16,9),dpi=80)
<Figure size 1280x720 with 0 Axes>
```

在之前绘制图形时,并没有使用 figure()这个函数来获得画布。事实上,如果没有手动创建这个 Figure 对象,pyplot 会生成一个默认的 Figure,并在其上进行画图;当显式地自定义了一个 Figure 对象之后,就在该 Figure 对象上画图。

下面的示例代码演示了 Figure 对象的作用,如图 4.53 所示。

```
plt.plot([1,2,3,4])
fig = plt.figure(figsize=(8,6),dpi=72)
plt.plot([1,2,3,4])
plt.show()
```

示例代码的第 1 行:在此之前,代码中没有显式地定义 Figure 对象,因此,pyplot 会生成一个默认的 Figure 画布,大小是默认值(6,4)。得到了图 4.53 中上面的小图。示例

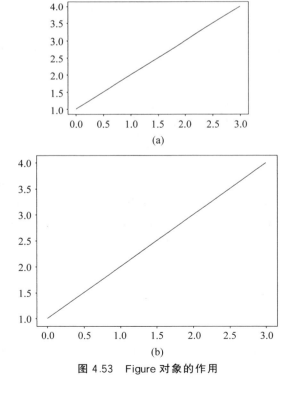

图 4.53　Figure 对象的作用

代码第 2、3 两行：代码显式地定义了一个 Figure 对象，并且设置图片尺寸为(8,6)。因此，pyplot 会在自定义生成的这个 Figure 画布上绘图。由于定义的 Figure 的大小比默认值要大，因此就得到了图 4.53(b)。

通过定义多个 Figure 对象，并且在不同的 Figure 对象上进行画图，就实现了一图多画。不过这种做法并不常见。仔细观察一下这两幅，虽然大小不一样，但是 x 轴和 y 轴的坐标体系是完全一样的，换句话说，不同的 Figure 对象有不同的坐标体系。坐标体系，在 pyplot 中对应 Axes 对象，也就是坐标轴对象。

Figure 对象和 Axes 对象的关系就是一张大的画布和小的逻辑区域。大的画布就是 Figure 对象；对画布进行区域分割，每一个小区域有独立的坐标体系，对应一个 Axes 对象。每个 Figure 对象可以包含一个或者多个 Axes 对象，每个 Axes 对象即一个绘图区域，拥有独立的坐标系统。因此可以利用每个 Axes 对象独立地绘制多图。这种方法是绘制多图最常用的方法。

```
fig = plt.figure()
ax1=fig.add_axes([0.1,0.1,0.2,0.2])
ax2=fig.add_axes([0.5,0.5,0.4,0.4])
#列表参数中，前两个代表 Axes 的左下角坐标占总 x 轴和总 y 轴的比例
#列表参数中，后两个代表该 Axes 的 x 轴和 y 轴占总 x 轴和总 y 轴的比例
plt.show()
```

上面的示例代码中，首先创建了一个 Figure 对象，保存在变量 fig 中。第 2、3 两行代码：分别调用 add_axes()函数，为 fig 对象创建了两个子区域，每个子区域对应一个 Axes 对象，分别保存在变量 ax1 和 ax2 中。add_axes()接收 4 个元素的列表作为参数，列表参数中，前两个代表 Axes 的左下角坐标占总 x 轴和总 y 轴的比例，后两个代表该 Axes 对象的 x 轴和 y 轴占总 x 轴和总 y 轴的比例。也就是说，每个子区域都是一个小矩形，首先确定矩形左下角的位置，然后确定好 x 轴延伸长度和 y 轴延伸长度。列表参数中的最后两项是比例值，而不是长度值。第 2 行和第 3 行参数列表中一个是 0.2，另一个是 0.4，是两倍关系，这在图中体现为两张图的大小有差距。有了 Axes 对象之后，就可以使用 Axes 对象在子区域中进行画图了，如图 4.54 所示。

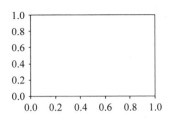

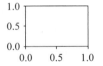

图 4.54 使用 Axes 对象画图

下述示例代码中的第 3 行和第 5 行，使用 Axes 对象调用 plot() 函数进行折线图的绘制，如图 4.55 所示。

```
fig = plt.figure()
ax1=fig.add_axes([0.1,0.1,0.2,0.2])
ax1.plot([1,2,3])
ax2=fig.add_axes([0.5,0.5,0.4,0.4])
ax2.plot([3,2,1])
plt.show()
```

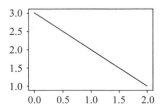

图 4.55　使用 Axes 对象绘制折线图

使用 Axes 对象调用各种绘图函数的时候，一般都要在同名函数前面加上"set_"，这是 pyplot 的开发人员为了与 Figure 对象的绘图函数相区别所设置的。所以，如果读者发现某个常用的绘图函数在 Axes 对象调用时提示不存在，不妨在前面加上"set_"试一试。例如，title() 函数在 Axes 对象上需变为"set_title()"。下面的示例代码生成如图 4.56 所示图形。

```
fig = plt.figure()
ax1=fig.add_axes([0.1,0.1,0.2,0.2])
ax1.plot([1,2,3])
ax1.set_title("Line 1")
ax2=fig.add_axes([0.5,0.5,0.4,0.4])
ax2.plot([3,2,1])
ax2.set_xlabel("Line 2")
plt.show()
```

多图绘制
（下）

3. 多个均匀分割子图的绘制

如图 4.57 所示，这张图上面的子图是一张折线图，对应的是中国银行 2020 年前 5 个月的收盘价，下面的子图是条形图，对应的是中国银行 2020 年前 5 个月的成交量。整幅图的标题为中国银行 2020 年前五月的收盘价和成交量。这张图就是通过在一张画布上划分两个均匀子区域，上面的子区域绘制折线图，下面的子区域绘制条形图完成的。这里要使用下面介绍的 subplot 函数。

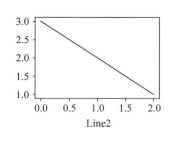

图 4.56　使用 Axes 对象调用 set_title( ) 函数

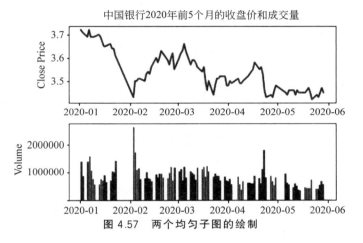

图 4.57　两个均匀子图的绘制

1）subplot( ) 函数创建均匀子图

subplot( ) 函数将整个绘图区域等分为"nrows（行）×ncols（列）"的矩阵区域，之后按照从左到右、从上到下的顺序对每个区域进行编号。其中，位于左上角的子区域编号为 1，依次递增。

```
subplot( ) 函数用法如下。
    nrows——几行。
    ncols——几列。
    select——选中哪一个区域。
    返回被选中区域的 axes 对象。
```

例如，整个绘制区域划分为 2×2（两行两列）的矩阵区域，每个区域的编号如图 4.58 所示。

下面的示例代码演示了 subplot( ) 的用法。代码中，共 4 次调用 subplot( ) 函数，每一次得到一个 Axes 对象，在得到的 Axes 对象上进行绘图，得到一幅大图，如图 4.59 所示。大图被分为 4 个子区域，每个子区域上绘制折线图。

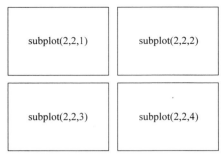

图 4.58　subplot()将绘制区域划分为 2×2(两行两列)的矩阵区域

```
ax1 = plt.subplot(2,2,1)
ax1.plot([1,2,3],c='r')      #得到图 4.59 的左上图
ax2 = plt.subplot(2,2,2)
ax2.plot([3,2,1],c='g')      #得到图 4.59 的右上图
ax3 = plt.subplot(2,2,3)
ax3.plot([3,1,3],c='b')      #得到图 4.59 的左下图
ax4 = plt.subplot(2,2,4)
ax4.plot([1,3,1],c='k')      #得到图 4.59 的右下图
plt.show()
```

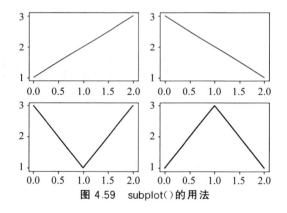

图 4.59　subplot()的用法

2) 每个子图独立的坐标体系

参看下面的示例代码。在第一个子图中,设置了 x 轴坐标为[1,2,3],折线为红色,对应的是图 4.60 中左上角的子图。单独设置坐标和标签,使用 set_xxx()的形式,具体可以查文档。其中,set_xticklabels()必须在 set_xticks()之后。

```
ax1 = plt.subplot(2,2,1)
ax1.plot([1,2,3],[1,2,3],c='r')
ax2 = plt.subplot(2,2,2)
ax2.plot([3,2,1],c='g')
ax3 = plt.subplot(2,2,3)
ax3.plot([3,1,3],c='b')
```

```
ax4 = plt.subplot(2,2,4)
ax4.plot([1,3,1],c='k')
ax4.set_xticks([0,1,2])
ax4.set_xticklabels(['A','B','C'])
plt.show()
```

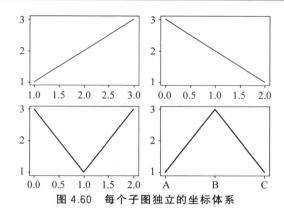

图 4.60　每个子图独立的坐标体系

3) 多个 subplot() 函数工作的具体方式

下面的示例代码,生成如图 4.61 所示的图形,这张图被分成 3 个子区域,上面两个,下面一个。每次调用 subplot() 函数,实际上根据划分的行列区域,在其中选中一个,如第 1 行代码中的(2,2,1),表示把整个 Figure 对象分成 2 行 2 列区域后,选中第 1 个区域,然后在此区域上进行绘图。第 3 行代码:这里的 subplot() 参数为(2,2,2),表示把整个 Figure 对象分成 2 行 2 列区域后,选中第 2 个区域,在此区域上进行绘图。第 5 行代码:这里的 subplot() 的参数为(2,1,2),表示把整个 Figure 对象分成 2 行 1 列区域后,选中第 2 个区域,然后在此区域上进行绘图。从这 3 个例子中可以看出,subplot() 实际上并没有进行分割,而仅仅是选中。

```
ax1 = plt.subplot(2,2,1)
ax1.plot([1,2,3],c='r')
ax2 = plt.subplot(2,2,2)
ax2.plot([3,2,1],c='g')
ax3 = plt.subplot(2,1,2)
ax3.plot([3,1,3,1,3,1],c='k')
plt.show()
```

如果 nrows、ncols 和 index 这三个参数的值都小于 10,则可以把其中的逗号省略,如 subplot(346) 等价于 subplot(3,4,6)。

多次调用 subplot() 函数的方法略显烦琐,如果希望一次性创建一组子图,则可以通过 subplots() 函数配合 Figure 对象和 Axes 对象综合实现,用法如下。

```
subplots(nrows = 1,ncols = 1)
    nrows,ncols——表示子区网格的行数、列数。
    返回值为一个元组,为(整个 Figure 对象,子区域二维数组)。
```

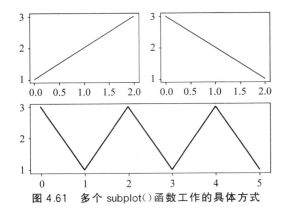

图 4.61　多个 subplot( )函数工作的具体方式

　　下面的示例代码演示 subplots( )函数的用法。代码的第 1 行使用 subplots( )函数,参数为(2,2)。由于返回值是一个元组,所以需要用两个变量 fig 和 axes 做返回值的解包操作。分割的 4 个区域以 NumPy 二维数组的形式保存在 Axes 中。第 2、3、4、5 行代码分别得到每一个具体的 Axes 子区域。6~8 行代码,则是在每个子区域上绘制折线图。生成的图如图 4.62 所示。

```
fig,axes = plt.subplots(2,2)
ax1 = axes[0,0]                    #第一个子图
ax2 = axes[0,1]                    #第二个子图
ax3 = axes[1,0]                    #第三个子图
ax4 = axes[1,1]                    #第四个子图
ax1.plot([1,2,3],c='r')
ax2.plot([3,2,1],c='g')
ax3.plot([3,1,3],c='b')
ax4.plot([1,3,1],c='k')
plt.show()
```

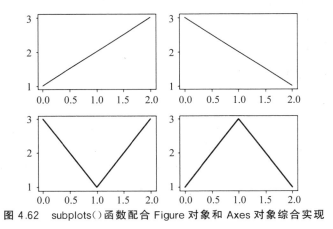

图 4.62　subplots( )函数配合 Figure 对象和 Axes 对象综合实现

　　最后,绘制本节最前面的那幅图形——中国银行在 2020 年前 5 个月每天的收盘价和成交量。为此,引入事先定义好的一个变量 boc2,这也是一个 DataFrame 对象,里面存储

了中国银行股票的开盘价、最高价、最低价、收盘价和每日的成交量。示例代码如下,生成的图如图 4.63 所示。

```
boc2 = pd.read_excel("boc.xlsx",usecols=["trade_date","open","high",
    "low","close","vol"],dtype={"trade_date":str})
boc2["trade_date"] = pd.to_datetime(boc2["trade_date"],format='%Y-%m-%d')
boc2.set_index("trade_date" ,inplace=True)
boc2 = boc2[::-1]

ax1 = plt.subplot(2,1,1)
ax1.plot(boc2[:'2020-05']["close"])
ax1.set_title("Close Price")
ax2 = plt.subplot(2,1,2)
ax2.bar(boc2[:'2020-05'].index, boc2[:'2020-05']["vol"])
ax2.set_title("Volume")
plt.tight_layout()                    #防止多个子图的标题重叠
plt.show()
```

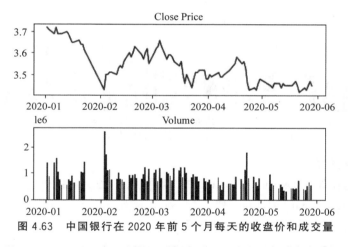

图 4.63　中国银行在 2020 年前 5 个月每天的收盘价和成交量

示例代码中,subplot(2,1,1)将整个图分为 2 行 1 列两个区域,选取第 1 个区域,然后在这个区域上绘制中国银行在 2020 年前 5 个月每天的收盘价的折线图,并设置子图标题为 Close Price。subplot(2,1,2)将整个图分为 2 行 1 列两个区域,选取第 2 个区域,然后在这个区域上绘制中国银行在 2020 年前 5 个月每天的成交量的条形图。条形图的第一个参数为日期,第二个参数为成交量,并设置子图标题为 Volume。tight_layout()是为了防止下面子图的标题和上面子图重叠使用的。

4.3　综合实例

综合实例

在前面的内容中,介绍了使用 Figure 对象和 Axes 对象对画布对象进行分割子区域的方法。基于这些知识,学习了如何进行多图绘制的方法。如图 4.64 所示,这张图上面的子图是一张折线图,对应的是中国银行 2020 年前 5 个月的收盘价;下面一张图是条形图,对应的是中国银行 2020 年前 5 个月的成交量。整幅图的标题为中国银行 2020 年前5 个月的收盘价和成交量,这张图就是通过在一张画布上划分两个子区域,上面的子区域绘制折线图,下面的子区域绘制条形图完成的。这个综合实例演示了如何使两个区域间的数据建立联系。

绘图的需求为:分别在 ax1 和 ax2 两个子区域绘制中国银行 2020 年前 5 个月内收盘价曲线图与成交量柱状图。若当日收盘价大于等于开盘价,成交量柱状图的颜色为红色;反之,为绿色。最终希望得到的结果如图 4.64 所示。

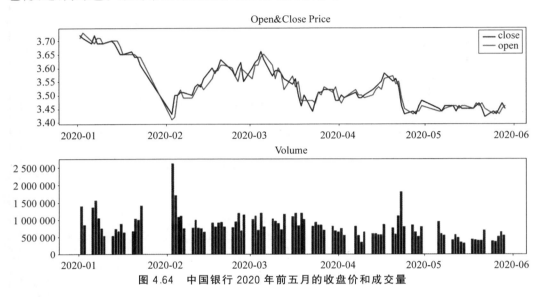

图 4.64　中国银行 2020 年前五月的收盘价和成交量

1. 处理原始数据

原始数据是存放在 Excel 表格中的数据,数据共有 10 列,如图 4.65 所示。对于本节的任务,仅需要 trade_date 列、open 列、high 列、low 列、close 列、vol 列,分别代表交易日期、开盘价、最高值、最低值、收盘价、成交量。

	A	B	C	D	E	F	G	H	I	J	K	L
1		ts_code	trade_date	open	high	low	close	pre_close	change	pct_chg	vol	amount
2	0	601988. SH	20210412	3.31	3.33	3.3	3.33	3.31	0.02	0.6042	1616637	537019.6
3	1	601988. SH	20210409	3.31	3.31	3.3	3.31	3.3	0.01	0.303	1248207	412533.4
4	2	601988. SH	20210408	3.31	3.31	3.3	3.3	3.31	-0.01	-0.3021	1239303	409547.7
5	3	601988. SH	20210407	3.3	3.32	3.29	3.31	3.3	0.01	0.303	2062779	681261.8
6	4	601988. SH	20210406	3.31	3.32	3.29	3.3	3.31	-0.01	-0.3021	1478734	488745
7	5	601988. SH	20210402	3.33	3.34	3.3	3.31	3.33	-0.02	-0.6006	1397313	463080.7
8	6	601988. SH	20210401	3.35	3.35	3.32	3.33	3.35	-0.02	-0.597	1890368	629578.2
9	7	601988. SH	20210331	3.32	3.35	3.31	3.35	3.3	0.05	1.5152	3354681	1117813
10	8	601988. SH	20210330	3.29	3.3	3.27	3.3	3.29	0.01	0.304	1458592	479245.5
11	9	601988. SH	20210329	3.26	3.3	3.25	3.29	3.26	0.03	0.9202	1983616	649034.2
12	10	601988. SH	20210326	3.29	3.29	3.24	3.26	3.29	-0.03	-0.9119	2189713	714452.4
13	11	601988. SH	20210325	3.3	3.31	3.28	3.29	3.3	-0.01	-0.303	1108760	365281.2
14	12	601988. SH	20210324	3.29	3.3	3.27	3.3	3.29	0.01	0.304	1255964	412490.5
15	13	601988. SH	20210323	3.29	3.3	3.27	3.29	3.28	0.01	0.3049	1388367	456097.3

图 4.65　原始数据

完整的数据处理过程参见下面的示例代码。首先引入 Pandas 库,并将其简记为 pd。
使用 read_excel() 函数读入数据,由于仅使用部分列,设置 read_excel() 的参数 usecols 的值为
"C:G,K"。其中,C:G 代表的是 C 列、D 列、E 列、F 列,G 列,不连续的 K 列则用逗号隔开。由于在第 3 行读入表格数据时,默认地会把 trade_date 列中的值当作数值类处理,因此,这里需要把 trade_date 列的值设置为字符串,并使用 to_datetime() 函数将其转为时间类型的数据。关于 to_datetime() 函数的详细用法,会在后续章节时间序列数据分析中进行更为全面的介绍。将 trade_date 列转为时间类型数据之后,使用 set_index() 函数将这一类设置为索引列;同时,由于表格数据中,未来时间在前,历史时间在后,所以,通过反向下标操作,设置历史时间在前,未来时间

	open	high	low	close	vol
trade_date					
2020-01-02	3.71	3.74	3.70	3.72	1389909.99
2020-01-03	3.73	3.73	3.70	3.71	857384.14
2020-01-06	3.70	3.72	3.68	3.69	1371085.15
2020-01-07	3.69	3.74	3.69	3.72	1565238.20
2020-01-08	3.71	3.71	3.68	3.69	1042787.56
...	...	...	...	...	...
2020-05-25	3.43	3.44	3.42	3.44	390813.55
2020-05-26	3.44	3.45	3.43	3.43	381006.41
2020-05-27	3.43	3.45	3.43	3.45	527542.70
2020-05-28	3.45	3.48	3.44	3.47	662906.71
2020-05-29	3.46	3.47	3.45	3.45	548737.05

97 rows × 5 columns

图 4.66 数据处理

在后。最后,只保留 2020 年前 5 月的数据做处理。boc 存储的内容如图 4.66 所示。

```
import pandas as pd
#读入数据
dt2 = pd.read_excel(r"boc.xlsx", usecols="C:G,K")
#转换为时间类型数据
dt2["trade_date"] = dt2["trade_date"].astype("str")
dt2["trade_date"] = pd.to_datetime(dt2["trade_date"])
#设置索引
dt2.set_index("trade_date",inplace=True)
#时间倒序
dt_new = dt2.reindex(index=dt2.index[::-1])
#保留前 5 个月
boc = dt_new[:"2020-05"]
boc
```

2. 绘图的过程

绘制第一部分子图。首先引入 Matplotlib 绘图库的子库 pyplot,并简记为 plt。第 3 行代码,如果使用的开发环境是 Jupyter Notebook,需要使用 %matplotlib inline 这条代码使图形在网页中显示。由于要绘制的图形内容较多,设置绘图区为长 12 英寸,宽 6 英寸。其次,使用 subplot() 函数划分整个画布为 2 行 1 列,并选择第 1 部分,使用 plot() 函数绘制 2020 年前 5 个月中国银行的收盘价和开盘价的折线图。设置 label 参数为 close 和 open 便于后面使用图例来区分这两个线条所代表的含义。最后,为第一部分子图设置子标题 open&close price,并生成图例。

绘制第二部分子图。根据收盘价和开盘价的大小关系,对成交量条形图的颜色进行控制。首先,同样使用 subplot() 函数划分整个画布为 2 行 1 列,并选择第 2 部分。然后,使用条件不等式 boc["close"] > boc["open"],找出满足收盘价大于开盘价的行数据,将

其作为 boc.index 的下标,筛选收盘价高于开盘价的日期。基于这些日期,从 boc["vol"]列中,取出对应的每日成交量,作为条形图的高度。将筛选出来的日期作为横坐标、每日对应的成交量作为高度,绘制条形图,并设置每个条形的颜色为红色。类似地,使用条件不等式 boc["close"] <= boc["open"],找出满足收盘价小于或等于开盘价的行数据,将其作为 boc.index 的下标,筛选收盘价小于或等于开盘价的日期。基于这些日期,从 boc["vol"]列中,取出对应的每日成交量,作为条形图的高度。将筛选出来的日期作为横坐标、每日对应的成交量作为高度,绘制条形图,并设置每个条形的颜色为绿色。最后,为第二部分子图设置标题为 Volume,并调用 tight_layout() 函数对两个子图进行空间调整,防止多个子图的标题重叠,最终生成的图如图 4.64 所示。

```python
import matplotlib.pyplot as plt
#让图形可以在页面中进行显示
%matplotlib inline

#设置图片大小
plt.figure(figsize=(12,6))

#绘制第一个区域的子图
ax1 = plt.subplot(2,1,1)
ax1.plot(boc["close"], label="close")
ax1.plot(boc["open"], label="open")
ax1.set_title("Open&Close Price")
#生成图例
ax1.legend()

ax2 = plt.subplot(2,1,2)
#筛选出收盘价高于开盘价的日期
left1 = boc.index[boc["close"] > boc["open"]]
#基于这些日期,取出对应的成交量,作为条形图的高度
height1 = boc["vol"][left1]
#筛选出来的日期作为横坐标,绘制条形图
ax2.bar(left1,height1, color="red")
#筛选出收盘价低于开盘价的日期
left2 = boc.index[boc["close"] <= boc["open"]]
#基于这些日期,取出对应的成交量,作为条形图的高度
height2 = boc["vol"][left2]
#筛选出来的日期作为横坐标,绘制条形图
ax2.bar(left2,height2, color="green")
ax2.set_title("Volume")
plt.tight_layout()                    #防止多个子图的标题重叠
plt.show()
```

K 线图绘制

小结

　　本章介绍了数据可视化的基本理论,常见的图表类型和用途,并对比介绍了常用的数据可视化工具;详细地介绍了 Python 绘图工具 Matplotlib 包中的 pyplot 绘图的基本方法,并对美化图表的基本操作做了详细的说明。在代码层面对常用图表的绘制进行了介绍,并介绍了在一张图上绘制多个图形的方法。最后通过一个金融数据综合实例,将各个知识点进行综合运用。

习题

一、单选题

1. 下列函数中,可以绘制散点图的函数是(　　)。
   A. hist()　　　　　　B. scatter()　　　　　C. bar()　　　　　D. pie()

2. 下列选项中,描述不正确的是(　　)。
   A. 箱型图可以提供有关数据分散情况的信息,可以很直观地查看数据的四分位分布
   B. 折线图是用直线段将数据连接起来而组成的图形,以折线的方式显式数据的变化
   C. 饼图显示一个数据序列中的各项的大小与各项总和的比例
   D. 条形图是由一系列高度不等的纵向条纹或线段表示数据分布情况

3. 下列图表中,可以清晰地反映出各数据系列的百分比情况的是(　　)。
   A. 直方图　　　　　B. 折线图　　　　　C. 饼图　　　　　D. 散点图

4. 在创建 Figure 对象时,可以指定哪个参数来调整画布大小?(　　)
   A. num　　　　　　B. dpi　　　　　　C. figsize　　　　　D. facecolor

5. 以下函数可以在绘制图表时,设置 x 轴的名称的是(　　)。
   A. xlim()　　　　　B. xlabel()　　　　　C. xticks()　　　　　D. ylabel()

6. 以下哪个函数用于绘制折线图?(　　)
   A. scatter()　　　　B. plot()　　　　　C. pie()　　　　　D. boxplot()

7. 以下哪个函数可以实现画布的创建?(　　)
   A. subplots()　　　　　　　　　　　B. add_subplot()
   C. figure()　　　　　　　　　　　　D. subplot2grid()

8. 在创建 Figure 对象时,可以指定哪个参数来调整画布每英寸的像素个数?(　　)
   A. num　　　　　　　　　　　　　　B. dpi
   C. figsize　　　　　　　　　　　　D. facecolor

9. 关于散点图,下列说法正确的是(　　)。
   A. 可呈现变量的频数分布　　　　　B. 可表示两种现象间的相关关系
   C. 可描述变量的变化趋势　　　　　D. 可直观表示出各指标的位置

10. 下列函数中，用于保存当前生成的图表的是（　　）。

    A. figure( )　　　　B. hist( )　　　　C. savefig( )　　　　D. show( )

11. 下列代码中，绘制散点图的是（　　）。

    A. plt.scatter(x,y)　　　　　　　　B. plt.plot(x,y)

    C. plt.legend('upper left')　　　　D. plt.xlabel('散点图')

12. 下列关于常见图表说法正确的是（　　）。

    A. 散点图不能在子图中绘制

    B. 散点的 x 轴刻度必须为数值

    C. 折线图可以用作查看特征间的趋势关系

    D. 箱型图可以用来查看特征间的相关关系

13. 下列图表中，能够识别异常值的是（　　）。

    A. 条形图　　　　B. 折线图　　　　C. 箱型图　　　　D. 散点图

14. 下列函数中，可以为图表设置标题的是（　　）。

    A. legend( )　　　　B. xlabel( )　　　　C. title( )　　　　D. xlim( )

二、判断题

1. Matplotlib 默认支持中文显示。　　　　　　　　　　　　　　　　（　　）

2. Matplotlib 生成的图表可以保存在本地。　　　　　　　　　　　　（　　）

3. 散点图包含的数据点越少，比较的效果就会越好。　　　　　　　　（　　）

4. 在使用 Matplotlib 绘制图表时，可以不需要导入 pyplot 模块。　　（　　）

5. 在使用 Matplotlib 绘制条形图时，可以使用 pyplot 模块中的 bar( )函数。（　　）

6. 绘制图表时，可以使用 subplot( )函数创建多个子图。　　　　　　（　　）

7. 绘制图表时，可以使用 subplot( )函数一次性创建多个子图。　　　（　　）

8. 散点图包含的数据点越多，比较的效果就会越好。　　　　　　　　（　　）

9. subplot(333)和 subplot(3,3,3)是等价的。　　　　　　　　　　　（　　）

10. 位于左上角的子图编号为 1。　　　　　　　　　　　　　　　　　（　　）

11. 在使用 Matplotlib 绘制水平条形图时可以使用 pyplot 模块中的 bar( )函数。

    （　　）

12. Figure 对象允许划分为多个绘图区域，每个绘图区域都是一个 Axes 对象，被称为子图。　　　　　　　　　　　　　　　　　　　　　　　　　　　（　　）

13. 如果不希望在默认的画布上绘制图形，则可以调用 figure( )函数构建一张新的空白画布。　　　　　　　　　　　　　　　　　　　　　　　　　　（　　）

第 5 章

金融数据分析中的线性回归

本章学习目标

- 掌握线性回归的含义。
- 理解回归系数的含义。
- 熟悉一元线性回归分析中的 Excel 实现方法。
- 掌握一元线性回归分析中的 Python 解决方案。
- 了解多元线性回归的含义及其 Excel 实现方法。
- 了解多元线性回归分析中的 Python 解决方案。

本章介绍基于金融数据的线性回归问题,其中包括一元线性回归和多元线性回归,在数据处理上采用 Excel 和 Python 两种方法分别实现。

5.1 线性回归概述

简单线性
回归

有一则新闻报道显示,到 2022 年中国旅游业总收入将超过 7 万亿美元。经济学家是依据什么做出这样的预测呢? 旅游业的收入会受到哪些因素的影响呢? 如果将旅游总收入设为 Y,居民平均收入设为 A,受教育程度设为 B,国民生产总值 GDP 设为 C,人口数量设为 D,Y 与 A、B、C、D 之间存在依存关系吗? 如果存在,是怎样的依存关系? 回归分析就是要回答上述问题。

变量之间的相互关系,主要有以下 3 种。

(1) 确定的函数关系:$y = f(x)$。数学上的函数关系大多属于这种类型。例如,圆的周长与半径的关系 $C = 2\pi R$,半径与其周长存在确定性关系;速度、时间与路程的关系 $L = VT$,也是确定性关系。

(2) 不确定的统计相关关系:例如,旅游收入与居民收入、居民受教育程度、人口数量、GDP 等的关系。

(3) 没有关系。

5.1.1 线性回归的概念

回归是设法找出变量间在数量上的依存变化关系,用函数表达式表达出来,而这个表达式称为回归方程。

当两个变量存在准确、严格的线性关系时,可以用 $Y = a + bX$,表示两者的函数关系。

X 为自变量，Y 为因变量。但实际中，变量之间并不是严格的函数关系，不能用函数方式准确地反映变量间的关系，此类关系称为回归关系，记为：$\hat{Y}=a+bX$，即为回归方程。

5.1.2　参数的估计

回归方程 $\hat{Y}=a+bX$ 中的 $\hat{Y}$ 是根据 X 推测的因变量 Y 的估计值；a 为回归直线在 y 轴上的截距；b 为样本的回归系数，即回归直线的斜率。如果能求出 a 和 b 的值，那么给定一个 X_i，就可以推测出这个 X_i 所对应的 Y 值，也就是前面提到的预测值。

求解 a 和 b 值，其计算原理采用的是数学上的最小二乘法。$\hat{Y}-Y$ 是实际值与预测值之间的差，如图 5.1 所示。将 $\hat{Y}=a+bx$ 代入上式，得到下面的式子：

$$\sum(Y-\hat{Y})^2=\sum[Y-(a+bx)]^2$$

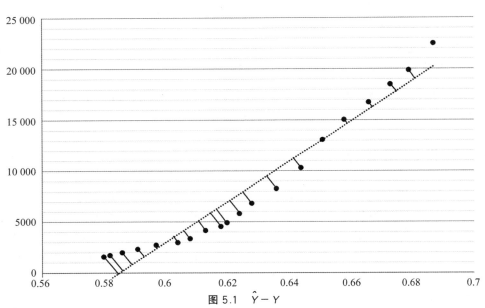

图 5.1　$\hat{Y}-Y$

从图形上来看，我们希望实际值与预测值之间的距离越小越好，在数学上的处理是令其求导后为零，通过整理上式得到：

$$\sum(Y-\hat{Y})^2=n(a-(\bar{y}-b\bar{x}))^2+\sum_{i=1}^{n}(x_1-\bar{x})^2\cdot$$

$$\left(b-\frac{\sum_{i=1}^{n}(x_i-\bar{x})(y_i-\bar{y})}{\sum_{i=1}^{n}(x_i-\bar{x})^2}\right)^2-\frac{\left(\sum_{i=1}^{n}(x_i-\bar{x})(y_i-\bar{y})\right)^2}{\sum_{i=1}^{n}(x_i-\bar{x})^2}+\sum_{i=1}^{n}(y_i-\bar{y})^2$$

令上式为零，即

$$a - (\bar{y} - b\bar{x}) = 0 \text{ 且 } b - \frac{\sum\limits_{i=1}^{n}(x_i - \bar{x})(y_i - \bar{y})}{\sum\limits_{i=1}^{n}(x_i - \bar{x})^2} = 0$$

从而得到：

$$b = \frac{\sum(X - \bar{X})(Y - \bar{Y})}{\sum(X - \bar{X})^2} = \frac{l_{XY}}{l_{XX}}$$

$$a = \bar{Y} - b\bar{X}$$

【例 5-1】　近年来人工智能（AI）获得长足发展，将其应用于实体经济中带来了技术革命，尤其是制造业，我们认为人工智能将带动制造业获得迅猛发展。但事实是否如此呢？我们收集 2020—2022 年的人工智能与制造业所有上市公司的股票数据，对其绘制散点图，如图 5.2 所示。

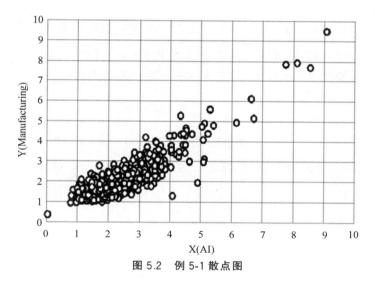

图 5.2　例 5-1 散点图

利用上述公式可以根据实际数据得到人工智能与制造业的回归方程，具体做法如下。

$$b = \frac{\sum(X - \bar{X})(Y - \bar{Y})}{\sum(X - \bar{X})^2} = \frac{l_{XY}}{l_{XY}}, a = \bar{Y} - b\bar{X}, \hat{Y} = a + bX$$

$$\bar{X} = 2.32, \bar{Y} = 2.06$$

根据原始数据可得，

所以，$l_{XX} = 646.74$　$l_{XY} = 508.57$

因此，$b = \dfrac{l_{XY}}{l_{XX}} = \dfrac{508.57}{646.74} = 0.786, a = 2.06 - 0.786 \times 2.32 = 0.236$

故，$\hat{Y} = 0.236 + 0.786X$

5.1.3 回归系数及其含义

1. b 的意义

从数学的角度来看,b 就是斜率(slope),例如上述式子 $\hat{Y}=0.236+0786X$ 中的 0.786 的含义就是,人工智能的股票价格平均波动率每增加一个单位,制造业股票价格平均波动率会增加 0.786 个单位。

b 的含义从数学角度非常容易理解,如果 $b>0$,则代表直线是自左下角向右上角倾斜的直线,也即 y 随着 x 的增加而增加,或者说 y 随着 x 的减小而减小,即同向变化;$b<0$ 则代表直线是向右下角倾斜的,即 y 随着 x 的增加而减小,或者是 y 随着 x 的减小而增加;而 $b=0$,则代表该直线为一条平行于 x 轴的直线,也即不论 x 发生怎样的变化,y 都不会随之改变,也可以说 x 与 y 之间不存在线性相关关系。

2. a 的意义

从数学意义上讲,a 是方程中的截距项,其含义是当 $X=0$ 时,Y 的估计值,且 a 的单位与 Y 值相同。但此处和数学中不同的是,a 只有当 X 能取到 0 时才有实际意义。例如,在 $\hat{Y}=a+bX$ 中,如果因变量 Y 描述的是体重数据,身高作为自变量 X,其方程的含义就是,随着身高的增加体重也会跟着增加,但是这个 X 就取不到 0 值,所以 a 就没有实际意义。

3. $\hat{Y}$ 的意义

例如上面例题中 $\hat{Y}=0.236+0.786X$,当 $X=3$ 时,$\hat{Y}=2.594$,即 AI 的波动率为 3 时,其制造业的波动率估计值为 2.594。因此,$\hat{Y}$ 的含义就是给定 X 时,Y 的估计值。此外,当 $X=\overline{X}$ 时,$\hat{Y}=\overline{Y}$。

4. $\hat{Y}-Y$ 的意义

$\hat{Y}-Y$ 为残差,即实测点到回归直线的纵向距离。

1) 残差

残差是指观察值 Y_i 与预测值 $\hat{Y}_i$ 之间的差值,其表达式为:$e_i=Y_i-\hat{Y}_i$,它反映了方程拟合数据优劣的信息。

2) 残差分析

残差分析旨在通过残差深入了解数据与方程之间的关系,评价实际资料是否符合回归方程的假设,识别离群值等。

3) 残差图

标准残差=(残差-均值)/标准差

以自变量(或因变量)为横坐标,标准残差为纵坐标,构成的散点图称为标准残差图。例 5-1 中回归分析后得到的标准残差图如图 5.3 所示。

当残差图中的残差呈随机分布时,即在 0 的上下均匀分布时,则满足回归条件。偶尔出现离群值也是可以接受的。

标准残差

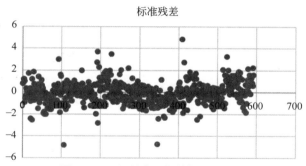

图 5.3　AI 和制造业间的标准残差图

5.2　一元线性回归分析

5.2.1　一元线性回归——Excel 实现方法

Excel
实现方法

一元线性回归的 Excel 实现方法主要有公式法、图形法和数据分析法 3 种。

以前面提到的"人工智能 AI 与制造业间的关系"例题为例,该题目的原始数据存储在文件 data-one.xlsx 中,分别使用 3 种方法来实现一元线性回归,并得到相同的线性方程。

1. 公式法

由原始数据,可以分别求出 $\overline{X}$ 和 $\overline{Y}$,再根据前面推导出的系数 b 和截距 a 的公式,分别求出 a 和 b 值,就可以写出 X 与 Y 之间的线性方程。具体过程如图 5.4 所示。

	A X	B Y	C	D	E	F
1	AI	Manufacturing	$X_i - \overline{X}$	$Y_i - \overline{Y}$	$(X_i - \overline{X})*(Y_i - \overline{Y})$	$(X_i - \overline{X})^2$
2	1.8856	2.07752443	-0.43462045	0.017652117	-0.007671971	0.18889494
3	1.317083333	1.654558824	-1.003137116	-0.405313489	0.406585005	1.00628407
4	4.490833333	4.299148936	2.170612884	2.239276624	4.860602689	4.71156029
5	1.562083333	2.001323529	-0.758137116	-0.058548783	0.044388006	0.57477189
6	2.409166667	1.716038961	0.088946217	-0.343833351	-0.030582676	0.00791143
7	1.285	1.706418152	-1.03522045	-0.35345416	0.365902975	1.07168138
8	2.286818182	1.808446602	-0.033402268	-0.251425711	0.008398189	0.00111571
9	1.403913043	1.211863857	-0.916307406	-0.848008455	0.777036428	0.83961926
10	1.574782609	1.62504886	-0.745437841	-0.434823453	0.324133856	0.55567757
11	1.97	1.897728758	-0.35022045	-0.162143554	0.056785989	0.12265436

2.32022045	2.059872313	3.9968E-14	-1.52767E-13	508.5735159	646.74313
$\overline{X}$	$\overline{Y}$	$\sum(X_i - \overline{X})$	$\sum(Y_i - \overline{Y})$	$\sum(X_i - \overline{X})(X_i - \overline{Y})$	$\sum(X_i - \overline{X})^2$

图 5.4　公式法求回归系数

第一步,求出 $\overline{X}$ 和 $\overline{Y}$,分别为 2.32022045 和 2.059872313。

第二步,求出 $\sum(X_i - \overline{X})$、$\sum(Y_i - \overline{Y})$、$\sum(X_i - \overline{X})(Y_i - \overline{Y})$ 和 $\sum(X_i - \overline{X})^2$。

第三步,代入下列公式,求出系数 a 和 b。具体数值如图 5.5 所示。

$$\begin{cases} b = \dfrac{\sum(X-\overline{X})(Y-\overline{Y})}{\sum(X-\overline{X})^2} = \dfrac{l_{XY}}{l_{XX}} \\ a = \overline{Y} - b\overline{X} \end{cases}$$

$b =$	0.786360904
$a =$	0.235341663

图 5.5　公式法求出 a 和 b

2. 图形法

(1) 插入散点图,如图 5.6 所示。

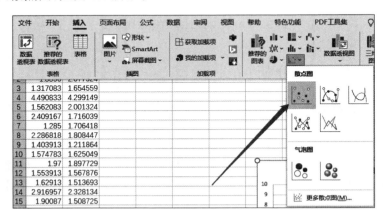

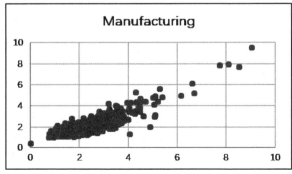

图 5.6　插入散点图

(2) 在"快速布局"中选择布局 9-带 fx 的图形,如图 5.7 所示。

(3) 美化。调整字体、公式所在位置、横纵坐标,以及字体大小等来美化最终的图形,如图 5.8 所示。

3. "数据分析"法

(1) 添加功能:单击 Excel 中的"文件"菜单,弹出图 5.9 中右侧的菜单,单击最下方的"选项"命令,弹出如图 5.10 所示的"Excel 选项"对话框,依次单击"加载项"、单击"转到"命令,弹出"加载项"对话框,如图 5.11 所示。将"分析工具库"复选框选中,单击"确定"按钮。

(2) 操作方式:数据—数据分析—回归分析。

单击"数据"菜单,在最右侧的"分析"功能区选择"数据分析"命令,弹出如图 5.12 所

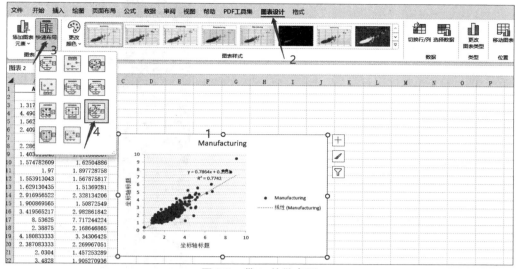

图 5.7　带 fx 的散点图

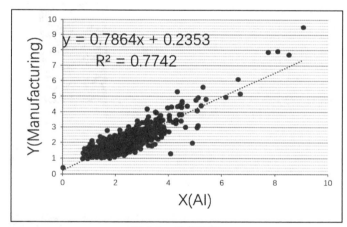

图 5.8　美化图形

示"数据分析"对话框,选择"回归"工具,单击"确定"按钮。

弹出的"回归"对话框中,在图 5.13 的"输入"区中选择 X 值和 Y 值的输入区域,并设置残差输出值,单击"确定"按钮。

（3）查看数据分析结果,如图 5.14 所示。根据结果,可得 X 的系数 b 为 0.786360904,截距 a 为 0.235341663。与前面两种方法得出的结论一致。

综上,学习了一元线性回归中 Excel 的三种实现方法,分别是公式法、图形法和数据分析法。其中,数据分析法与大多数统计软件的结果更为相似,而公式法和图形法使我们更好地理解线性回归的原理与逻辑。以上三种方法均能实现对小量数据的回归分析,读者可以根据自己的掌握程度来自行使用。但由于 Excel 软件的局限性,造成当数据量较大时,这三种方法就略显低效了。面对大数据时,目前比较好的处理方法就是采用专业的统计软件,或者采用接下来要介绍的 Python 解决方案。

图 5.9　单击"开始"→"选项"命令

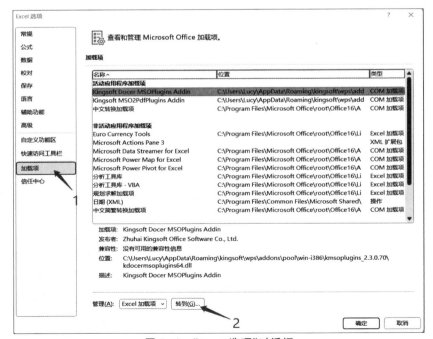

图 5.10　"Excel 选项"对话框

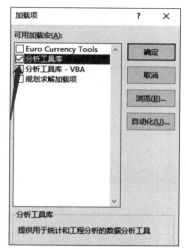

图 5.11　"加载项"对话框

图 5.12　"数据分析"对话框

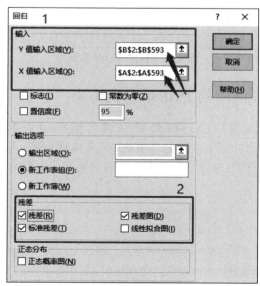

图 5.13　"回归"对话框

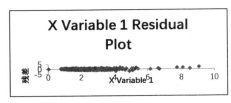

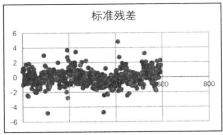

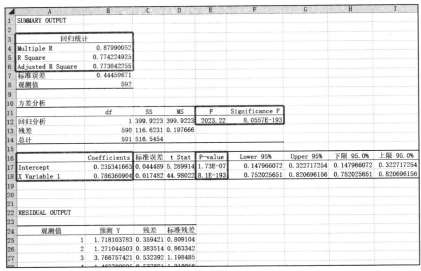

图 5.14 数据分析结果图

5.2.2 一元线性回归的 Python 解决方案

Python
解决方案

Python 中对于一元线性回归的处理有两个模块可以实现,即 statsmodels 和 sklearn。前者侧重于统计方法,如最小二乘法、广义线性回归、方差分析等;后者侧重于机器学习算法,如回归、分类、聚类、降维等。本书中采用 statsmodels 模块来实现一元线性回归。

1. 总体思路

读取 CSV 文件:pandas.read_csv()。

绘制散点图:matplotlib.pyplot.scatter()。

增加截距项:statsmodels.api.add_constant()。

建立 OLS 模型:model = sm.OLS(y,x).fit()。

模型预测：model.summary()。

查看模型结果：model.predict()。

绘制 QQ 图：statsmodels.api.qqplot()。

残差分析：statsmodels.api.graphics.plot_regress_exog()。

2. Python 解决方案

（1）读取数据与数据可视化（散点图）。

```
import pandas as pd
df=pd.read_excel(r'd:\ex1.xlsx')
import matplotlib.pyplot as plt
plt.scatter(df['x'],df['y'],color='orchid')
plt.xlabel('x')
plt.ylabel('y')
```

（2）增加截距项并建立模型、预测、查看结果。

```
import statsmodels.api as sm
x=sm.add_constant(df['x'])
y=df['y']
model=sm.OLS(y,x)
model_result=model.fit()
model_result.summary()
```

（3）绘制残差 QQ 图、残差分析。

```
sm.qqplot(model_result.resid,line='r')
fig=plt.figure(figsize=(12,8))
fig=sm.graphics.plot_regress_exog(model_result,1,fig=fig)
```

3. 例题

前面例 5-1 使用 Python 的代码实现如图 5.15 所示。

对输出结果解读如下。

Prob（F-statistic）：模型显著性。

R-squared：模型解释能力。

Adj. R-squared：更稳健的模型解释能力。

P>|t|：自变量显著性。

coef：自变量权重系数。

Skew：残差分布的偏度。

Kurtosis：残差分布的峰度。

如果 QQ 图（见图 5.16）存在一定的弯曲，暗示残差可能不符合正态分布。

残差分析（见图 5.17）：如果残差没有均匀分布在水平线两侧，而是呈现一定"规律

```
7   import pandas as pd
8   import matplotlib.pyplot as plt
9   import statsmodels.api as sm
10
11  data=pd.read_excel(r'data.xlsx')        ← 读取数据
12
13  x=list(data.AI.values)
14  y=data.Manufacturing
15  |
16
17  plt.scatter(x,y,color='orchid')         ← 绘制散点图
18  plt.xlabel('x')
19  plt.ylabel('y')
20                                          增加截距项
21
22  x=sm.add_constant(x)                    构造模型
23
24  model=sm.OLS(y,x)                       预测
25  model_result=model.fit()
26  print(model_result.summary())          输出结果
27                                          绘制QQ图
28  sm.qqplot(model_result.resid,line='r')
29                                          绘制残差图
30  fig=plt.figure(figsize=(12,8))
31  sm.graphics.plot_regress_exog(model_result,1,fig=fig)
```

```
                        OLS Regression Results
==============================================================================
Dep. Variable:          Manufacturing   R-squared:              0.774
Model:                            OLS   Adj. R-squared:         0.774
Method:                 Least Squares   F-statistic:            2023.
Date:                Tue, 26 Sep 2023   Prob (F-statistic):  8.06e-193
Time:                        20:51:53   Log-Likelihood:        -359.14
No. Observations:                 592   AIC:                    722.3
Df Residuals:                     590   BIC:                    731.1
Df Model:                           1
Covariance Type:            nonrobust
==============================================================================
                 coef    std err          t      P>|t|      [0.025      0.975]
------------------------------------------------------------------------------
const          0.2353      0.044      5.290      0.000       0.148       0.323
x1             0.7864      0.017     44.980      0.000       0.752       0.821
==============================================================================
Omnibus:                       42.583   Durbin-Watson:           1.480
Prob(Omnibus):                  0.000   Jarque-Bera (JB):      178.189
Skew:                           0.073   Prob(JB):             2.03e-39
Kurtosis:                       5.684   Cond. No.                 7.01
==============================================================================
```

图 5.15　Python 解决方案与输出结果

性"，暗示存在某些"规律"没有被发现。

【注意事项】

（1）进行相回归分析要有实际意义。

（2）充分利用散点图。

（3）在回归分析中要求因变量 Y 是随机变量，服从正态分布，自变量 X 可以是随机变量也可以是给定的变量。

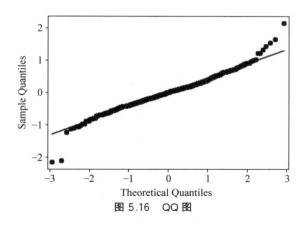

图 5.16　QQ 图

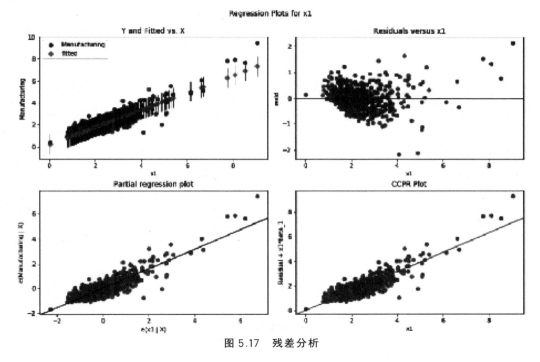

图 5.17　残差分析

5.3　多元线性回归分析

Excel
实现方法

5.3.1　多元线性回归——Excel 实现方法

在前面的学习中借助 Excel 的三种方法来实现一元线性回归,这三种方法是否也能够实现多元线性回归呢?

多元线性回归,就是回归方程中的 X 不仅是一个变量,而是由多个变量构成的矩阵。例如,$Y = C + a_1 X_1 + a_2 X_2 + \cdots + a_n X_n$。这个回归方程中的 X_i 就是由 n 个自变量构成。这样的方程称为多元线性回归方程。

227

显然,针对这么多的自变量公式法是无效的。同样,图形法也难以实现,因为散点图仅是针对二维空间绘制的,当自变量出现多维度时,散点图就难以描述了。

细心的读者会发现,采用第三种方法,其输出结果与 Python 以及其他专业统计软件的输出结果非常相似,而在操作过程中只要将自变量的区域全部选中就可以实现多元线性回归了。下面来看具体过程。

【例 5-2】 科技促进了人类进步,应用于实体经济中带来了技术革命,其中制造业是经济发展的动力和引擎,现代科技中哪些核心技术对制造业起到了极大的促进作用?

数据内容采用前面研究的一元线性回归时的数据,如图 5.18 所示,但此时的 X 由 4 个变量构成,分别是人工智能(AI)、区块链(Block)、云计算(Cloud)和大数据(BigData)4 个变量。因变量依然是第二产业中的制造业。数据来源是将 2018—2020 年的按行业划分的上市公司股票价格平均波动率作为研究对象,对空值和重复数据做了数据清洗。

	A X1	B X2	C X3	D X4	E	F	G	H	I	J	K	L Y
1	AI	Block	Cloud	BigData	Mining	Catering_Hotel	IT	Construction	Agriculture	Tourism	Wholesale_Retail	Manufacturing
2	1.8856	1.527407407	2.674230769	2.170333333	1.502678571	1.718658537	2.27	1.454603175	2.023508772	1.721282051	1.841257485	2.07752443
3	1.317083	1.476785714	2.0032	1.556896552	1.023392857	2.032317073	1.708839	1.462698413	2.263684211	1.588846154	1.811807229	1.654558824
4	4.490833	4.836071429	4.9712	4.808571429	4.139642857	3.43373494	4.647803	3.63852459	3.432280702	3.737721519	3.722195122	4.299148936
5	1.562083	1.689285714	1.986	2.105185185	1.480714286	2.761097561	1.776143	1.63852459	2.148070175	1.846582278	2.737791411	2.001323529
6	2.409167	2.208214286	2.0948	2.017037037	1.13625	1.603008642	2.034215	1.469180328	2.226034483	1.420253165	1.80845679	1.716038961
7	1.285	1.737142857	1.6136	1.611111111	1.335357143	1.513333333	1.532634	1.039672131	2.190169492	1.434125	1.461036585	1.706418152
8	2.286818	3.704285714	3.5096	2.698888889	0.880892857	1.87037037	2.839821	1.850677966	1.029508197	1.0255	1.431445783	1.808446602
9	1.403913	1.158571429	1.646923077	1.689642857	1.117142857	1.35075	1.192634	0.998360656	1.754067797	1.1715	1.08748503	1.211863857
10	1.574783	1.713214286	1.902692308	2.269285714	0.773571429	1.495	1.836518	1.366557377	1.859661017	1.23625	1.366706587	1.62504886
11	1.97	1.82	1.939615385	1.825357143	2.08625	1.586790123	1.729688	1.990983607	1.958135593	1.773875	1.748203593	1.897728758

图 5.18 原始数据

具体操作步骤如下:加载“数据分析”工具后,单击“数据”菜单,再单击“数据分析”工具栏按钮,弹出“数据分析”对话框,选择“回归”,确定,如图 5.19 所示。

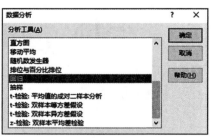

图 5.19 Excel 方法进行多元线性回归

弹出如图 5.20(a)所示对话框,按图设置后,单击“确定”按钮,则出现图 5.20(b)所示的选项,按图示设置后,单击“确定”按钮,获得图 5.21 所示的结果。

如图 5.21 所示,在输出的结果中,首先看到 R^2 的结果比 AI 作为一元线性回归自变量时增大了,说明联合起来的四个自变量对解释变量存在更加可靠的线性回归。其次系数和截距项对应的 P 统计量大都接近 0,但自变量 X_3 对应的 P 值出现了一个并不接近 0 的数值 0.05819,即不显著,需要在回归方程中放弃该变量。

【思考】 将第三个变量剔除,再重新做线性回归,观察 R^2 是否有显著变化? 此外,

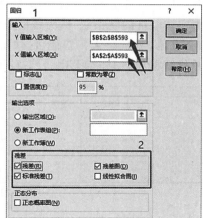

| (a) 多元线性回归 | (b) 一元线性回归 |

图 5.20　回归数据设置

	A	B	C	D	E	F	G	H	I
1	SUMMARY OUTPUT								
2									
3		回归统计							
4	Multiple R	0.906211901							
5	R Square	0.821220009							
6	Adjusted R Square	0.820001747							
7	标准误差	0.396638308							
8	观测值	592							
9									
10	方差分析								
11		df	SS	MS	F	Significance F			
12	回归分析	4	424.1974244	106.0493561	674.0912994	8.6989E-218			
13	残差	587	92.34798325	0.157321948					
14	总计	591	516.5454076						
15									
16		Coefficients	标准误差	t Stat	P-value	Lower 95%	Upper 95%	下限 95.0%	上限 95.0%
17	Intercept	0.193572492	0.04010043	4.827192411	1.76817E-06	0.114814704	0.272330279	0.114814704	0.272330279
18	X Variable 1 X_1	0.379455602	0.043719532	8.679315266	3.92428E-17	0.293589849	0.465321354	0.293589849	0.465321354
19	X Variable 2 X_2	0.225585687	0.034420505	6.553816909	1.22881E-10	0.15798335	0.293188025	0.15798335	0.293188025
20	X Variable 3 X_3	-0.076716031	0.040419986	-1.897972723	0.05818998	-0.156101431	0.002669369	-0.156101431	0.002669369
21	X Variable 4 X_4	0.26150071	0.046435441	5.631489694	2.77264E-08	0.170300874	0.352700545	0.170300874	0.352700545

图 5.21　回归分析结果

更为关键的是,剩余 3 个变量重新回归后的 P 统计量是否都依然显著? 写出得到的回归方程。

在做多元线性回归时,要注意以下两个问题。

第一,多元线性回归过程中发现相关性不强或不显著的变量时,可以剔除后进行再次回归,以提高回归的 R^2,即回归方程的可靠性。

第二,当数据量非常大时,如 TB 级的数据,再使用 Excel,数据区域的选择通过鼠标滑动或者地址栏的输入都非常低效。

5.3.2　多元线性回归——Python 解决方案

我们国家在经济统计中,实体经济主要包含三大产业,即第一产业农业、第二产业工业和第三产业服务业,其中不包含银行业等虚拟经济。

具体来说,包括采矿业、餐饮业、IT 业、建筑业、农业、旅游业、批发零售业以及制造

Python
解决方案

业,本例题中以制造业为例。例题中的数据来源于之前使用的上市公司股票价格平均波动率,其中实体经济的制作业,作为线性回归的 Y 值,也就是因变量。自变量是金融科技的四个核心技术,分别是人工智能、区块链、云计算以及大数据技术,对应了 X_1、X_2、X_3 和 X_4。具体数据如图 5.22 所示。

	A	B	C	D	E	F	G	H	I	J	K	L
1	X_1 AI	Block X_2	Cloud X_3	BigData X_4	Mining	Catering_Hotel	IT	Construction	Agriculture	Tourism	Wholesale_Retail	Manufacturing Y
2	1.8856	1.527407407	2.674230769	2.170333333	1.502678571	1.718658537	2.27	1.454603175	2.023508772	1.721282051	1.841257485	2.07752443
3	1.317083333	1.476785714	2.0032	1.556896552	1.023392857	2.032317073	1.708839286	1.462698413	2.263684211	1.568846154	1.811807229	1.654558824
4	4.490833333	4.836071429	4.9712	4.808571429	4.139642857	3.43373494	4.647802691	3.63852459	3.432280702	3.737721519	3.722195122	4.299148936
5	1.562083333	1.689285714	1.986	2.105185185	1.480714286	2.761097561	1.776143498	1.63852459	2.148070175	1.846582278	2.737791411	2.001323529
6	2.409166667	2.208214286	2.0948	2.017037037	1.13625	1.60308642	2.034215247	1.469180328	2.226034483	1.420253165	1.80845679	1.716038961
7	1.285	1.737142857	1.6136	1.611111111	1.335357143	1.513333333	1.532633929	1.039672131	2.190169492	1.434125	1.461036585	1.706418152
8	2.286818182	3.074285714	3.5096	2.698888889	0.880892857	1.87037037	2.839820628	1.029508197	1.850677966	1.0255	1.431445783	1.808446602
9	1.403913043	1.158571429	1.646923077	1.689642857	1.117142857	1.35075	1.192633929	0.998360656	1.754067797	1.1715	1.08748503	1.211863857
10	1.574782609	1.713214286	1.902692308	2.269285714	0.773571429	1.495	1.836517857	1.366557377	1.859661017	1.23625	1.366706587	1.62504886
11	1.97	1.82	1.939615385	1.825357143	2.08625	1.586790123	1.7296875	1.990983607	1.958135593	1.773875	1.748203593	1.897728758

图 5.22   原始数据

下面来看具体代码,如图 5.23 所示,如何通过 Python 实现多元线性回归。

```
1   # -*- coding: utf-8 -*-
2   """
3   Spyder Editor
4
5   This is a temporary script file.
6   """
7                                       1
8   import pandas as pd
9
10  data=pd.read_excel(r'e:\data.xlsx')
11  X=data.loc[:,'AI':'BigData']        2
12  y=data.Manufacturing
13
14  import statsmodels.api as sm        3
15  X=sm.add_constant(X)
16
17  model=sm.OLS(y,X)
18  model_result=model.fit()            4
19  print(model_result.summary())
20
```

图 5.23   多元线性回归分析的 Python 解决方案

区域 1 中也即第 8 和第 10 行代码,借助 Pandas 包读取外部 Excel 文件数据,存储在变量 data 中。这里需要注意 r 的使用,避免转义字符的出现。区域 2 中,第 11 行是将原始数据中的 AI 至 BigData 四列和所有行的数据截取出来存储到 X 变量中。第 12 行将原始数据中的制造业一列数据提出来存储在 y 变量中。区域 3,借助 Python 中的常用统计包,为原始 X 矩阵增加一列全 1 矩阵,帮助截距项的计算。区域 4,构造多元线性回归模型并进行预测,将结果存储在 model_result 变量中。第 19 行代码将模型的统计结果输出在屏幕上。

下面来看统计输出结果,如图 5.24 所示。

根据回归分析输出的各变量系数和截距项,得到下面的回归方程。R^2 值为 82.1%,也就是得到的回归方程能够预测 82.1% 的原始数据。其中,X_1、X_2 和 X_4 系数的 P 值接近 0,较为显著,且其系数均为正数,也就是 AI、区块链和大数据对制造业都存在着正相关关系。而云计算的系数 P 值为 0.058,未逼近 0 值,即相关关系并不显著。这与使用 Excel 进行的多元线性回归得到的结论完全一致。

从而得到该例题的回归方程为

```
                      OLS Regression Results
=================================================================================
Dep. Variable:           Manufacturing   R-squared:                      0.821
Model:                             OLS   Adj. R-squared:                 0.820
Method:                  Least Squares   F-statistic:                    674.1
Date:               Sun, 29 Aug 2021    Prob (F-statistic):          8.70e-218
Time:                         22:41:39   Log-Likelihood:               -290.06
No. Observations:                  592   AIC:                            590.1
Df Residuals:                      587   BIC:                            612.0
Df Model:                            4
Covariance Type:             nonrobust
=================================================================================
                 coef    std err          t      P>|t|     [0.025      0.975]
---------------------------------------------------------------------------------
const          0.1936      0.040      4.827      0.000      0.115       0.272
AI             0.3795      0.044      8.679      0.000      0.294       0.465
Block          0.2256      0.034      6.554      0.000      0.158       0.293
Cloud         -0.0767      0.040     -1.898      0.058     -0.156       0.003
BigData        0.2615      0.046      5.631      0.000      0.170       0.353
=================================================================================
Omnibus:                       131.227   Durbin-Watson:                  1.337
Prob(Omnibus):                   0.000   Jarque-Bera (JB):            1657.074
Skew:                           -0.576   Prob(JB):                        0.00
Kurtosis:                       11.115   Cond. No.                        17.9
=================================================================================
```

图 5.24　多元线性回归分析结果

$$Y = 0.1936 + 0.3795X_1 + 0.2256X_2 - 0.0767X_3 + 0.2615X_4$$

进一步剔除并不显著的"云计算"自变量,对原始数据中 X 矩阵进行重新构造,由 AI、区块链和大数据构成。Y 依然选择制造业作为因变量,如图 5.25 和图 5.26 所示。

	AI X_1	Block X_2	Cloud	BigData	Mining	Catering_Hotel	IT	Construction	Agriculture	Tourism	Wholesale_Retail	Manufacturing Y
2	1.8856	1.527407	2.674231	2.170333	1.502679	1.718658537	2.27	1.454603175	2.023508772	1.721282	1.841257485	2.07752443
3	1.317083	1.476786	2.0032	1.556897	1.023393	2.032317073	1.708839	1.462698413	2.263684211	1.568846	1.811807229	1.654558824
4	4.490833	4.836071	4.9712	4.808571	4.139643	3.43373494	4.647803	3.63852459	3.432280702	3.737722	3.722195122	4.299148936
5	1.562083	1.689286	1.986	2.105185	1.480714	2.761097561	1.776143	1.63852459	2.148070175	1.846582	2.737791411	2.001323529
6	2.409167	2.208214	2.017037	1.13625	1.60308642	2.034215	1.469180328	2.226034483	1.420253	1.80845679	1.716038961
7	1.285	1.737143	1.6136	1.611111	1.335357	1.513333333	1.532634	1.039672131	2.190169492	1.434125	1.461036585	1.706418152
8	2.286818	3.074286	3.5096	2.698889	0.880893	1.87037037	2.839821	1.029508197	1.850677966	1.0255	1.431445783	1.808446602
9	1.403913	1.158571	1.646923	1.689643	1.17143	1.35075	1.192634	0.998360656	1.754067797	1.1715	1.08748503	1.211863857
10	1.574783	1.713214	1.902692	2.269286	0.773571	1.495	1.836518	1.366557377	1.859661017	1.23625	1.366706587	1.62504886
11	1.97	1.82	1.939615	1.825357	2.08625	1.586790123	1.729688	1.990983607	1.958135593	1.773875	1.748203593	1.897728758

图 5.25　剔除自变量 X_3 的数据

```python
# -*- coding: utf-8 -*-
"""
Spyder Editor

This is a temporary script file.
"""

import pandas as pd

data=pd.read_excel(r'e:\data.xlsx')
X=data.loc[:,'AI':'BigData']
del X['Cloud']
y=data.Manufacturing

import statsmodels.api as sm
X=sm.add_constant(X)

model=sm.OLS(y,X)
model_result=model.fit()
print(model_result.summary())
```

图 5.26　多元线性回归分析(剔除"云计算")

X_1、X_2 和 X_3 分别是 AI、区块链和大数据,如图 5.27 所示。

修改后再次运行代码,得到下述回归方程: $Y = 0.1969 + 0.3476X_1 + 0.2186X_2 + 0.2208X_3$。此时,三个变量的 P 值统计量均出现了接近 0,即显著性,而 R^2 较四个变量

```
                        OLS Regression Results
========================================================================
Dep. Variable:        Manufacturing   R-squared:                  0.820
Model:                          OLS   Adj. R-squared:             0.819
Method:               Least Squares   F-statistic:                893.6
Date:              Thu, 09 Sep 2021   Prob (F-statistic):      1.61e-218
Time:                      14:18:07   Log-Likelihood:           -291.87
No. Observations:               592   AIC:                        591.7
Df Residuals:                   588   BIC:                        609.3
Df Model:                         3
Covariance Type:          nonrobust
========================================================================
                 coef    std err        t     P>|t|    [0.025    0.975]
------------------------------------------------------------------------
const          0.1969      0.040    4.903     0.000     0.118     0.276
AI             0.3476      0.040    8.591     0.000     0.268     0.427
Block          0.2186      0.034    6.373     0.000     0.151     0.286
BigData        0.2208      0.041    5.349     0.000     0.140     0.302
========================================================================
Omnibus:                    126.499   Durbin-Watson:              1.352
Prob(Omnibus):                0.000   Jarque-Bera (JB):        1588.981
Skew:                        -0.537   Prob(JB):                    0.00
Kurtosis:                    10.954   Cond. No.                    15.3
========================================================================
```

图 5.27　多元线性回归分析的结果(剔除"云计算")

进行回归时没有太大变化,因此认为剔除了"云计算"后的线性回归是显著的。当然还要参看 F 统计量、整个回归方程的 P 统计量和其他参数。

小结

本节完成了一元回归和多元回归的两种方法——Excel 实现方法及 Python 解决方案。当实验数据量较小时可以采用 Excel 方法来快速实现;当要处理的数据量较大时,可以采用 Python 来提高读取数据和处理数据的效率。针对不同的对象选择恰当方法,将会事半功倍。

习题

判断题

1. 线性回归方程中的截距 a 以及系数 b 与数学中的含义一致。　　　　　　（　　）

2. 利用 Excel 实现一元线性回归中,三种方法得到的线性回归方程完全一致。

（　　）

3. Python 实现一元线性回归的解决方案,输出结果中 R-squared 值越小说明模型对真实值的解释程度越高。　　　　　　　　　　　　　　　　　　　　　（　　）

4. 利用 Excel 实现一元线性回归中的三种方法都无法实现多元线性回归。　（　　）

5. Python 实现多元线性回归中如果不为 X 矩阵增加截距项,运行结果也能显示线性方程中的截距项。　　　　　　　　　　　　　　　　　　　　　　　（　　）

6. 多元线性回归过程中发现相关性不强或不显著的变量时,可以剔除后进行再次回归,以提高回归的 R^2。　　　　　　　　　　　　　　　　　　　　　　（　　）

7. 回归是设法找出变量间在数量上的依存变化关系,用函数表达式表达出来,这个

表达式称为回归方程。 （ ）

8. 残差分析：如果残差没有均匀分布在水平线两侧，而是呈现一定"规律性"，暗示存在某些"规律"没有被发现。 （ ）

9. 在回归分析中要求因变量 Y 是随机变量，服从正态分布，自变量 X 可以是随机变量也可以是给定的变量。 （ ）

10. 如果 QQ 图存在一定的弯曲，暗示残差可能不符合正态分布。 （ ）

金融时间序列分析

本章学习目标

- 理解时间序列数据的概念。
- 熟练掌握时间序列数据的创建与访问方法。
- 熟练掌握时间序列的数据聚合方法。
- 理解时间序列常见的预测方法和 ARIMA 模型。

本章首先介绍时间序列数据的概念和特点,然后详细介绍 Pandas 库中时间序列数据的创建与访问方法,以及时间序列的数据聚合方法,最后介绍常见的时间序列预测方法以及 ARIMA 模型。

在实际的金融数据分析中最常见的数据类型有三类,即横截面数据、时间序列数据和面板数据。

- 横截面数据描述的是不同个体在同一时间的属性或特征变量,例如,从不同公司在同一时间发布的财务报表中,可以得到同一年度这些公司的净收益。
- 时间序列数据记录的是同一个个体的某个特征随着时间的推移不断发展的过程,例如,每天的存款利率、股票的日收盘价、公司每年发放的股利等。
- 面板数据刻画的是不同个体的某个特征随着时间的推移各自变化的经过,例如,所有上市公司的股票的日收益率、所有公司的年销售额等。

随着计算机技术的发展和普及,存储和获取资料变得越来越容易,数据分析人员面对的数据也越来越多,而且许多数据都是以时间序列的形式出现。例如,社会领域中某一地区的人口数、医院患者人数、铁路客流量等;自然领域中每年的太阳黑子数、每月降水量、每季度的河流流量等,这些数据形成了一个时间序列数据。又如,记录宏观层面整个经济体的数据,如 2000—2020 年我国的国内生产总值(GDP)数据构成的数据;揭露中观层面行业发展状况的数据,如整个行业每年的总体销售额、消费者数据等;描述微观层面个体特征的数据,如公司每年的销售额、净利润,基金公司每年的表现等,甚至每个人每天的支出情况构成的数据都是时间序列数据。在金融市场中,分析人员面对的很多数据都是时间序列数据。举一个简单的例子,将中国银行这支上市公司的股票在每天的收盘价格按照时间先后顺序汇总在一起就构成一组时间序列数据。又如,苹果公司在 2011 年 12 月 02 日到 2011 年 12 月 09 日的每日股票收盘价构成的数据也是一个时间序列数据。

人们希望通过对这些时间序列的分析,从中发现和揭示现象的发展和变化规律,或从动态的角度描述某一现象和其他现象之间的内在数量关系及其变化规律,从而尽可能多地从中提取出所需要的准确信息,并将这些知识和信息用于预测,以掌握和控制未来行为。作为金融领域的数据分析人员,与财富最直接相关的是各种资产价格序列,当其不断观察这些不断变动的价格序列时,可能会有一些疑问,如资产价格的波动是否存在一定的规律,是否可以抓住这些规律并从中获利等。因此,对这些金融领域产生的时间序列数据进行分析并进行预测有着十分重要的价值和现实意义。

6.1　时间序列分析概述

时间序列是按照时间顺序记录的一列有序数据。在统计研究中,常用按时间顺序排列的一组随机变量来表示一个随机事件的时间序列,简记为 $\{X_t\}$,用 $x_1, x_2, \cdots, x_n$ 表示该随机序列的 n 个有序观察值,称为序列长度为 n 的观察值序列。对时间序列进行观察、研究,找寻它变化发展的规律,预测它将来的走势就是时间序列分析。进行时间序列研究的目的是想揭示随机时间序列 $\{X_t\}$ 的性质,而要实现这个目标,就是通过分析它的观察值序列 $\{x_t\}$ 的性质,由观察值序列的性质来推断随机时间序列 $\{X_t\}$ 的性质。

时间序列既可以是定期出现的,也可以是不定期出现的。从刚才的叙述中可以看到,时间序列的内涵有以下两部分。

(1) 是一个数值序列。

(2) 序列中的每一个数值都伴随着一个时间点。由于每个数据都伴随着一个时间点,因此数据是有先后顺序的。时间序列就是按照一定的时间间隔排列的一组数据,其时间间隔可以是任意的时间单位,如小时、日、周、月等。

根据不同的标准,时间序列有不同的分类方法,常用的标准及分类方法如下。

(1) 按所研究的对象的多少来分,有一元时间序列和多元时间序列,如某种商品的销售量数列,即为一元时间序列;如果所研究对象不仅是一个数列,而是多个变量,如按年、月顺序排序的气温、气压、雨量数据等,每个时刻对应着多个变量,则这种序列为多元时间序列。

(2) 按时间的连续性,可将时间序列分为离散时间序列和连续时间序列两种。如果某一序列中的每一个序列值所对应的时间参数为间断点,则该序列就是一个离散时间序列;如果某一序列中的每个序列值所对应的时间参数为连续函数,则该序列就是一个连续时间序列。

(3) 按序列的统计特性,分为平稳时间序列和非平稳时间序列两类。时间序列的平稳性,是指时间序列的统计规律不会随着时间的推移而发生变化。平稳序列的时序图直观上应该显示出该序列始终在一个常数值附近随机波动,而且波动的范围有界、无明显趋势及无周期特征。相对地,时间序列的非平稳性,是指时间序列的统计规律随着时间的推移而发生变化。

时间序列的变化受许多因素的影响,有些起着长期的、决定性的作用,使其呈现出某种趋势和一定的规律性;有些则起着短期的、非决定性的作用,使其呈现出某种不规则性。在分析时间序列的变动规律时,事实上不可能将每个影响因素都一一划分开来,分别去做精确分析,但可以将众多影响因素,按照对现象变化影响的类型,划分成若干时间序列的构成因素,然后对这几类构成要素分别进行分析,以揭示时间序列的变动规律性。影响时间序列的构成因素可归纳为以下 4 种。

(1) 趋势性(Trend),指数据随时间推移朝着一定方向呈现出持续渐进的上升、下降,平稳地变化或移动。这一变化通常是许多长期因素的结果。

(2) 周期性(Cyclic),指时间序列表现为循环于趋势线上方和下方的点序列,并持续一段时间以上的有规则变动。这种因素具有周期性的变动,如高速通货膨胀时期后面紧接的温和通货膨胀时期,将会使许多时间序列表现为交替地出现于一条总体递增趋势线的上下方。

(3) 季节性变化(Seasonal Variation),指数据受季节性影响,按一固定周期呈现出的周期波动变化。尽管通常将一个时间序列中的季节变化认为是以 1 年为期的,但是季节因素还可以被用于表示时间长度小于 1 年的有规则重复形态。例如,每日交通量数据表现出为期 1 天的"季节性"变化,即高峰期到达高峰水平,而一天的其他时期车流量较小,从午夜到次日清晨最小。

(4) 不规则变化(Irregular Movement),指数据受偶然因素的影响而呈现出的不规则波动。这种因素包括实际时间序列值与考虑了趋势性、周期性、季节性变动的估计值之间的偏差,它用于解释时间序列的随机变动。不规则因素是由短期的未被预测到的,以及不被重复发现的那些影响时间序列的因素引起的。

时间序列分析的本质就是量化地分析历史、预测未来,以指导分析者做出更好的判断和决策。总的来说,时间序列分析的主要任务是通过观察和分析,找到数据序列中的规律以预测未来。时间序列分析常用在国民经济控制、企业经营管理、市场潜量预测、气象预报等方面,主要是通过观察历史数据,分析变化过程和发展情况,推测未来发展趋势。时间序列在金融业务场景中特别常见,对它的研究也有非常巨大的价值。例如,对前两年的股票的收盘价进行分析建模,从而预测近几个月的收盘价。

时间序列分析是一种被广泛应用的数据分析方法,它研究的是代表某一现象的一串随时间变化而又相互关联的数字系列(动态数据),从而描述和探索该现象随时间发展、变化的规律性。时间序列分析利用的手段可以通过直观简便的数据图法、指标法、模型法等来分析。而模型法相对来说更具体也更深入,能更本质地了解数据的内在结构和复杂特征,以达到控制与预测的目的。在使用这种时间序列模型时,总是假定某一种数据变化模式或某一种组合模式会重复发生。因此首先需要识别出这种模式,然后采用外推的方式进行预测。采用时间序列模型进行分析时,显然其关键在于辨识数据的变化模式(样式);同时,决策者所采取的行动对这个时间序列的影响很小,因此这种方法主要用来对一些环境因素,或不受决策者控制的因素进行预测,如宏观经济情况、就业水平、某些产品的需求量等数据。这种方法的主要优点是数据很容易得到,而且容易被决策者理解。

总的来说,时间序列分析方法包括如下两类。

(1) 确定性时序分析:指暂时过滤掉随机性因素(如季节因素、趋势变动)进行确定性分析的方法,其基本思想是用一个确定的时间函数 $y = f(t)$ 来拟合时间序列,不同的变化采取不同的函数形式来描述,不同变化的叠加采用不同的函数叠加来描述。具体可分为趋势预测法(最小二乘法)、平滑预测法、分解分析法等。

（2）随机性时序分析：其基本思想是通过分析不同时刻变量之间的相关关系，揭示其相关结构，利用这种相关结构建立自回归、滑动平均、自回归滑动平均混合模型来对时间序列进行预测。

6.2　时间序列数据的创建与访问

6.2.1　时间型数据的创建

了解了时间序列的概念之后，本节介绍如何利用 Python 标准库和 Pandas 库来创建时间型数据的方法。

在前文的介绍中有过说明，时间序列数据包含两部分：时间信息和对应的数据值。常见的时间信息主要有以下几种。

（1）表示特定的时刻，例如，现在。这样的时间信息称为时间戳。

（2）某一时间，例如，2018 年或者 2018 年 10 月。

（3）时间间隔，由起始时间戳和结束时间戳表示。例如，周一到周五。

在 Python 标准库中，用来处理日期时间类型数据的模块主要有 3 个，分别如下。

（1）time 模块。

（2）datetime 模块。

（3）calendar 模块。

time 模块提供了很多函数可以转换常见日期格式。datetime 模块提供了各种类，用于操作日期和时间，该模块侧重于高效率的格式化输出。calendar 模块有很广泛的方法用来处理年历和月历，例如，打印某月的月历。

在计算机领域中有一个时间戳的概念。时间戳表示一个唯一的时间点。每个时间戳都以自从 1970 年 1 月 1 日午夜 12 点经过了多长时间来表示。看下面的例 6-1，为了获取当前时刻的时间戳，首先引入 time 模块。然后调用 time 模块中的 time 函数，就可以获取当前时刻的时间戳信息。代码第 4 行将第 3 行代码运行时刻的时间戳信息输出。这个值是一个实数，单位为 s。时间戳是一个值非常大、精度非常高的物理量。

【例 6-1】　使用 time 模块获取时间戳。

```
#演示获取时间戳的方法
import time
ticks = time.time()
print(ticks)
```

运行结果如下。

```
1650355912.6977208
```

实际中，time 模块除了提供时间戳信息外，通常使用得并不多，更常用的是 datetime 模块。该模块中定义了一个 datetime 类型，可以用来表示时间数据类型。看例 6-2，第 1 行引入 datetime 对象。第 3 行通过 now()函数，获取运行代码的当前时间。第 4 行通过 type()函数可以看到 now 变量的类型，为 datetime 类型的对象。第 5 行输出 now 的值，从输出上看,datetime 对象是一个结构化的信息。datetime 对象里面存储了年月日、时分秒、微秒的信息。实际上,由于这也是一个时刻信息,代表 2023 年 2 月 19 日 09 时 08 分 13 秒 263755 微秒,所以这实际上也是一个"变形"的时间戳。

【例 6-2】 使用 datetime 模块获取时间信息。

```
#datetime 用法示例
from datetime import datetime
now=datetime.now()                    #获取运行当时时间
print(type(now))
print(now)
```

运行结果如下。

```
<class 'datetime.datetime'>
2023-02-19 09:08:13.263755
```

datetime
部分

接下来在下面的例 6-3 中演示了如何手动构造一个 datetime 对象。第 3 行代码,通过给 datetime 对象提供年月日、时分秒对应的值,手工构造了一个 2020 年 1 月 26 日 11 时 11 分 11 秒的时间戳。同样地,如第 4 行所示,也可以只提供部分信息,如年月日信息来构造一个 datetime 对象,只不过这个时候时和分的值被默认为 0。

【例 6-3】 手动构造 datetime 对象。

```
#手动构造 datetime 对象
from datetime import datetime
t1=datetime(2020,1,26,11,11,11)       #指定时间
t2=datetime(2020,8,27)                #仅指定年月日
print(repr(t1))
print(t2)
```

运行结果如下。

```
datetime.datetime(2020, 1, 26, 11, 11, 11)
2020-08-27 00:00:00
```

那么要是给 datetime 对象提供一个非法的时间数值,会怎么样?看下面的示例代码片段,代码设置了一个 13 月的非法时间。datetime 对象会检测出这个错误,并提示。

```
>>>t3=datetime(2020,13,27)            #指定非法时间
---------------------------------------------------------------------
ValueError                            Traceback (most recent call last)
<ipython-input-8-de6cd26d4550> in <module>
----> 1 t3=datetime(2020,13,27)       #指定非法时间

ValueError: month must be in 1..12
```

Python 中的 datetime 对象可以很容易转换为字符串格式,可以直接使用 str()函数将一个 datetime 对象强制转换为字符串类型,会得到一个非常可读的时间类型的字符串,如下面的例 6-4 中的第 3 行所示。也可以使用 datetime 对象提供的 strftime()方法,提供字符串格式,从而获得符合实际需要的字符串,如例 6-4 中的第 5 行所示。常见书写

系统中的时间格式,都可以被 Python 的 datetime 模块支持。

【例 6-4】　将 datetime 类型转换为字符串类型。

```
from datetime import datetime
#str 强转类型
print(str(datetime(2020,1,3)))
#strftime:根据传入格式转成字符串
print(datetime(2020,1,3).strftime('%Y-%m-%d'))
```

运行结果如下。

```
2020-01-03 00:00:00
2020-01-03
```

每个人在日常生活中都可能会遇到时间间隔的计算,如后天和今天差了两天,昨天和今天差了一天。为了支持这种时间数据类型,datetime 模块提供了时间间隔对象 timedelta,并支持算术运算方法。可以直接使用＋号和－号进行算术计算,非常方便。看下面的例 6-5,第 4 行代码中,2021 年 6 月 24 日减去 2021 年 6 月 1 日,得到一个 timedelta 对象,从值中可以看出,两个时间相差了 23 天(days 就是天)。也可以将 datetime 对象和 timedelta 对象相加,如代码中第 9 行,timedelta(12)表示 12 天,和 2021 年 1 月 7 日相加,就得到了 2021 年 1 月 19 日。

【例 6-5】　时间间隔的计算。

```
#时间间隔 timedelta 的演示
from datetime import datetime, timedelta
#timedelta:表示两个 datetime 之间的差(日、秒、毫秒)
t1 = datetime(2021,6,24) - datetime(2021,6,1)
print(repr(t1))
t2 = datetime(2021,6,24,23,59,59) - datetime(2021,6,1,8,0,0)
print(repr(t2))
#使用 timedelta 对象可以进行 datetime 对象的加减,默认间隔是 day
t3 = datetime(2021,1,7)+timedelta(12)
print(repr(t3))
```

运行结果如下。

```
datetime.timedelta(days=23)
datetime.timedelta(days=23, seconds=57599)
datetime.datetime(2021, 1, 19, 0, 0)
```

datatime 模块虽然比较方便,但还有些不足,可以使用更加强大的 Pandas 来更高效地处理时间序列数据。前文介绍了在 Python 标准库中用 datetime 模块中的 datetime 对象来构造一个时间戳对象的方法。对应地,在 Pandas 中,时间戳使用 Timestamp(Series 派生的子类)对象表示,可以通过 to_datetime()函数来构造。这个函数有两种用法,第一种用法是给它提供一个时间类型的字符串。看下面例 6-6,第 2 行引入 Pandas 库并简写为 pd,以后代码中出现的 pd 如不特殊说明,均代表 Pandas。第 3 行代码,为 to_datetime()函数提供了一个字符串 20210915,得到了一个时间戳对象 t1,在下面的输出结果中可以看到 t1 的时间戳信息。在使用时间类型的字符串时,通常书写系统中的时间日期写法都是可以被解析的。从 t1、t2、t3 的值中可以看出,如果不特别指定时分秒,默认的时分秒都是 0。

【例 6-6】 Pandas 库中 Timestamp 类型的用法一。

```
#to_datetime()函数的用法一
import pandas as pd
t1 = pd.to_datetime("20210915")
t2 = pd.to_datetime("2021-09-15")
t3 = pd.to_datetime("2021/09/15 12:30:30")
print(repr(t1))
print(repr(t2))
print(repr(t3))
```

运行结果如下。

```
Timestamp('2021-09-15 00:00:00')
Timestamp('2021-09-15 00:00:00')
Timestamp('2021-09-15 12:30:30')
```

to_datetime()函数还有第二种用法。由于时间戳对象与 datetime 具有高度的兼容性,可以直接通过 to_datetime()函数将 datetime 转换为 TimeStamp 对象。看例 6-7 的第 4 行,首先定义了一个 datetime 对象 t1,其值为 2018 年 1 月 1 日,将 t1 传递给 to_datetime()函数,得到了一个时间戳对象 pt1。

【例 6-7】 Pandas 库中 Timestamp 类型的用法二。

```
#to_datetime()函数的用法二
import pandas as pd
from datetime import datetime
t1 = datetime(2018,1,1)
pt1 = pd.to_datetime(t1)
print(repr(pt1))
Timestamp('2018-01-01 00:00:00')
```

在前文的介绍中,演示了通过 to_datetime()函数一次创建了一个时间戳对象。实际上,如果传入的是多个 datetime 对象或者多个时间类型字符串组成的列表,则 Pandas 会将其强制转换为 DatetimeIndex 类对象。如下面的示例代码片段中,给 to_datetime()函数提供了一个有 3 个时间字符串组成的列表时,得到了一个 DatetimeIndex 类对象,该对象内含有 3 个元素。其中,每一个元素都是一个时间戳对象。实际上,DatetimeIndex 这个数据类型也是时间序列对象最常见的索引。

```
#使用 to_datetime()函数创建 DatetimeIndex 对象
date_index = pd.to_datetime(['20180820','20180828', '20180908'])
date_index
```

运行结果如下。

```
DatetimeIndex(['2018-08-20', '2018-08-28', '2018-09-08'], dtype='datetime64
[ns]', freq=None)
```

在掌握了如何创建时间类型的数据之后,如果把数值数据和时间类型数据相组合,让

pandas 部分

时间类型数据充当索引,这样的数据就构成了时间序列数据。在 Pandas 中,最基本的时间序列类型就是以时间戳为索引的 Series 对象。如下面示例代码片段所示,首先创建了 date_index,它是一个 DatetimeIndex 类对象,该对象有 3 个元素。然后再对应地提供三个数值,构成一个列表[11,22,33],这样就可以创建一个 Series 对象,来保存这个时间序列。其中,2018 年 8 月 20 日对应的值是 11,2018 年 9 月 8 日对应的值是 33。

```
#使用 Series 类型来创建时间序列数据
date_index = pd.to_datetime(['20180820','20180828', '20180908'])
date_ser = pd.Series([11, 22, 33], index=date_index)
date_ser
```

运行结果如下。

```
2018-08-20    11
2018-08-28    22
2018-09-08    33
dtype: int64
```

在上面的示例代码中,date_index 是由 3 个时间字符串组成的列表传递给 to_datetime()函数,得到一个 DatetimeIndex 类型的对象,然后和对应的数值数据放在一起组成了一个 Series 对象;也可以直接使用若干个 datetime 对象的列表作为 index,同样也能创建具有时间戳索引的 Series 对象。如例 6-8 所示。

【例 6-8】　使用 datetime 对象创建时间序列数据。

```
#使用 datetime()函数创建时间序列数据
from datetime import datetime
import numpy as np
import pandas as pd
date_list = [datetime(2018, 1, 1),datetime(2018, 1, 15)]
time_se = pd.Series(np.arange(2), index=date_list)
print(repr(time_se))
```

运行结果如下。

```
2018-01-01    0
2018-01-15    1
dtype: int32
```

前面演示了使用 Series 来构造时间序列的方法。除了一维的数据外,也可以使用如 DataFrame 类型这样的多维数据来构造时间序列数据。如例 6-9 所示,这里将 DataFrame 结构的行索引设置为 date_list,数值数据使用了一个二维列表,使用 Pandas 的 DataFrame 函数构造了一个 DataFrame 类型的数据 time_df。time_df 的值输出如下。

【例 6-9】　使用 DataFrame 数据类型创建时间序列数据。

```
#使用 DataFrame 数据类型来创建时间序列数据
import pandas as pd
from datetime import datetime
data_demo = [[11, 22, 33], [44, 55, 66]]
date_list = [datetime(2018, 1, 23), datetime(2018, 2, 15)]
```

```
time_df = pd.DataFrame(data_demo, index=date_list)
print(time_df)
```

运行结果如下。

```
             0   1   2
2018-01-23  11  22  33
2018-02-15  44  55  66
```

接下来,结合真实的金融股票数据,演示如何来创建一个金融时间序列数据的案例。如图 6.1 所示,Excel 表格存储的是招商银行(缩写为 cmb)的股票价格和交易信息。为了节省空间,这里只列出了股票信息中重要的几列,分别是 trade_date 列、open 列、high 列、low 列、close 列等。注意此时用黑色框圈起来的 trade_date 列的数据类型,当前是时间字符串类型,并不是时间数据类型。

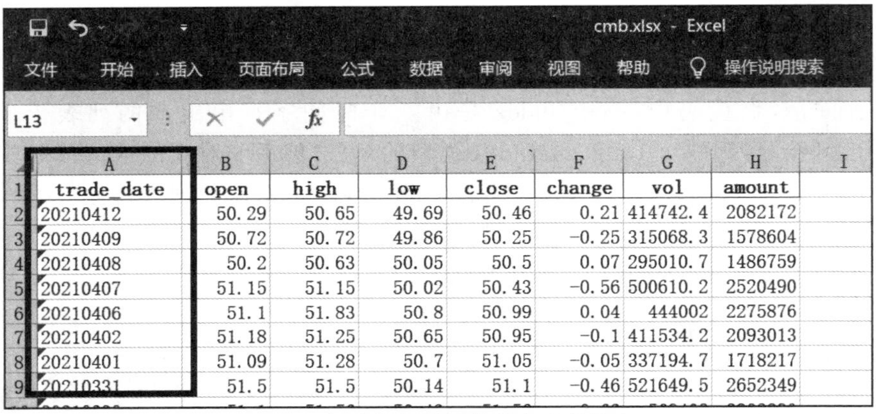

图 6.1 招商银行股票价格和交易信息

在例 6-10 中,前 4 行代码,使用 Pandas 库中的 read_excel()方法,将表格数据读入,存储在变量 cmb 中,得到的是一个 DataFrame 类型的数据。由于读入的时候并没有指定索引列,所以在第 6 行,使用 set_index()函数将 trade_date 列设置为索引。此时需要注意,这个时候 cmb 仍然不是一个时间序列,因为 read_excel()在读入表格数据的时候,并不会自动地将 trade_date 列转为时间类型数据,需要手动转换类型才能变为时间类型数据。并且,由于默认读入的每列是数值类型,所以需要将 trade_date 列的数值转为日期字符串,最后使用 to_datetime()函数转换为时间戳数据,这就是第 10 行代码的目的。这时,index 列就是一个时间类型的数据了,整体的 DataFrame 数据就是一个时间序列数据。最后,使用 sort_index()函数对 index 进行升序排列,让过去的时间排在数据的前面。输出最终得到的 cmb 的数据,使用 head()方法看一下前 5 行,如下面的代码和输出结果所示。这个时候注意 index 列中的输出格式,2020-01-02 这样的写法,代表此时的 index 是时间类型的数据了。整个 cmb 变量就存储了招商银行从 2020 年 1 月 2 日以来的 OHLC 的时间序列数据,这里的 OHLC 分别代表开盘价、最高值、最低值和收盘价。

【例 6-10】 将招商银行股票数据构造成时间序列数据。

```
#代码片段:构造招商银行股票数据
import pandas as pd
#从表格读入数据
cmb=pd.read_excel(r'cmb.xlsx')
#将 trade_date 列设为 Index 列
cmb=cmb.set_index('trade_date')
#由于默认读入的每列是数值类型
#所以需要将 trade_date 列的数值转为日期字符串
#最后使用 to_datetime() 函数转换为时间戳数据
cmb.index=pd.to_datetime(list(map(str,cmb.index)))
cmb=cmb.sort_index(ascending=True)
print(cmb.head())
```

运行结果如下。

```
            open   high    low  close       amount
2020-01-02  38.03  39.12  38.02  38.88   3191180.650
2020-01-03  38.95  39.62  38.92  39.40   2045230.273
2020-01-06  39.19  40.16  38.90  39.24...2171575.505
2020-01-07  39.55  39.94  39.10  39.15   1369304.771
2020-01-08  38.95  38.95  38.41  38.41   1403861.101
```

6.2.2　时间序列的访问

时间序列
的访问

本节介绍如何访问时间序列中的具体元素。首先,创建一个时间序列样例数据。在例 6-11 中,首先创建了一个由多个 datetime 对象组成的列表,用来作下面的 Series 数据的 index 参数,创建了一个具有时间戳索引的 Series 对象。time_se 的具体的值详见下面的输出。数据共有 6 个,分别为 0、1、2、3、4、5,每个数值数据都有一个对应的时间戳数据作索引。接下来介绍如何以不同的方式来访问时间序列中的元素。

【例 6-11】　创建一个由 datetime 对象为索引的 Series 对象。

```
#指定索引为多个 datetime 的列表
from datetime import datetime
import pandas as pd
import numpy as np
date_list = [datetime(2018, 1, 1), datetime(2018, 1, 15),
datetime(2018, 2, 20), datetime(2018, 4, 1),
datetime(2018, 5, 5), datetime(2018, 6, 1)]
time_se = pd.Series(np.arange(6), index=date_list)
print(time_se)
```

运行结果如下。

```
2018-01-01    0
2018-01-15    1
2018-02-20    2
2018-04-01    3
2018-05-05    4
2018-06-01    5
dtype: int32
```

最简单的访问时间序列的方式,是直接使用位置索引作为下标来获取具体的数据。这实际上也就是 Series 类型数据访问元素的最基本方式。如下面示例代码中的 time_se[0]，就是访问第 0 个元素，得到数值 0。

```
#根据位置索引获取数据
time_se[0]
```

运行结果如下。

```
0
```

除了按绝对位置来访问时间序列元素外，还可以使用索引值来访问。由于每个索引都是一个时间戳数据，所以想使用索引值来访问元素，那么可以先构造一个 datetime 对象，作为查询索引，以此来访问对应的元素。如下面的示例代码所示，使用 datetime 类型构造了 2018 年 1 月 1 日的时间戳数据作为索引，同样也得到了对应的数值 0。

```
#使用 datetime 类型作为索引来访问
date_time = datetime(2018, 1, 1)
time_se[date_time]
```

运行结果如下。

```
0
```

对于 DataFrame 对象的时间序列数据，由于它比 Series 对象维度更高，除了 index 索引外，还有一个 columns 索引，因此不能直接使用索引值来作为下标索引访问元素，而是需要使用索引值和 loc() 函数来访问，如下面的示例代码所示。

```
#time_df 是一个 DateFrame 的时间序列对象，见 6.2.1 节
time_df.loc[[datetime(2018,2,15)]]
```

运行结果如下。

```
            0   1   2
2018-02-15  44  55  66
```

前面两种方式都不够方便，并不能充分体现 Pandas 对时间序列数据的支持。在 Pandas 中，可以直接使用时间字符串作为索引来访问时间序列数据。在访问时间序列元素时，对于 Series 对象，可以在设置索引下标时，直接使用一个日期字符串，只要这个字符串符合可以被解析的格式，就可以进行元素访问。如果是 DataFrame 对象，则可以在 loc() 函数中使用日期字符串作为索引，具体用法与 Series 类似。看下面的示例代码，代码中将字符串'20180101'作为下标索引，也同样可以访问得到对应时间上的数值 0。

```
#使用时间型字符串作为时间序列的索引
time_se['20180101']
```

运行结果如下。

```
0
```

也可以使用其他可以被解析的时间日期字符串来访问时间序列数据，如下面的示例

代码中的字符串'2018-01-15',用它作为索引,也同样可以获得对应位置的元素 1。

```
time_se['2018-01-15']
```

运行结果如下。

```
1
```

实际上,Pandas 对时间序列数据的访问还有更加强大的支持之处。如果希望获取某年的数据,则可以直接用指定的年份操作索引。在下面的示例代码中,直接使用字符串'2018'作为下标索引,就可以得到数据中所有属于 2018 年的数据,非常高效。

```
#直接使用 2018 年来访问时间序列
time_se['2018']
```

运行结果如下。

```
2018-01-01    0
2018-01-15    1
2018-02-20    2
2018-04-01    3
2018-05-05    4
2018-06-01    5
dtype: int32
```

同样地,如果希望获取某月份的数据,则可以直接用年份加指定的月份来构成索引下标。如下面的示例代码,代码中直接使用字符串'2018-01'作为下标索引,就可以得到数据中所有属于 2018 年 1 月的数据。从结果中看,也确实筛选出了两个 2018 年 1 月的数据,分别是 1 月 1 日和 1 月 15 日的数据。

```
#直接使用 2018 年 1 月来访问时间序列
time_se['2018-01']
```

运行结果如下。

```
2018-01-01    0
2018-01-15    1
dtype: int32
```

类似地,也可以使用其他符合可以被解析的时间日期字符串来访问数据。如下面的示例代码,代码中使用了字符串'2018/02'作为下标索引,就可以得到数据中所有属于 2018 年 2 月的数据。从结果中看,也确实筛选出了一个 2018 年 2 月的数据。

```
time_se['2018/02']
```

运行结果如下。

```
2018-02-20    2
dtype: int32
```

6.2.3　时间序列的切片

一般来讲,常见的时间主要有 3 种类型,分别是时间戳、某一时期和时间间隔。前面

时间序列
的切片

介绍了如何使用时间戳来访问时间序列点;学习了使用某一时间索引来获得这一时期内的全部数据;本节介绍如何使用时间间隔来访问时间序列数据。这种利用时间间隔来访问时间序列数据的方式也叫作时间序列的切片操作。

　　如 6.2.2 节一样,本节首先创建一个时间序列样例数据。这是一个由多个 datetime 对象的列表作 index 参数,创建的具有时间戳索引的 Series 对象。但是和 6.2.2 节中的时间序列的 index 索引不同的是,这里的 date_list 不是按照时间的先后顺序来排列元素的。示例代码如下。

```
#指定索引为多个 datetime 的列表
date_list = [datetime(2018, 1, 1), datetime(2018, 4, 1),
             datetime(2018, 6, 1), datetime(2018, 1, 15),
             datetime(2018, 5, 5), datetime(2018, 2, 20)]
time_se = pd.Series(np.arange(6), index=date_list)
time_se
```

运行结果如下。

```
2018-01-01    0
2018-04-01    1
2018-06-01    2
2018-01-15    3
2018-05-05    4
2018-02-20    5
dtype: int32
```

　　Series 对象或 DataFrame 对象有个方法叫作 truncate,如果索引是有序的,可以使用这个方法对序列数据进行截断。因此,可以调用 truncate()方法截取某个时间戳前面或者后面的 Series 片段。truncate()方法最常见的参数有 before 和 after,分别表示截断此索引值之前的所有行和截断此索引值之后的所有行。需要注意的是,before 和 after 本身所代表的时间索引对应的数据不会被截断,也就是会被保留。

```
truncate(before = None, after = None, axis = None, copy = True)
    before——表示截断此索引值之前的所有行。
    after——表示截断此索引值之后的所有行。
    axis——表示截断的轴,默认为行索引方向。
```

　　看下面的示例代码。前面提到了,在定义时 time_se 对象的索引不是有序的,因此要先调用 sort_index()方法将索引排序。sort_index()方法默认行为是从小到大排序。

```
#对原时间序列索引进行排序
sorted_se = time_se.sort_index()
sorted_se
```

运行结果如下。

```
2018-01-01    0
2018-01-15    3
2018-02-20    5
2018-04-01    1
```

```
2018-05-05    4
2018-06-01    2
dtype: int32
```

接下来,调用 truncate()方法,见下面的示例代码,代码将 before 参数设置为时间字符串"2018-04-01",表示要将 2018 年 4 月 1 日前的数据截断不要,并且由于 before 参数对应时间的数据会被保留下来,所以最终得到了下面输出的序列数据。

```
#将前面的截断,保留截断点
    sorted_se.truncate(before="2018-04-01")
```

运行结果如下。

```
2018-04-01    1
2018-05-05    4
2018-06-01    2
dtype: int32
```

类似地,演示设置 after 参数的例子。同样,首先调用 sort_index()方法将索引排序。默认地,从小到大排序。接下来,调用 truncate()方法,将 after 参数设置为时间字符串"2018-04-01",表示要将 2018 年 4 月 1 日后面的数据截断不要,并且由于 after 参数对应时间的数据会被保留下来,所以最终得到了下面输出的序列数据。

```
#将后面的截断,保留截断点
sorted_se.truncate(after="2018-04-01")
```

运行结果如下。

```
2018-01-01    0
2018-01-15    3
2018-02-20    5
2018-04-01    1
dtype: int32
```

很自然地,也可以同时设置 before 的值为 2018 年 2 月 1 日,after 的值设为 2018 年 5 月 5 日,同时向前和向后截断部分数据,并保留截断点。最后得到了下面输出的时间序列。

```
#向前向后同时截断,保留截断点
sorted_se.truncate(before="2018-02-01", after="2018-05-05")
```

运行结果如下。

```
2018-02-20    5
2018-04-01    1
2018-05-05    4
dtype: int32
```

前面通过 truncate()方法对时间序列数据做截断,获取了某些时间间隔对应的序列数据。接下来演示使用下标切片的方式来获得时间间隔对应的数据的方法。思想非常简单,和读者在列表切片和 Pandas 索引下标切片中学习的一样,当一个 Series/DateFrame

类型的数据是时间序列数据时,换句话说,索引列是时间类型数据时,可以使用下标来进行切片操作。看下面的示例代码。代码中,设置下标切片的开始位置为"2018-01-15",结束位置为"2018-05-05"。这样就得到了一个介于这两个时间戳之间的序列,并且,和 truncate() 方法的 before 参数和 after 参数一样,边界位置被保留了。

```
#注意结束位置会被包含进来
sorted_se["2018-01-15":"2018-05-05"]
```

运行结果如下。

```
2018-01-15    3
2018-02-20    5
2018-04-01    1
2018-05-05    4
dtype: int32
```

当一个时间序列数据进行下标切片时,可以使用更加灵活的时间数据做切片。还是看下面的示例代码,尽管这里 sorted_se 变量中存放的时间戳都是具体到天的,但可以使用年加月的下标进行切片。在下面的示例代码中,通过切片操作,获得了 2018 年 2~5 月的数据。

```
#月:月类型的切片
sorted_se["2018-02":"2018-05"]
```

运行结果如下。

```
2018-02-20    5
2018-04-01    1
2018-05-05    4
dtype: int32
```

与 truncate() 方法不同的是,当一个时间序列数据进行下标切片操作时,不需要索引必须有序。但这个时候切片操作更像是做筛选操作。参考下面的示例代码,此时时间序列数据变量 time_se 的索引是无序的,具体内容见下面的运行结果。对于无序的数据,同样可以使用切片操作,同样获得了 2018 年 2~5 月的数据。不过由于数据本身是无序的,所以这样做,更像是从无序数据中筛选出落在 2~5 月的数据。

```
#time_se 的索引是无序的
time_se
```

运行结果如下。

```
2018-01-01    0
2018-04-01    1
2018-06-01    2
2018-01-15    3
2018-05-05    4
2018-02-20    5
dtype: int32
#只通过月份的时间戳,注意这个特征在未来可能将被删除
```

```
time_se["2018-02":"2018-05"]
```

运行结果如下。

```
2018-04-01    1
2018-05-05    4
2018-02-20    5
dtype: int32
```

6.2.4　固定频率的时间序列

到目前为止,前文在创建时间序列数据的时间索引时,都是通过手工一个一个地给入的,比较烦琐。同 Python 内置的 range()函数、NumPy 模块中的 nrange()一样,Pandas 模块也专门为创建固定频率的时间序列提供了一个函数 data_range()。通过这个函数,可以创建固定频率的时间序列。

1. 创建固定频率的时间序列

date_range()函数主要用于生成一个具有固定频率的 DatetimeIndex 对象。这里提到了一个概念叫作固定频率,对应着人们日常生活中对时间的使用,如每两个周一之间相隔 7 天;或者每个月的第一天布置工作等。data_range()函数的用法参见下面的用法说明。在 date_range()的参数中,start 参数表示起始日期,默认为 None;end 参数表示终止日期,默认为 None;periods 参数表示产生多少个时间戳索引值;freq 参数用来指定计时单位。

```
date_range(start = None, end = None, periods = None, freq = None, tz = None,
normalize = False, name = None, closed = None,** kwargs)
```

start、end、periods、freq 这四个参数必须要指定三个参数,否则会出现错误。

看下面的示例代码,这里为 date_range()函数传入开始日期 2018 年 8 月 10 日和结束日期 2018 年 8 月 20 日,设置了频率为 D,D 代表 1 天。通过这样调用 date_range()函数,返回了一个 DatetimeIndex 对象。在这个对象中,产生了 10 个时间戳,由于频率是 1 天,每个时间戳中间相隔 1 天。此外,如果结束位置恰好也是生成的时间值,那么结束位置也会被包含在内,因此在生成的结果中可以看到 2018 年 8 月 20 日。

```
#创建 DatetimeIndex 对象时,传入开始日期与结束日期、频率值
pd.date_range('2018/08/10', '2018/08/20', freq="D")
```

运行结果如下。

```
DatetimeIndex(['2018-08-10', '2018-08-11', '2018-08-12', '2018-08-13', '2018-
08-14', '2018-08-15', '2018-08-16', '2018-08-17','2018-08-18', '2018-08-19',
'2018-08-20'],dtype='datetime64[ns]', freq='D')
```

freq 参数为 D 的时候代表 1 天,如果为 ND,N 取 2、3、4、… 这样的整数时,代表 N 天。如下面的示例代码所示,将 freq 设为 3D,则按照每隔 3 天生成时间,因此得到 2018 年 8 月 10 日,8 月 13 日,8 月 16 日,8 月 19 日。由于结束日期为 8 月 20 日。因此,只能生成这 4 个时间数据了。关于 freq 参数可以取的值,后面还会更加具体地介绍。

```
#创建 DatetimeIndex 对象时,传入开始日期与结束日期,频率设为 3 天
pd.date_range('2018/08/10', '2018/08/20', freq="3D")
```

运行结果如下。

```
DatetimeIndex(['2018-08-10', '2018-08-13', '2018-08-16', '2018-08-19'], dtype
='datetime64[ns]', freq='3D')
```

当调用 date_range() 函数创建 DatetimeIndex 对象时,如果只是传入了开始日期(start 参数)与结束日期(end 参数),则默认生成的时间戳是按天计算的,即 freq 参数为 D。

```
#创建 DatetimeIndex 对象时,传入开始日期与结束日期,不传入频率
pd.date_range('2018/08/10', '2018/08/20')
```

运行结果如下。

```
DatetimeIndex(['2018-08-10', '2018-08-11', '2018-08-12', '2018-08-13','2018-
08-14', '2018-08-15', '2018-08-16', '2018-08-17','2018-08-18', '2018-08-19',
'2018-08-20'],dtype='datetime64[ns]', freq='D')
```

如果只是传入了开始日期或结束日期(二者只给出一个),显然 date_range()无法推断出想生成多少个日期。这时,必须用 periods 参数指定产生多少个时间戳才行。如下面的示例代码所示。

```
#创建 DatetimeIndex 对象时,传入 start 与 periods 参数
pd.date_range(start='2018/08/10', periods=5)
```

运行结果如下。

```
DatetimeIndex(['2018-08-10', '2018-08-11', '2018-08-12', '2018-08-13','2018
-08-14'], dtype='datetime64[ns]', freq='D')
#创建 DatetimeIndex 对象时,传入 end 与 periods 参数
pd.date_range(end='2018/08/10', periods=5)
```

运行结果如下。

```
DatetimeIndex(['2018-08-06', '2018-08-07', '2018-08-08', '2018-08-09','2018
-08-10'],dtype='datetime64[ns]', freq='D')
```

在上述代码的前半部分,只提供了开始日期 2018 年 8 月 10 日和 periods 参数 5,得到了从 8 月 10 日起的向未来的连续 5 天;后半部分中,只提供结束日期 2018 年 8 月 10 日和 peroids 参数 5,得到从 8 月 10 日起向以前的连续 5 天。

2. 时间序列的频率取值

默认生成的时间序列数据是按天计算的,即频率为"D"。"D"是一个基础频率,通过用一个字符串的别名表示,如"D"是"day"的别名。频率是由一个基础频率和一个乘数组成的,例如,"5D"表示每 5 天。除了 D 之外,Pandas 还提供了其他格式的频率以及助记符,如表 6.1 所示。

表 6.1　时间频率助记符

别　　名	说　　明
D	每日历日
B	每工作日
H	每小时
T	每分
S	每秒
M	每月最后一个日历日
MS	每月第一个日历日
W-MON，W-TUE，…	从指定的星期几(MON，TUE，WED，THU，FRI，SAT，SUN)开始算起
Q-JAN，Q-FEB，…	对于以指定月份结束的年度、季度最后一个月的最后一日历日

从表 6.1 中可以看出，Pandas 提供了非常多的格式的频率以及助记符。助记符 B 表示每个工作日，一般就是周一到周五的日子；M 和 MS 分别代表每月最后一个日历日和每月第一个日历日；W-MON、W-TUE 代表指定的星期几；如果希望时间序列中的时间戳都是每周固定的星期日，则可以在创建 DatetimeIndex 时将 freq 参数设为"W-SUN"。具体的效果如下面的示例代码所示。

```
#指定按每个周日产生时间数据
pd.date_range('2018-01-01', periods=5, freq='W-SUN')
```

运行结果如下。

```
DatetimeIndex(['2018-01-07', '2018-01-14', '2018-01-21', '2018-01-28', '2018
-02-04'],dtype='datetime64[ns]', freq='W-SUN')
```

通过设置 freq 参数为 B，产生周一到周五工作日的时间数据，从下面示例代码的输出中可以看出，生成的数据中每隔 5 天就会缺失两个，缺失的正好是周六和周日。

```
#产生工作日(周一到周五)的时间数据
pd.date_range('2018-01-01', '2018-1-20', freq='B')
```

运行结果如下。

```
DatetimeIndex(['2018-01-01', '2018-01-02', '2018-01-03', '2018-01-04','2018
-01-05', '2018-01-08', '2018-01-09', '2018-01-10','2018-01-11', '2018-01-12
', '2018-01-15', '2018-01-16', '2018-01-17', '2018-01-18', '2018-01-19'],dtype
='datetime64[ns]', freq='B')
```

最后演示一个实际的金融数据案例。下面的 DataFrame 数据对象 cmb 为在 6.2.1 节中创建的存有招商银行从 2020-01-02 至 2021-04-12 的股票价格和成交信息的数据，运行结果如图 6.2 所示。

```
cmb.head()
```

	open	high	low	close	change	vol	amount
2020-01-02	38.03	39.12	38.02	38.88	1.30	826244.52	3191180.650
2020-01-03	38.95	39.62	38.92	39.40	0.52	520106.11	2045230.273
2020-01-06	39.19	40.16	38.90	39.24	-0.16	548877.20	2171575.505
2020-01-07	39.55	39.94	39.10	39.15	-0.09	347671.28	1369304.771
2020-01-08	38.95	38.95	38.41	38.41	-0.74	363234.18	1403861.101

图 6.2　招商银行 2020-01-02 至 2021-04-12 的股票交易信息

现在想提取 2020 年每周一的交易数据,如例 6-12 所示。

【例 6-12】　获取 cmb 数据中 2020 年的周一时间数据。

```
#获取 cmb 数据中 2020 年的周一时间数据
query = pd.date_range("2020-01-01","2020-12-31",freq="W-MON")
#在 cmb 中检索出所有在 query 中的数据,存储在 result 中
result = cmb.reindex(query)
print(result.head(5))
```

运行结果如下。

```
            open   high    low   close  ...      amount
2020-01-06  39.19  40.16  38.90  39.24  ...  2171575.505
2020-01-13  39.28  39.28  38.75  39.10  ...  1279073.028
2020-01-20  38.22  38.65  38.00  38.31  ...  2244268.938
2020-01-27    NaN    NaN    NaN    NaN  ...         NaN
2020-02-03  33.80  35.50  33.80  35.03  ...  3944795.003
```

在例 6-12 中,第 2 行代码使用 date_range()函数,设置 freq 参数为 W-MON,获取 2020 年的周一时间数据;第 4 行代码在 cmb 中检索出所有在 query 中的数据,存储在 result 中,最后输出 result 的前 5 行。观察输出结果,都是周一的时间,其中,2020-01-27 日由于是当年的春节放假,没有交易,在 cmb 中没有数据,所以此行的值都是 NaN。

时期对象的
时间序列

6.2.5　时期对象的时间序列

到目前为止介绍的时间序列数据的索引是时间戳数据和时间间隔数据,本节学习如何创建一个时期数据。

1. 创建时期对象

时期数据,一般指的是标准的时间段或时期,如某年、某季、某月、某日、某小时等。Pandas 中用 Period 类表示。创建 Period 类对象的方式比较简单,只需要在构造方法中以字符串或整数的形式传入一个日期即可。

```
#创建 2018 年这个时期
pd.Period(2018)
```

运行结果如下。

```
Period('2018', 'A-DEC')
#创建 2017 年 6 月这个时期
pd.Period('2017/6')
```

运行结果如下。

```
Period('2017-06', 'M')
```

在上面的示例代码中，第 1 行代码通过把整数 2018 传给 Period，创建了 2018 年这个时期的对象，后面的 A-DEC 表示这是以 12 月作为结束的一整年；看第 2 行代码，创建了 2017 年 6 月这个时期，后面的 M 表示这是一个月。

Period 对象最大的特点在于能够参与数学运算。如果 Period 对象加上或者减去一个整数，则会根据具体的时间单位进行位移操作。看下面的示例代码，首先创建了 2017 年 6 月，然后加 1 操作，得到 2017 年 7 月这个时期。

```
#时期对象的算术运算
period = pd.Period('2017/6')
period + 1
```

运行结果如下。

```
Period('2017-07', 'M')
```

如果具有相同频率的两个 Period 对象进行减法运算，那么计算结果为它们的单位相差数量。如下面的示例代码所示，2017 年 6 月和 2012 年 1 月两个时期相减，结果是 65，这个值恰好就是它们之间相差的月数。

```
#Period 对象与 Period 对象进行减法运算
pd.Period('2017/6')
other_period = pd.Period('201201',freq='M')
period - other_period
```

运行结果如下。

```
<65 * MonthEnds>
```

2. 同时创建多个时期对象

如果希望创建多个 Period 对象，且它们是固定频率的，则可以通过 period_range()函数实现。示例代码如下，开始时间是 2012 年 1 月 8 日，结束时间是 2012 年 3 月 31 日，频率是 M，也就是月，所以生成的 Period 时期对象，都是以月为单位的，为 1 月、2 月、3 月。

```
#period_range()函数用法
period_index=pd.period_range('2012.1.8','2012.3.31',freq='M')
period_index
```

运行结果如下。

```
PeriodIndex(['2012-01', '2012-02', '2012-03'], dtype='period[M]', freq='M')
```

上述示例代码返回了一个 PeriodIndex 对象，它是由一组时期对象构成的索引。此外，除了使用开始日期和结束日期来创建 PeriodIndex 外，还可以直接在 PeriodIndex 的构造方法中传入一组日期字符串，也可以得到同样的结果。示例代码如下。

```
str_list = ['2010', '2011', '2012']
pd.PeriodIndex(str_list, freq='A-DEC')
```

运行结果如下。

```
PeriodIndex(['2010', '2011', '2012'], dtype='period[A-DEC]', freq='A-DEC')
```

最后说明一下 DatetimeIndex 和 PeriodIndex 的区别。DatetimeIndex 是用来指代一系列时间点的一种索引结构,而 PeriodIndex 则是用来指代一系列时间段的索引结构。

时间序列
的重采样

6.3 时间序列的数据聚合

6.3.1 时间序列的重采样

将时间序列从一个频率转换为另一个频率进行处理的过程叫作重采样(Resampling),将高频率数据转换成低频率数据为降采样,低频率转换成高频率为升采样。实际中,采用比较多的是降采样。

Pandas 中的 resample() 函数是一个对常规时间序列数据重新采样的便捷的方法。它返回一个作用在此数据上的采样器。

```
resample(rule,how=None, axis=0, fill_method=None, closed=None, label=
None,…)
```

resample() 函数最重要的参数有以下 3 个。

(1) rule:表示重采样频率的字符串。

(2) fill_method:表示升采样时如何对新增数据进行插值填充。

(3) closed:设置降采样哪一端是闭合的。如果重采样时传入 closed 参数为 left,则表示采样的范围是左闭右开型的。如果是 right,则表示采用的范围是左开右闭型的。

下面通过一个实例来介绍 resample() 函数在降采样中的用法。降采样的时候,时间颗粒会变大,数据量是减少的,如图 6.3 所示。

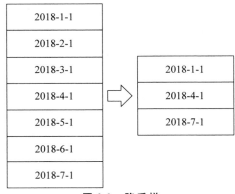

图 6.3 降采样

首先从 2017 年 7 月 8 日起,创建了一个 15 天的时间序列,每个值为 0、1、2 一直到 14。该时间序列存储在 Series 类型的变量 time_ser 中。time_ser 的值如下面代码的输出所示。

```
#创建一个时间序列数据做演示
date_index = pd.date_range('2017.7.8', periods=15)
time_ser = pd.Series(np.arange(15), index=date_index)
time_ser
```

运行结果如下。

```
2017-07-08    0
2017-07-09    1
2017-07-10    2
2017-07-11    3
2017-07-12    4
2017-07-13    5
2017-07-14    6
2017-07-15    7
2017-07-16    8
2017-07-17    9
2017-07-18    10
2017-07-19    11
2017-07-20    12
2017-07-21    13
2017-07-22    14
Freq: D, dtype: int32
```

通过 resample() 方法对数据 time_ser 进行降采样，得到了一个采样器。

```
time_ser.resample('W-MON')
```

运行结果如下。

```
<pandas.core.resample.DatetimeIndexResampler object at 0x0000020347D06C10>
```

resample() 的返回结果是一个 DatetimeIndexResampler 对象，代表这是一个 DatetimeIndex 类型的采样器。rule 参数设置为 W-MON，表示每个采样区间为上一个星期一到下一个星期一，closed 的值为 right，表示在采样区间中保留下一个星期一，不保留上一个星期一。

在重采样的过程中，为了避免有些时间戳对应的数据闲置，可以利用内置方法聚合数据，得到新的数据。如原始数据上采样器上，求均值（mean）、求最大值（max）、求最小值（min）、求和（sum）、求中位数（median），可以做到对原始数据的降采样并产生新的数据。

在下面的示例代码中，使用了均值操作做聚合函数。完成操作后，数据从原来的 15 个变成了 3 个。这是因为在 time_ser 中，一共有 3 个星期一。在采样的结果中，每个时间都是星期一，值 1 对应的是 7 月 8～10 日的均值；值 6 代表的是 11～17 日的均值；值 12 代表的是 18～24 日的均值。

```
#在降采样的同时做均值聚合
time_ser.resample('W-MON').mean()
```

运行结果如下。

```
2017-07-10    1
```

```
2017-07-17     6
2017-07-24     12
Freq: W-MON, dtype: int32
```

另一种常见的降采样聚合方法是 OHLC 重采样聚合法,在采样的区间中,选出开始值、最高值、最低值和结束值来作为聚合后的数据,这很像股票数据中的开盘价、最高价、最低价和收盘价。这种方法在 Pandas 中对应的方法名称是 ohlc()方法。

在下面的示例代码中,首先创建了一个从 2018 年 6 月 1 日开始的,为期 15 天的随机时间序列,存储在名为 time_ser 的 Series 类型的变量中。

```
date_index = pd.date_range('2018/06/01', periods=15)
shares_data = np.random.rand(15)
time_ser = pd.Series(shares_data, index=date_index)
time_ser
```

运行结果如下。

```
2018-06-01     0.570189
2018-06-02     0.880185
2018-06-03     0.301406
2018-06-04     0.403194
2018-06-05     0.842495
2018-06-06     0.397531
2018-06-07     0.130943
2018-06-08     0.663670
2018-06-09     0.525297
2018-06-10     0.677204
2018-06-11     0.258571
2018-06-12     0.608939
2018-06-13     0.826984
2018-06-14     0.510349
2018-06-15     0.893264
Freq: D, dtype: float64
```

在下面的示例代码中,使用了 resample()方法,设置 rule=7D,即每 7 天作为一个采样区间,设置 closed 参数为 left,表示保留 7 天区间的左端点,不保留右端点。使用 ohlc()函数后,得到一个下采样的聚合数据,数据结果如下。看数据的第 1 行,即 2018 年 6 月 1 日的数据。open 的值为 0.570189,为 6 月 1 日到 6 月 7 日这个采样区间的第一个值,high值 0.880185 为 6 月 1 日到 6 月 7 日这个采样区间的最大值,low 值 0.130943 为这个区间的最小值,close 值 0.130943 表示这个区间的最后一个值。

```
#在 time_ser 上使用 OHLC 方法进行数据聚合降采样
time_ser.resample('7D', closed="left").ohlc()
                 open      high       low     close
2018-06-01   0.570189  0.880185  0.130943  0.130943
2018-06-08   0.663670  0.826984  0.258571  0.510349
2018-06-15   0.893264  0.893264  0.893264  0.893264
```

和降采样相反,升采样的时间颗粒是变小的,数据量会增多,如图 6.4 所示。这种变化很有可能导致某些时间戳没有相应的数据。遇到这种情况,常用的解决办法就是填充和插值,具体有如下几种方式。

（1）通过 ffill(limit)或 bfill(limit)方法,取空值前面或后面的值填充,limit 可以限制填充的个数。这里的 f 代表前面,b 代表后面。

（2）使用 interpolate()方法根据插值算法补全数据。

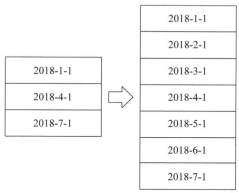

图 6.4　升采样

看下面的示例代码,首先构造了一个三个产品在两个周日销量的时间序列。数据只有两行,现在通过升采样的方法让数据的行数增多,比如想要周一到周日每一天的数据。

```
#构造一个三个产品的时间序列
data_demo = np.array([['101', '210', '150'], ['330', '460', '580']])
date_index = pd.date_range('2018/06/10', periods=2, freq='W-SUN')
time_df = pd.DataFrame(data_demo, index=date_index, columns=['A产品', 'B产品', 'C产品'])
time_df
```

运行结果如下。

```
            A产品   B产品   C产品
2018-06-10  101   210   150
2018-06-17  330   460   580
```

Pandas 中提供了一个 asfreq()方法来转换时期的频率。通常,可以将 resample()函数和 asfreq()函数配合使用,来实现升采样。asfreq()最主要的参数是 freq 参数,表示想将原有频率的时间数据转为何种新的频率的时间数据。具体用法如下。

```
asfreq(freq,method = None,how = None,normalize = False,fill_value = None)
    freq——表示计时单位。
    how——可以取值为 start 或 end,默认为 end。
    normalize——表示是否将时间索引重置为午夜。
```

使用 resample()方法和 asfreq()方法对 time_df 进行升采样处理。

```
time_df.resample('D').asfreq()
```

运行结果如下。

```
        A产品   B产品   C产品
```

```
2018-06-10  101   210   150
2018-06-11  NaN   NaN   NaN
2018-06-12  NaN   NaN   NaN
2018-06-13  NaN   NaN   NaN
2018-06-14  NaN   NaN   NaN
2018-06-15  NaN   NaN   NaN
2018-06-16  NaN   NaN   NaN
2018-06-17  330   460   580
```

原有的数据是每周日一行,现在通过升采样的方法把它转换为每天一行。但由于数据数量比以前增多了,导致出现了大量的 NaN 数据。这时就需要进行数据填充。在下面的示例代码中,使用了 ffill()方法,用 NaN 前面的非空值填充 NaN,就得到了如下输出。

```
#用 NaN 前面的非空值前向填充
time_df.resample('D').ffill()
```

运行结果如下。

```
            A产品   B产品   C产品
2018-06-10  101    210    150
2018-06-11  101    210    150
2018-06-12  101    210    150
2018-06-13  101    210    150
2018-06-14  101    210    150
2018-06-15  101    210    150
2018-06-16  101    210    150
2018-06-17  330    460    580
```

6.3.2　时间序列的窗口滑动

时间序列的
窗口滑动

滑动窗口指的是根据指定长度的窗口来框住时间序列,从而在框内计算相应的统计指标,类似于用一个长度指定的滑块在刻度尺上面滑动,每滑动一个单位即可反馈滑块内的数据。

滑动窗口可以通过图 6.5 的例子来更好地理解。现在有某品牌的分店按天统计了2017 年全年的销售数据,其总经理想抽查该分店 8 月 28 日(当天是七夕节)的销售情况,如果只是单独拿出来当天的数据,则这个数据比较绝对和孤立。事实上,根据常识知道每日的销售情况是和前后日期的销售情况相关的一种指标,因此一个单独日期上的销售额,无法很好地反映出这个日期前后销售的整体情况。

图 6.5　滑动窗口示例 1

为了提升数据的准确性,可以将某个点的取值扩大到包含这个点的一段区间,用区间内的数据进行判断。例如,可以将 8 月 24 日到 9 月 2 日这 10 天的数据拿出来,求此区间的平均值,作为 8 月 28 日当天的抽查结果,如图 6.6 所示。

这个区间就是窗口,它的单位长度为 10,数据是按天统计的,所以统计的是 10 天的

2017-08-24~2017-09-02

图 6.6　滑动窗口示例 2

平均指标,这样显得更加合理,可以很好地反映七夕活动的整体情况。需要注意的是,每次滑动窗口就是窗口向一端滑行,每次滑行并不是区间整块的滑行,而是一个单位一个单位地滑行。例如,当前的窗口范围是 2017 年 8 月 24 日到 2017 年 9 月 2 日;窗口向右边滑行一个单位,此时窗口框住的时间区间范围为 2017-08-25 到 2017-09-03。只是移动了一个单位,长度还是 10 天,如图 6.7 所示。

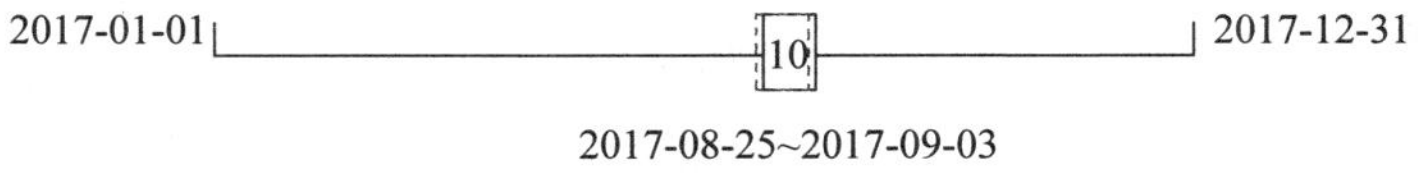

2017-01-01 ├────────────┤ 10 ├────────────┤ 2017-12-31

2017-08-25~2017-09-03

图 6.7　滑动窗口示例 3

总结一下,每次窗口移动,一次只会移动一个单位的长度,并且窗口的长度始终保持不变,直至移动到末端。由此可知,通过滑动窗口统计的指标会更加平稳一些,数据上下浮动的范围会比较小,能够避免一些极端异常情况的出现。

Pandas 中提供了一个窗口移动的方法 rolling()。

```
rolling(window, min_periods=None, center=False, win_type=None, on=None, axis
=0, closed=None)
```

部分参数的意义如下。

window:表示窗口的大小。

min_periods:每个窗口最少包含的观测值数量。

center:是否把窗口的标签设置为居中。

win_type:表示窗口的类型。

closed:用于定义区间的开闭。

接下来,通过例 6-13 来具体看看如何使用 rolling() 函数对时间序列进行滑动窗口操作。代码首先创建了一个时间序列,供演示 rolling() 函数使用。代码的前 3 行导入相关的库,第 5 行代码创建 365 个随机数,第 7 行代码创建 2017 年的全年时间。注意这里使用 Pandas 的 date_range() 函数,提供开始时间、结束时间,以及频率 D,也就是按自然天。第 8 行代码,将 365 个随机数和 365 个日期组合成一个 Series 时间序列。

【例 6-13】　时间序列滑动。

```
#首先创建一个时间序列,供演示 rolling() 函数使用
import pandas as pd
import numpy as np
#创建 365 个随机数
year_data = np.random.randn(365)
#创建 2017 年的全年时间
date_index = pd.date_range("2017-01-01","2017-12-31",freq="D")
ser = pd.Series(year_data,index=date_index)
print(ser.head())
```

运行结果如下。

```
2017-01-01    -0.389676
2017-01-02    -1.335528
2017-01-03     0.758861
2017-01-04    -0.873098
2017-01-05     0.133655
Freq: D, dtype: float64
```

然后,在 ser 上调用 rolling()方法创建一个长度为 10 的滑动窗口。窗口保存在变量 roll_window 中。窗口的具体值见下面的输出。这是一个 Rolling 类对象,表示一个滑动窗口,它里面的 window=10 代表窗口大小为 10,center=False 表示窗口的标签不居中,axis=0 代表对列进行计算。窗口会按照从上到下的方向,一个单位一个单位地向下滑动。

```
#在 ser 上调用 rolling()方法创建一个长度为 10 的滑动窗口
roll_window = ser.rolling(window=10)
roll_window
```

运行结果如下。

```
Rolling [window=10,center=False,axis=0]
```

有了滑动窗口 roll_window 之后,就可以在该窗口上统计一些指标,如中位数、平均值等。如下面示例代码所示,其在每个时间窗口中计算这一段数据的平均值。该代码的输出结果是每个滑动窗口数据的平均值。

```
#在滑动窗口中计算每一个窗口的平均值
tm = roll_window.mean()
tm
```

运行结果如下。

```
2017-01-01         NaN
2017-01-02         NaN
2017-01-03         NaN
2017-01-04         NaN
2017-01-05         NaN
                   ...
2017-12-27    -0.375114
2017-12-28    -0.408890
2017-12-29    -0.428459
2017-12-30    -0.504515
2017-12-31    -0.587642
Freq: D, Length: 365, dtype: float64
```

从结果上看,第一个非 NaN 的日期是 2017-01-10。这是由于当窗口从 2017 年 1 月 1 日开始向下滑动时,前 9 个时间戳所代表的窗口的有效数值都不足 10 个,因此,它们的平均值都是 NaN。而当窗口滑动到 1 月 10 日,第一个有 10 个数值的窗口出现了,可以计算出平均值来。

```
#第一个值非 NaN 的窗口
tm["2017-01-10"]
```

运行结果如下。

```
0.3517513688057662
```

可以手工对窗口滚动求平均值的过程做一个简单的验证，如下面的示例代码所示。代码使用 ser 变量来直接计算前 10 项的平均值。从输出结果中可以看出手动求得的窗口平均值和使用滑动窗口方法计算的平均值是一样的。

```
#直接在前 10 个数据上调用 mean() 方法来计算
ser[:10].mean()
```

运行结果如下。

```
0.3517513688057662
```

在本节最初的问题中，想获取以 8 月 28 日为中心的滑动窗口，只需要对 rolling() 方法的 center 参数进行设置，设置为 True 就可以了。如下面的示例代码所示，结果如下面的输出所示。为了便于理解，这里设置窗口大小为 9，当设置 center 参数为 True 时，窗口的标签位置为窗口的中心。对于 ser 这个时间序列，当设置 center 参数为 True 时，中心点的左右各有 4 个时间戳，因此在下面的输出中，第一个有值的时间戳是 2017 年 1 月 5 日；而全年最后面的 4 个时间戳，因为无法构成以其为中心的窗口为 9 的滑动窗口，故平均值为 NaN。

```
#设置 center 的值为 True
roll2_window = ser.rolling(window=9, center=True)
roll2_window.mean()
```

运行结果如下。

```
2017-01-01         NaN
2017-01-02         NaN
2017-01-03         NaN
2017-01-04         NaN
2017-01-05    0.372368
                 ...
2017-12-27   -0.581691
2017-12-28         NaN
2017-12-29         NaN
2017-12-30         NaN
2017-12-31         NaN
Freq: D, Length: 365, dtype: float64
```

6.3.3　时间序列的移动及聚合

时间序列数据的移动是指沿着时间轴方向将数据进行前移或后移。如图 6.8 所示，里面有 3 个图，从左到右分别代表数据移动前的原始状态、向前移动的状态、向后移动的

shift 函数
与股票收
益率计算

状态。这里的向前移动，指的是把数据朝向坐标轴的小端移动；向后移动，指的是把数据朝向坐标轴的大端移动。注意与时间的前后无关。

Pandas 为 Series 类型和 DataFrame 类型提供了一个 shift()方法，用来前移或后移数据，默认情况下，数据索引保持不变。可以配合时间序列数据的特点来移动时间序列数据。具体用法如下。

```
shift(periods=1,freq=None,axis=0)
```

periods：表示移动的幅度，可以为正数，也可以为负数，默认值是 1，代表移动一个单位。正数代表向坐标轴大端方向移动，负数代表向坐标轴小端方向移动。

freq：如果要移动的对象是一个时间序列数据，freq 可以设为前面学过的时间频率的助记符，表示数据不变，时间序列索引按照设定的时间频率来移动指定次数。一般用处较少。

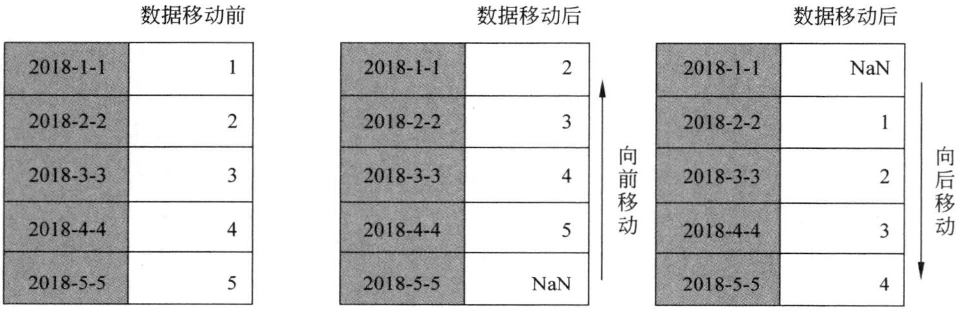

图 6.8 shift()方法

通过下面的示例代码（完整代码见本书配套代码 6-14）演示 shift()函数的用法。代码中，首先创建了一个时间序列数据 time_ser，然后使用 shift(1)将数据向后移动一次，也就是索引保持不变，把数据朝着坐标轴大端的方向移动一步。由于原始数据被向后移动了一次，导致移动后的数据第一个位置需要用 NaN 填充。得到的数据如下。

```
#创建时间序列数据 time_ser
date_index = pd.date_range('2018/01/01', periods=5)
time_ser = pd.Series(np.arange(5) + 1, index=date_index)
time_ser
```

运行结果如下。

```
2018-01-01    1
2018-01-02    2
2018-01-03    3
2018-01-04    4
2018-01-05    5
Freq: D, dtype: int32
#向后移动一次
print(time_ser.shift(1))
```

运行结果如下。

```
2018-01-01    NaN
2018-01-02    1.0
2018-01-03    2.0
2018-01-04    3.0
2018-01-05    4.0
Freq: D, dtype: float64
```

如果在原有 time_ser 上,使用 shift(-1)将数据向前移动一次,也就是索引保持不变,把数据朝着坐标轴小端的方向移动一步,得到的数据如下。由于原始数据被向前移动了一次,导致移动后的数据最后一个位置需要用 NaN 填充。

```
#向前移动一次
print(time_ser.shift(-1))
```

运行结果如下。

```
2018-01-01    2.0
2018-01-02    3.0
2018-01-03    4.0
2018-01-04    5.0
2018-01-05    NaN
Freq: D, dtype: float64
```

时间序列移动操作在真实金融数据场景有很多的应用,如在股票数据中,收益率是非常重要的指标,可以使用时间序列的移动操作来计算股票收益率。假设某只股票的价格时间序列为 $P_1, P_2, \cdots, P_t$,则单期简单收益率和 K 期简单收益率的计算公式如下。

(1)单期简单收益率计算公式:

$$R_t = \frac{P_t - P_{t-1}}{P_{t-1}} = \frac{P_t}{P_{t-1}} - 1$$

(2)K 期简单收益率计算公式:

$$R_t(k) = \frac{P_t - P_{t-k}}{P_{t-k}} = \frac{P_t}{P_{t-k}} - 1$$

下面看一个具体的实例。万科公司股票从 2014 年 1 月 2 日到 1 月 10 日这 7 个工作日的每日收盘价分别为 7.99,7.84,7.48,7.43,7.42,7.46,7.38。利用该数据可以很容易计算出第 6 期,也就是 1 月 9 日那天的单期收益率。计算该单期收益率的方式如下。

$$R_6 = \frac{P_6 - P_5}{P_5} = \frac{7.46 - 7.42}{7.42} = \frac{0.04}{7.42} \approx 0.54\%$$

以上是用手工方式来计算单期收益率,因为时间序列数据的数据量通常都非常多,全部手工计算显然非常没有效率,接下来演示如果使用时间序列的移动操作来自动地解决这个问题。

首先,在下面的示例代码中(完整代码见本书配套代码 6-15),使用 date_range()函数创建了从 2014 年 1 月 2 日起的 7 个工作日,注意这里参数 freq 对应的频率助记符为 B,表示每个工作日。然后和每日的收盘价列表组合生成一个 Series 对象 close。close 的数据情况见下面的输出。

```
date_index = pd.date_range('2014/01/02', periods=7, freq='B')
close = pd.Series([7.99,7.84,7.48,7.43,7.42,7.46,7.38],
                              index=date_index)
close
```

运行结果如下。

```
2014-01-02     7.99
2014-01-03     7.84
2014-01-06     7.48
2014-01-07     7.43
2014-01-08     7.42
2014-01-09     7.46
2014-01-10     7.38
Freq: B, dtype: float64
```

这里以计算单期收益率为例。每一天的单期收益率的计算公式中都涉及用当日的收盘价减去昨日的收盘价，所以，需要构造出一个滞后一期的收盘价。如下面的示例代码所示，代码使用 shift(1) 将收盘价数据向后移动一天，使得每个昨日的收盘价在滞后收盘价序列中对应的日期都为当日的日期，得到滞后一期时间序列数据 lagclose。这样在 lagclose 中，2014 年 1 月 9 日对应的值 7.42 实际上是原收盘价 close 数据中 2014 年 9 月 8 日那一天的。

```
#将收盘价滞后一期
lagclose = close.shift(1)
Lagclose
```

运行结果如下。

```
2014-01-02     NaN
2014-01-03     7.99
2014-01-06     7.84
2014-01-07     7.48
2014-01-08     7.43
2014-01-09     7.42
2014-01-10     7.46
Freq: B, dtype: float64
```

最后，对 close 和 lagclose 这两个收盘价数据做减法，再除以 lagclose，就得到了每一天的单期收益率。可以注意到，下面运行结果框内的值，0.005391，这个值和之前用手工计算的 0.54% 是一致的。过程参见下面的示例代码。

```
#合并 close 和 lagclose 这两个收盘价数据
#计算单期收益率
rets = (close-lagclose)/lagclose
Rets
```

运行结果如下。

```
2014-01-02        NaN
2014-01-03   -0.018773
```

```
2014-01-06   -0.045918
2014-01-07   -0.006684
2014-01-08   -0.001346
2014-01-09    0.005391
2014-01-10   -0.010724
Freq: B, dtype: float64
```

6.4　时间序列预测模型

若时间序列具有稳定性或规则性,那么时间序列有可能会在未来保持过去几期的发展态势,这样就可以利用历史数据对未来的值进行预测。时间序列分析中最常见的预测模型就是将过去期的变量取值进行平均,将平均值作为下一期的预测值。由于在取平均数时,数值的随机波动成分在一定程度上会被消除掉,所以得到的预测值受过去极端值的干扰减少,从而达到平滑的效果,因此这种平均数预测法被称为移动平均预测法(Moving Average)。根据"取平均"方式的不同,可以将移动平均预测法分为简单移动平均法(Simple Moving Average)、加权移动平均法(Weighted Moving Average)和指数加权移动平均法(Exponential Moving Average)等。

6.4.1　简单移动平均

简单移动平均是用某一时间结点前 n 期的数值的简单平均数来预测该时间点的数值,以达到平滑的效果。简单地说,即用 $x_t, x_{t-1}, x_{t-2}, \cdots, x_{t-n+1}$ 这 n 个数的简单平均数来预测 x_{t+1},可以用数学公式表达为

$$\hat{x}_{t+1} = \frac{x_t + x_{t-1} + x_{t-2} + \cdots + x_{t-n+1}}{n}$$

式中各个变量的含义如下。

(1) $\hat{x}_{t+1}$:对下一期的预测值,或者当期的简单移动平均数。

(2) x_t:当期随机变量的实现值。

(3) x_{t-i}:前 i 期随机变量的实现值。

(4) n:平均值的计算中包括过去观察值的个数。每出现一个新观察值,就要从移动平均中减去一个最早的观察值。

6.4.2　加权移动平均

简单移动平均对每一期的数值都赋予相同的权重,也就是说,它认为每一个时期的数据对于新的预测值或者平滑值的影响是一样的。但现实生活中可能并非如此,即有时候简单移动平均对于信息的利用不是很充分。加权移动平均法则是根据同一个时间段内不同时间的数据对预测值的影响程度,分别给予不同的权重,其计算公式为

$$\hat{x}_{t+1} = w_0 x_t + w_1 x_{t-1} + \cdots + w_n x_{t-n+1}$$

式中各个变量的含义如下。

(1) $\hat{x}_{t+1}$:对下一期的预测值,或者当期的加权移动平均数。

（2）x_t：当期随机变量的实现值。

（3）x_{t-i}：前 i 期随机变量的实现值。

（4）w_0：当期实现值的权重。

（5）w_i：前 i 期实现值的权重。

6.4.3　指数加权移动平均

指数加权移动平均兼具简单移动平均和加权移动平均两者的特点；不舍弃过去的数据，但是随着数据时间点的远离，其权重逐渐递减。指数加权移动平均法的基本思想是：考虑时间间隔对事件的发展过程的影响，各期权重随时间间隔的增大而呈现指数衰减。其计算公式如下。

$$\hat{x}_{t+1} = \alpha x_t + \alpha(1-\alpha)x_{t-1} + \alpha(1-\alpha)^2 x_{t-2} + \cdots$$

其中，α 为平滑系数，满足 $0<\alpha<1$ 的条件。经验表明，α 的值介于 $0.05\sim0.3$，平滑效果比较好。同理可得：

$$\hat{x}_t = \alpha x_{t-1} + \alpha(1-\alpha)x_{t-2} + \alpha(1-\alpha)^2 x_{t-3} + \cdots$$

进一步地，结合上述两个公式可以得到：

$$\hat{x}_{t+1} = \alpha x_t + (1-\alpha)\hat{x}_t$$

式中各个变量的含义如下。

（1）$\hat{x}_{t+1}$：对下一期的预测值，或者当期的指数加权移动平均数。

（2）x_t：当期随机变量的实现值。

（3）$\hat{x}_t$：$t-1$ 期对 t 期的预测值，或 $t-1$ 期的指数加权移动平均数。

（4）α：平滑系数。

从整理后的公式可以发现，任一期的指数加权移动平均数都是本期实际观察值 x 与前一期指数加权移动平均数的加权平均 $\hat{x}$。确定 $\hat{x}_t$ 的初值 $\hat{x}_1$ 通常有两种方法：一种是取第一期的实现值为初值；另一种是取最初几期的平均值为初值。

ARIMA 模型

6.5　ARIMA 模型

本节将介绍使用 ARIMA 模型基于历史时间数据对未来时刻进行预测的方法。ARIMA 模型涉及很多的数理统计知识，这些知识不在本节的内容范围，读者可自行查找相关内容。本节内容将从应用的角度来简单介绍一下 ARIMA 模型的使用过程，并用代码在真实股票数据上进行预测。

使用移动平均法能够简单、快速地对时间序列进行预测。但是，移动平均中的参数（例如，选取过去实现值的期数、加权平均的权重值、指数加权平均的平滑系数等）往往是主观设置的，这种主观设置很容易偏离实际情况，因此在实际应用中，很少将移动平均得到的结果直接作为变量未来取值的预测。为了更好地对时间序列做出预测，学者们发展出各种各样的时间序列模型。这些时间序列模型意图刻画时间序列背后的统计规律，并根据这些规律来对时间序列做出更为精准的预测。以这种方式进行的时间序列分析的理论建构过程大致可以分为三个阶段。

　　开展时间序列分析的理论研究的时间比较早,20 世纪 30 年代前后是理论模型构建的基础阶段。在此期间提出的模型研究对象多是平稳的时间序列。Udny Yule 在 1927 年提出了著名的自回归模型(Autoregressive Model,AR);移动平均模型(Moving Average Model,MA 模型)也随之出现。之后学者们将 AR 和 MA 模型结合在一起,发展出 ARMA(Autoregressive Moving Average)模型。1970 年,当 ARMA 模型被 Box 和 Jenkins 写进教科书时,这个模型逐渐流行了起来,并被广泛应用在学术界和实务界。与此同时,Box 和 Jenkins 也在同一本书中提出了 ARIMA(Autoregressive Intergrated Moving Average)模型,该模型的处理对象为非平稳的时间序列,ARIMA 模型的提出标志着时间序列分析理论构建进入成熟阶段,在此阶段,时间序列模型被大量地应用在实证研究中。

　　ARIMA 的全称叫作差分整合移动平均自回归模型,又称作整合移动平均自回归模型,是一种用于时间序列预测的常见统计模型。ARIMA 模型主要由 AR(p)、I(d)与 MA(q)模型三个部分组成,一般记为 ARIMA(p,d,q)。

　　AR(p)模型(Auto Regressive)是一个线性模型,可以理解为未来值如何受历史上前面 p 期值的影响的数学模型。

　　MA(q)模型(Moving Average)是一个线性模型,可以理解为未来值如何受历史上前面 q 期的错误影响的数学模型。

　　I 模型是一个差分操作。ARIMA 模型要求时序数据要满足平稳性,常常真实的时间数据不平稳,如带有明显的趋势信息、持续增加或者持续降低等。这个时候,就需要对原始数据进行差分处理,使得数据变得近似平稳。

　　平稳性是时间序列分析的基础。时间序列平稳性判断的数学方法比较复杂,可以用一个例子来通俗地理解平稳性。假如某股票的日收益率由转轮盘赌决定:转到不同数字就对应不同的收益率。在每个时刻,都转同一个轮盘赌并确定收益率。只要这个轮盘不变,那么对于所有的时刻,收益率的概率分布都是一样的、不随时间变化。这样的时间序列就是平稳的。但如果从某个时刻开始,轮盘发生了变化(如轮盘上面的数字变多了),那么显然从这一刻开始,收益率的概率分布就便随之发生变化,因此时间序列就不是平稳的。

　　此外,也可以从时间序列的图形上简单做一个判断,如图 6.9 所示。左侧的图形随着 t 的变化 x 没有明显的趋势,可以认为是平稳的;右侧的图随着时间 t 的变化,x 明显在增长,因此不是平稳的,有趋势因素在影响。

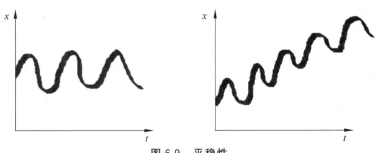

图 6.9　平稳性

简单地说，ARIMA 模型的基本思想是：将预测对象随时间推移而形成的数据序列视为一个随机序列，用一定的数学模型来近似描述这个序列，这个模型一旦被识别后，就可以从时间序列的过去值及现在值来预测未来值。

ARIMA 模型建立的基本步骤如下。

（1）获取被观测的时间序列数据。

（2）根据时间序列数据进行绘图，观测是否为平稳时间序列。

（3）如果不平稳，就需要做差分操作处理，并得到差分阶数 d。

（4）从平稳的时间序列中求得自相关系数 ACF 和偏自相关系数 PACF，得到最佳的阶数 p 和阶数 q。

（5）根据上述计算的 d、q、p 得到 ARIMA 模型，然后对模型进行检验。

现在通过一个金融数据实例来介绍 ARIMA 模型在预测股票走势场景中的应用。这里以"五粮液"股票数据为例，使用 ARIMA 模型对其股票收盘价进行预测。完整的示例代码如本书配套代码 6-16 所示。

```python
#ARIMA 模型示例代码
#导入需要使用的包
import pandas as pd
import datetime
import matplotlib.pylab as plt
#导入统计模型 ARIMA 与相关函数
from statsmodels.tsa.arima_model import ARIMA
from statsmodels.graphics.tsaplots import plot_acf, plot_pacf
#解决 Matplotlib 显示中文问题
#指定默认字体
plt.rcParams['font.sans-serif'] = ['SimHei']
#解决保存图像是负号'-'显示为方块的问题
plt.rcParams['axes.unicode_minus'] = False
```

代码的前 5 行导入需要的几个包；第 6、7 行导入 ARIMA 模型本身，以及需要的 acf、pacf 的计算函数，第 8～12 行让图形能够显示正确的中文和负号。接下来的示例代码读入五粮液这只股票的历史数据，并查看其前 5 行，如图 6.10 所示。

```python
#读取历史股票数据
data_path = open(r'五粮液股票数据.csv')
shares_info = pd.read_csv(data_path)
shares_info.head()
```

	股票代码	交易日期	开盘价	最高价	最低价	收盘价	昨收价	涨跌额	涨跌幅	成交量（手）	成交额（千元）
3816	000858.SZ	20030108	11.12	11.37	11.10	11.35	11.12	0.23	2.07	3722.07	4183.3125
3817	000858.SZ	20030107	11.10	11.28	11.10	11.12	11.23	-0.11	-0.98	3861.13	4303.6654
3818	000858.SZ	20030106	11.18	11.28	11.00	11.23	11.18	0.05	0.45	4205.45	4692.6101
3819	000858.SZ	20030103	11.14	11.30	11.11	11.18	11.15	0.03	0.27	4821.27	5379.8065
3820	000858.SZ	20030102	11.45	11.46	11.10	11.15	11.59	-0.44	-3.80	6501.25	7293.1202

图 6.10　五粮液股票数据前 5 行

再查看其后 5 行，从中可以看出，整个数据的时间跨度是从 2003 年 1 月 2 日到 2018

年 9 月 20 日,共计 3820 个数据,如图 6.11 所示。

```
shares_info.tail()
```

	股票代码	交易日期	开盘价	最高价	最低价	收盘价	昨收价	涨跌额	涨跌幅	成交量（手）	成交额（千元）
3816	000858.SZ	20030108	11.12	11.37	11.10	11.35	11.12	0.23	2.07	3722.07	4183.3125
3817	000858.SZ	20030107	11.10	11.28	11.10	11.12	11.23	-0.11	-0.98	3861.13	4303.6654
3818	000858.SZ	20030106	11.18	11.28	11.00	11.23	11.18	0.05	0.45	4205.45	4692.6101
3819	000858.SZ	20030103	11.14	11.30	11.11	11.18	11.15	0.03	0.27	4821.27	5379.8065
3820	000858.SZ	20030102	11.45	11.46	11.10	11.15	11.59	-0.44	-3.80	6501.25	7293.1202

图 6.11 五粮液股票数据后五行

接下来,将"交易日期"一列设置为行索引,使得数据变为时间序列数据,如图 6.12 所示。

```
#将"交易日期"一列设置为行索引
dates = pd.to_datetime(shares_info['交易日期'].values, format='%Y%m%d')
shares_info = shares_info.set_index(dates)
shares_info.head()
```

	股票代码	交易日期	开盘价	最高价	最低价	收盘价	昨收价	涨跌额	涨跌幅	成交量（手）	成交额（千元）
3816	000858.SZ	20030108	11.12	11.37	11.10	11.35	11.12	0.23	2.07	3722.07	4183.3125
3817	000858.SZ	20030107	11.10	11.28	11.10	11.12	11.23	-0.11	-0.98	3861.13	4303.6654
3818	000858.SZ	20030106	11.18	11.28	11.00	11.23	11.18	0.05	0.45	4205.45	4692.6101
3819	000858.SZ	20030103	11.14	11.30	11.11	11.18	11.15	0.03	0.27	4821.27	5379.8065
3820	000858.SZ	20030102	11.45	11.46	11.10	11.15	11.59	-0.44	-3.80	6501.25	7293.1202

图 6.12 将索引改为时间序列类型

由于这个时间序列数据有很多个时间点,数据较多,不那么平滑。可以采用按周重采样,使用均值聚合的方法,对数据做平滑处理。使用 2014—2016 年的数据作为训练数据,2017 年以后的数据保留作为将来的测试数据,并绘制折线图。观察一下整体的走势。从图 6.13 上看,数据明显是不稳定的。

```
#按周重采样
shares_info_week = shares_info['收盘价'].resample('W-MON').mean()
#训练数据
train_data = shares_info_week['2014': '2016']
plt.plot(train_data)
plt.title('股票周收盘价均值')
plt.show()
```

为了使用 ARIMA 模型,需要设置 p、q、d 三个参数的值。因此,接下来首先计算 ACF 值并得到 ACF 图,代码中设置的 lags＝20,表示计算滞后的 20 期和当前期的自相关系数。从得到的图 6.14 来看,20 期的自相关系数在缓慢下降,并没有在阴影的置信区间中,因此不能用来确定 q 的值。

```
#在 train_data 上计算 ACF 系数
acf = plot_acf(train_data,lags=20)
plt.title('股票指数的 ACF')
plt.show()
```

图 6.13　按周重采样

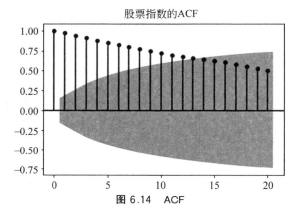

图 6.14　ACF

因此，使用 diff(1)方法做一阶差分。由于差分后有部分数据为空，使用 dropna()函数去掉空行；将一阶差分后的数据绘制折线图，从图 6.15 上看数据已经近似平稳了。

```python
#做差分让数据变得平稳
train_diff = train_data.diff(1)
diff=train_diff.dropna()
plt.figure()
plt.plot(diff)
plt.title('一阶差分')
plt.show()
```

在一阶差分的数据上重新计算 ACF 的情况，这次看到一阶之后的各阶 ACF 值都已经很小了，并都落在阴影的置信区间之中了，如图 6.16 所示，所以设置 $q=1$。

```python
#在一阶差分后的数据 diff 上重新计算 ACF 值
acf_diff = plot_acf(diff,lags=20)
plt.title('一阶差分的 ACF')
plt.show()
```

类似地，在一阶差分的数据上计算 PACF 的情况，这次看到一阶之后的各阶 PACF

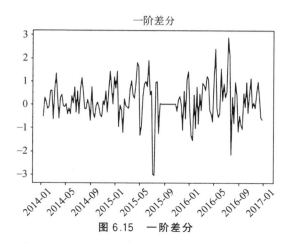

图 6.15　一 阶 差 分

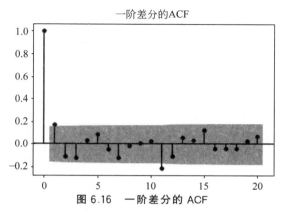

图 6.16　一阶差分的 ACF

值都已经很小了,并都落在置信区间之中了,如图 6.17 所示,所以也可以设置 $p=1$。

```
#在一阶差分后的数据 diff 上重新计算 ACF 值
pacf_diff = plot_pacf(diff,lags=20)
plt.title('一阶差分的 PACF')
plt.show()
```

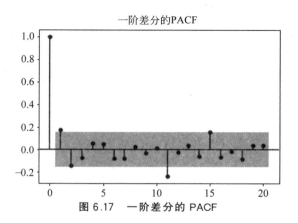

图 6.17　一阶差分的 PACF

综合汇总前面的结果，可以得到 $p=1, d=1, q=1$，进而可以在 train_data 上构建 ARIMA 模型，并使用 fit()方法进行拟合，得到最终的拟合模型 arima_result。

```
#创建 ARIMA 模型
model = ARIMA(train_data, order=(1, 1, 1))
#拟合模型
arima_result = model.fit()
```

首先查看一下 arima_result 在训练数据上的预测结果。如图 6.18 所示，虚线为训练数据的真实值，实线为在训练集上的拟合预测值，可以看出，在训练集上的拟合情况是非常理想的。两条曲线的走势非常类似，几乎是重合的。说明拟合的模型在训练集上预测得非常准，几乎和标准答案是一致的。

```
#查看在训练数据上的预测结果
pred_vals = arima_result.predict(typ="levels",dynamic=False)
plt.figure()
plt.plot(train_data,label="真实值",ls="--")
plt.plot(pred_vals,label="预测值")
plt.title('真实值 vs 预测值')
plt.legend()
plt.show()
```

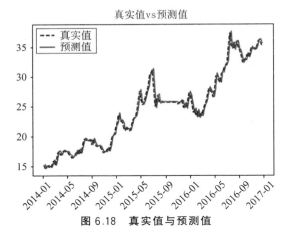

图 6.18　真实值与预测值

最后，使用 arima_result 对未来 5 天的数据进行预测，这也是检验模型是否能够实际应用的关键部分。使用 forecast()方法预测从 2017 年 1 月 2 日起的未来 5 天的情况。得到的结果是一个元组，元组的第一项是预测的值。并将预测值和真实值都画在同一张图上，对比观察。

```
#对未来 5 天进行预测
fore_vals = arima_result.forecast(5)
plt.figure()
plt.plot(fore_vals[0],marker="o",label="预测值")
plt.plot(shares_info_week[pd.date_range(start="2017-01-02",periods=5,freq
="W-MON")].values, marker="s",label="真实值")
plt.xticks(np.arange(5),['2017-01-02', '2017-01-09', '2017-01-16', '2017-01
```

```
-23','2017-01-30'])
plt.title('真实值 vs 预测值')
plt.legend()
plt.show()
```

对比的结果如图 6.19 所示,方块点线条为真实值,圆圈点线条为预测值。从图 6.19 中看,预测的趋势还是有一定准确性的,但是预测的具体值和真实值还是有不小的差距。因此,说明 ARIMA 模型对趋势的把握要比预测具体值更加准确。这一点在使用中需要注意。

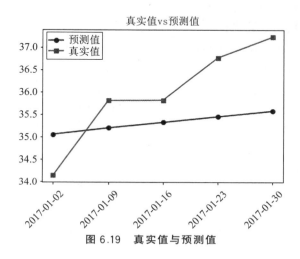

图 6.19　真实值与预测值

小结

在本章中,对时间序列分析的方法进行了概述,介绍了时间序列数据的基本知识、日期时间型的常见创建方法、时间序列数据的访问和切片方法、创建固定频率的时间序列和时期对象时间序列的方法,介绍了通过对时间序列进行重采样方法、窗口移动的方法、时间序列整体移动的方法来聚合数据。最后介绍使用 ARIMA 模型对时间序列进行预测的方法。

习题

一、单选题

1. 下列函数中,用于创建固定频率 DatetimeIndex 对象的是(　　　)。

    A. shift()　　　　　　　　　　　　　B. date_range()

    C. period_range()　　　　　　　　　　D. asfreq()

2. 下列选项中,用来表示 Pandas 中的时间戳的是(　　　)。

    A. Period　　　　　　　　　　　　　　B. Timestamp

    C. Interval　　　　　　　　　　　　　D. Series

3. 关于时间序列的移动,下列说法错误的是(　　　)。

    A. 移动是指沿着时间轴方向将数据进行前移或后移

    B. 时间序列移动后,索引也会发生变化

    C. 数据移动后会出现边界情况

    D. 无论时间序列的数据怎么移动,索引是不会发生任何变化的

4. 关于重采样的说法中,下列描述错误的是(　　　)。

    A. 重采样是将时间序列从一个频率转到另一个频率

    B. 升采样的时间颗粒是变小的

    C. 时间序列数据在降采样时,总体的数据量是增加的

    D. 时间序列数据在降采样时,总体的数据量是减少的

5. 下列函数中,用于创建固定频率 PeriodIndex 对象的是(　　　)。

    A. shift()   B. date_range()

    C. period_range()   D. asfreq()

6. 下列函数中,用于移动数据的是(　　　)。

    A. shift()   B. date_range()

    C. period_range()   D. asfreq()

7. 当使用 resample()方法重新采样时,下列哪个参数可以确定采样的闭合区间?
(　　　)

    A. label   B. fill_method

    C. how   D. closed

8. 关于降采样的说法中,下列描述错误的是(　　　)。

    A. 降采样是将高频率数据聚合到低频率数据

    B. 降采样的时间颗粒会变大

    C. 降采样的数据量是增加的

    D. 降采样就相当于另外一种形式的分组聚合操作

9. 下列方法中,用来创建一个滑动窗口的是(　　　)。

    A. shift()   B. rolling()

    C. asfreq()   D. resample()

10. 请阅读下面一段程序:

```
roll_window = ser_obj.rolling(window=10)
```

有关上述程序,下面描述错误的是(　　　)。

    A. roll_window 是一个 Period 类对象   B. 窗口的大小为 10

    C. 窗口的标签为非居中   D. 默认对一列的数据进行计算

11. 请阅读下面一段程序:

```
period = pd.Period(2010)
print(period+5)
```

运行上述程序,它最终输出的结果为(　　　)。

　　　A. 2015　　　　　　　B. 2014　　　　　　　C. 2013　　　　　　　D. 2012

12. 下列关于 ARIMA(p,d,q)的说法中,描述不正确的是(　　　)。

　　　A. ARIMA 是一种用于时间序列预测的常见统计模型

　　　B. 参数 p 代表自回归项数

　　　C. 参数 d 代表自回归项数

　　　D. 参数 q 代表滑动平均项数

13. 下列选项中,用来表示时间序列中的频率为每小时的是(　　　)。

　　　A. S　　　　　　　B. B　　　　　　　C. D　　　　　　　D. H

14. 下列选项中,用来表示时间序列中的频率为每周六的是(　　　)。

　　　A. WOM-2MON　　　　　　　　　B. W-FRI

　　　C. W-SUN　　　　　　　　　　　D. W-SAT

二、判断题

1. 最基本的时间序列类型是以时间戳为索引的 Series 对象。　　　　　　　　(　　　)

2. 如果相同频率的两个 Period 对象进行数学运算,那么计算结果为它们的单位数量。

(　　　)

3. 任何类型的 Pandas 对象都可以进行重采样。　　　　　　　　　　　　　　(　　　)

4. DatetimeIndex 是一种用来指代一系列时间戳的索引结构。　　　　　　　　(　　　)

5. 降采样时可能会导致一些时间戳索引没有对应的数据。　　　　　　　　　　(　　　)

6. 时间序列的移动是指沿着时间轴方向将数据进行前移或后移。　　　　　　　(　　　)

7. 时间序列移动后,索引会发生变化。　　　　　　　　　　　　　　　　　　(　　　)

8. 数据移动后不会出现边界存在 NaN 值的情况。　　　　　　　　　　　　　(　　　)

9. 降采样的时间颗粒是变小的。　　　　　　　　　　　　　　　　　　　　　(　　　)

10. 若调用 shift()方法时传入一个正数,则表明时间序列中的数据会沿着纵轴正方向移动一次。

(　　　)

11. 在 Pandas 中,Period 类表示一个时间戳。　　　　　　　　　　　　　　　(　　　)

12. 重采样是指将时间序列从一个频率转换到另一个频率的处理过程。　　　　　(　　　)

13. 如果是将高频率数据聚合到低频率数据,则称为升采样。　　　　　　　　　(　　　)

14. 在 OHLC 采样时,时间序列的数据量是减少的。　　　　　　　　　　　　(　　　)

15. 滑动窗口指的是根据指定的单位长度来框住时间序列,从而计算框内的统计指标。

(　　　)

投资组合理论

本章学习目标

- 掌握投资组合理论的含义。
- 掌握投资组合理论的分析方法和模型。
- 熟悉投资组合理论的 Excel 实现方法。
- 了解投资组合理论的 Python 解决方案。

投资组合理论的提出者是美国的经济学家马科维茨,在 1952 年提出,并进行了系统、深入和卓有成效的研究,他因此获得了 1990 年的诺贝尔经济学奖。

7.1 投资组合基本原理

投资组合理论主要的思想,就是著名的现代投资理念"不要把所有的鸡蛋放在同一个篮子里",也就是分散投资的理念。我们要选择不同的投资方式进行搭配投资,来分散风险。

举例来说,如图 7.1 所示。

图 7.1 投资组合理论

例如,30 个鸡蛋,由于 A 篮子的破损率较高、风险大,所以选择少放几个鸡蛋;C 篮子没有破损,风险小,就可以多放些鸡蛋;而 B 篮子风险为中等,可以选择适当放些数量。综合起来,如果 A 篮子破损,还会剩下 25 个完好的鸡蛋,如果 B 篮子不巧也破损了,还有 15 个鸡蛋,损失不会太大。但如果把所有的 30 个鸡蛋都放在 A 篮子里,那么很可能会血本无归。这就是搭配投资理念,通过这样的方式分散风险来避免损失过大。

7.1.1　现代投资组合理论

现代投资组合理论的中心问题就是收益与风险的平衡。具体来说,投资组合的含义就是为了避免过高风险和过低收益,根据多元化原则,选择若干投资进行搭配投资。这里要思考什么才是过高风险?什么又是过低收益呢?如何界定?就是在具有相同风险的情况下,我们会选择收益较高的投资;在将获得相同收益的前提下,会选择风险较小的投资。如果你这么做,我们会认为你是一个理性投资者。

现代投资组合理论在马科维茨的理论基础上不断完善,归结了理性投资者如何利用分散投资来优化他们的投资组合。

在介绍现代投资组合原理之前,需要关注一个问题:我们的研究是基于"理性投资者"的,也就是投资组合理论研究"理性投资者"如何选择优化投资组合。那么什么才算理性投资者?

理性投资者,就是在给定期望风险水平下对期望收益进行最大化,或者在给定期望收益水平下对期望风险进行最小化。追求这样组合的投资者就属于理性投资者。换句话说,就是剔除了或者说我们研究的投资者不包括这样的人:在给定风险下追求更小的收益,或在给定收益下追求更大风险的投资者。前者是厌恶风险型投资者,后者是喜好风险型投资者,这两种类型的投资者都不是我们所要研究的理性投资者。

人们在进行投资的过程中,本质上是在不确定性的收益和风险中进行选择的。一个理性的投资者会在几个拥有相同预期回报的投资组合中选择其中风险最小的那个投资组合;另一种情况是若风险相同,选择回报最高的那个。这样的投资组合称为最优投资组合(Efficient Portfolie)。那么问题就聚焦在了风险和收益如何刻画?用什么样的指标来衡量呢?

7.1.2　分析方法和模型

投资组合理论使用均值-方差来刻画这两个关键因素。资本组合理论使用的分析方法是均值-方差法,使用的模型是有效边界模型。

1. 均值-方差

首先来看在投资组合理论中的均值方差含义与数学上或统计学上的均值方差有什么不同。所谓均值,是指投资组合的期望收益率,它是单只证券的期望收益率的加权平均,权重为相应的投资比例。而方差是指投资组合的收益率的方差。我们把收益率的标准差称为波动率,用这个指标来刻画投资组合的风险。

看下图 7.2,把投资组合在以波动率为横坐标、收益率为纵坐标的二维平面中描绘出来,形成一条曲线。也就是说,横坐标为风险,其值是波动率;纵坐标是收益率。我们观察,当风险为 6% 时,A 点和 B 点具有相同的风险,在风险相同的情况下,我们会选择哪个点进行投资呢?当然是 A 点,因为在相同的风险下,A 的纵坐标较大,也就是收益率较大。

2. 有效边界

如图 7.3 所示,第一,我们发现这条曲线上的 C 点很特殊,它的横坐标最小,也就是风

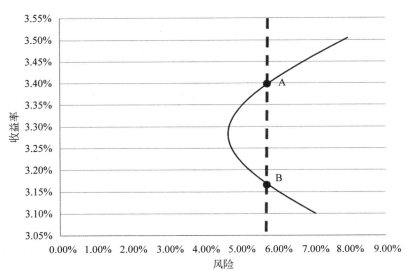

图 7.2　相同风险下的收益率

险最小、波动率最小。这条曲线上波动率最低的点,称为最小方差点(MVP)。因此,这条曲线也就是著名的 MVP 曲线。

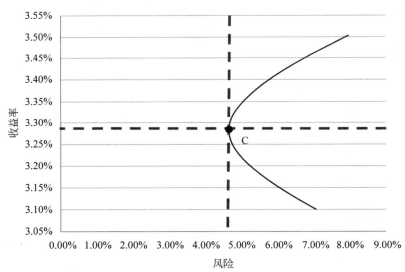

图 7.3　风险最小的点

第二,作为理性投资者,我们一定会考虑从 C 点开始向上延伸的那部分曲线作为可能的投资组合。因为相同风险下上半部分的收益更大。这条曲线在最小方差点以上的部分就是著名的(马科维茨)投资组合有效边界,对应的投资组合称为有效投资组合。

下面研究有效投资组合的图形是如何绘制出来的。

首先研究简单的单个证券的收益率计算。

3. 单个证券的收益

【例 7-1】　有一只股票的收益率为 5%时,概率为 20%;收益率为 7%时,概率为

30%；而收益率为 13% 和 15% 时分别也是 20% 和 30%。那么它的总体预期收益率是多少？将不同的收益率乘以其出现的概率，求和后的结果就是预期收益率。在这个例子中，这只股票的预期收益率就是 10%。具体数据如表 7.1 所示。

表 7.1　单个证券的收益

序　号	收益率（R）	概率（P_i）
1	5%	0.2
2	7%	0.3
3	13%	0.3
4	15%	0.2

$$预期收益率\ \overline{R} = \sum_{i=1}^{n} R_i \cdot P_i = 5\% \times 0.2 + 7\% \times 0.3 + 13\% \times 0.3 + 15\% \times 0.2 = 10\%.$$

4. 单个证券的风险

那么单个证券的风险又该如何计算呢？

一般认为股票的收益是符合正态分布的随机数，其实际收益率 R 与 $\overline{R}$ 的偏差越大，表示风险越大，用统计研究方法中的标准差来描述，记为下面这个公式。

$$\sigma = \sqrt{\sum_{i=1}^{n} (R_i - \overline{R}_i)^2 \cdot P_i}$$

将例 7-1 中的数据代入公式，就得到这只股票的风险为 3.9%。

如果使用 Excel 来计算，能够很好地理解其中的原理。具体计算步骤详见图 7.4，不做赘述。

序号	收益率(R)	概率(P_i)	$R_i - \overline{R}_i$	$(R_i - \overline{R}_i)^2$	$(R_i - \overline{R}_i)^2 * P_i$
1	5%	0.2	-5.00%	0.25%	0.05%
2	7%	0.3	-3.00%	0.09%	0.03%
3	13%	0.3	3.00%	0.09%	0.03%
4	15%	0.2	5.00%	0.25%	0.05%
平均值	10%	0.25			sum( ) = 0.15%
					sqrt( ) = 3.92%

图 7.4　使用 Excel 求单个证券的风险

5. 双证券组合

投资变成双证券时，其组合的收益又该如何计算呢？

假设投资者投资 A 和 B 两种股票，投资比例为 X_A 和 X_B，且 $X_A + X_B = 1$，则预期收益率为 $\overline{R}_p = X_A \cdot \overline{R}_A + X_B \cdot \overline{R}_B$，组合的风险为

$$\sigma_P^2 = \sum_{i,j=1}^{n} X_i X_j \sigma_{ij} = X_A^2 \sigma_A^2 + X_B^2 \sigma_B^2 + 2X_A X_B \sigma_{AB}$$

将上述数据代入这两个公式，就可以求得双证券组合下的收益与风险。具体步骤可以借助 Excel 来实现。

投资组合
分析

7.2 投资组合分析——Excel 方法实现

Excel 实现方法,主要由以下四个步骤组成。

步骤一:求出组合收益率的均值和标准差,即组合期望收益率和风险。

步骤二:引用组合风险和组合期望收益率。

步骤三:求其他投资比例下的组合风险与组合期望收益率。

步骤四:绘制组合风险与组合期望收益率构成的曲线图。

下面以一个例题的形式分别来展示每个步骤的操作方法。

【例 7-2】 有这样一组数据,如图 7.5 所示,已知 A 和 B 两只股票 12 个月的收益率,投资比例为图中方框 1(A1 至 C1)的数值,即各为 50% 和 50%。也就是如果总投资为 100 万,其中 50 万投资于 A 股票,另外的 50 万购买了 B 股票。

	A	B	C	D
1	比例	① 50%	50%	③
2	月份	股票A	股票B	组合收益率
3	1	-0.48%	-0.58%	-0.53%
4	2	-1.91%	4.71%	1.40%
5	3	-3.42%	-3.34%	-3.38%
6	4	11.48%	11.27%	11.38%
7	5	1.54%	4.71%	3.13%
8	6	3.80%	0.17%	1.99%
9	7	2.58%	16.14%	9.36%
10	8	3.70%	4.60%	4.15%
11	9	10.41%	1.75%	6.08%
12	10	9.37%	16.33%	12.85%
13	11	2.78%	-0.59%	1.10%
14	12	-0.57%	-13.12%	-6.85%
15	均值	② 3.27%	3.50%	3.39%
16	标准差	4.66%	7.96%	5.58%

图 7.5 Excel 中求两只股票的组合收益率

具体解题步骤如下。

步骤一:求出组合收益率的均值和标准差,即组合期望收益率和风险。首先可以由这个表中的数据得出 A 股票和 B 股票的 12 个月收益率的平均值,也就是它们的期望收益,结果显示在图片下方的方框 2 处,如图 7.5 所示。

再通过投资比例,求出两只股票组合后的收益率,先求第一个月的组合收益率。

做法是 D3=B3 * B1+C3 * C1,其他 11 个月的数据可以通过复制单元格的公式得到,结果显示在右侧的方框 3 中。

最后得到的 3.39% 和 5.58% 分别是组合后的期望收益率和组合后的风险。

步骤二:引用组合风险和组合期望收益率。

做法是:首先将步骤一中求出的均值与标准差引用到图中"组合风险"与"组合期望收益率"单元格的下方。注意:是引用,而不是复制。也就是说,单击 B20 单元格后输入等号,再单击 D16,完成第一个值的引用,第二个值的引用方法与之相同,如图 7.6 所示。

步骤三:求其他投资比例下的组合风险与组合期望收益率。

做法是：先选中单元格 A20：C47，如图 7.7 中方框所示。

图 7.6　Excel 中引用组合风险和
组合期望收益率

图 7.7　选中区域

步骤四：求其他投资比例下的组合风险与组合期望收益率。

做法是：先选中图 7.7 中的方框 1 区域。单击"数据"菜单，找到"模拟分析"工具，展开其下拉列表，找到"模拟运算表"，如图 7.8 所示。

图 7.8　Excel 求其他投资比例下的组合风险与组合期望收益率

弹出"模拟运算表"对话框，在其中的"输入引用列的单元格"处输入或选择 B1 单元格，也就是 A 股票的原始投资比例，如图 7.9 所示，后单击"确定"按钮。

随即在原始空白区域显示了 A 股票不同投资比例下，AB 组合的风险和期望收益率。如图 7.10 显示。

19	A股所占比例	组合风险	组合期望收益率
20		5.58%	3.39%
21	0.0%	7.96%	3.50%
22	5.0%	7.68%	3.49%
23	10.0%	7.42%	3.48%
24	15.0%	7.16%	3.47%
25	20.0%	6.91%	3.46%
26	25.0%	6.66%	3.45%
27	30.0%	6.43%	3.43%
28	35.0%	6.20%	3.42%
29	40.0%	5.98%	3.41%
30	45.0%	5.78%	3.40%
31	50.0%	5.58%	3.39%
32	55.0%	5.40%	3.38%
33	60.0%	5.24%	3.37%
34	65.0%	5.09%	3.35%
35	70.0%	4.97%	3.34%
36	75.0%	4.86%	3.33%
37	80.0%	4.77%	3.32%
38	85.0%	4.71%	3.31%
39	90.0%	4.67%	3.30%
40	95.0%	4.65%	3.28%
41	100.0%	4.66%	3.27%
42	105.0%	4.69%	3.26%
43	110.0%	4.74%	3.25%
44	115.0%	4.82%	3.24%
45	120.0%	4.92%	3.23%
46	125.0%	5.04%	3.22%
47	130.0%	5.18%	3.20%

模拟运算表

输入引用行的单元格(R)：

输入引用列的单元格(C)：B1

确定　　取消

图 7.9　"模拟运算表"对话框

图 7.10　AB 组合的风险和期望收益率

步骤五：绘制组合风险与组合期望收益率构成的曲线图。首先选中图 7.10 区域。单击"插入"菜单，选择图表，在散点图中选择"带平滑曲线的散点图"。

随即产生了图 7.11。这幅图可以帮助我们快速找到投资可能的组合点。位于两条虚线右上方的曲线就是有效边界。

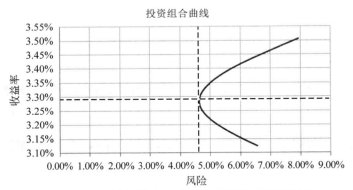

图 7.11　组合风险与组合期望收益率构成的曲线图

以上就是投资组合分析中的 Excel 实现方法。

7.3　投资组合的 Python 解决方案

上述使用 Excel 工具实现有效边界的绘制，虽然操作步骤烦琐、效率不高，但是它能很好地帮我们理解投资组合原理以及有效边界的求解原理。下面使用 Python 工具，基于上述原理,快速求解有效边界,代码如下。

```python
import tushare  as ts
from pylab import plt
import pandas as pd
import numpy as np
import time
import datetime
import scipy.optimize as sco

def get_stocks(keyword):
    pro = ts.pro_api('接口码')  #在 tushare 官网注册后就会获得接口码,粘贴在此处即可
    data = pro.stock_basic(exchange='', list_status='L',
                      fields='ts_code,symbol,name,area,industry,list_date')
    time_lastyear = (datetime.datetime.now() - datetime.timedelta(days=365)).
strftime('%Y%m%d')
    stockdata = data[(data['list_date']<time_lastyear)&(data['industry']==
keyword)]
    stocks = stockdata.ts_code.tolist()
    return stocks

def get_financial(trade_date,stocks):
    pro = ts.pro_api('接口码')                      #同上。
    data = pro.daily_basic(ts_code='',trade_date=trade_date,
                      fields='ts_code,trade_date,turnover_rate,volume_
ratio,pe,pb,dv_ttm')
    stockspool = data[data['ts_code'].isin(stocks)]
    stockspool = stockspool.sort_values('dv_ttm',ascending=False)
    length =len(stockspool)
    index = int(length * 0.05)
    stockspool = stockspool.iloc[:index].ts_code.tolist()
    return stockspool

def get_daily(stock,start_date,end_date):
    pro = ts.pro_api('接口码')
    for _ in range(3):
        try:
            df = pro.daily(ts_code=stock, start_date=start_date, end_date=end
_date)
            time.sleep(0.5)
            return df
        except:
            print('pause')
            time.sleep(1)
            continue

stocks = get_stocks('软件服务')
stockspool = get_financial('20200601',stocks)
stock_daily = pd.DataFrame()
allnum = len(stockspool)
num = 1
for stock in stockspool:
    print('数据提取进度',num,'/',allnum)
    daily = get_daily(stock, '20190601','20201220')
    stock_daily = pd.concat([stock_daily,daily],axis=0)
```

```
        num += 1
stock_daily.to_excel('./stock_daily.xlsx')

def returns_matrix(stock_daily,stockspool,date):
    matrix = pd.DataFrame()
    for  stock in stockspool:
        data = stock_daily[(stock_daily['ts_code'] == stock)&(stock_daily['
trade_date']<=date)].rename(columns={'close':stock})
        data = data.set_index('trade_date').sort_index()
        matrix = pd.concat([matrix,data[stock]],axis=1,join='outer')
    returns = np.log(matrix/matrix.shift(1))
    returns = returns.dropna()
    return returns

return_matrix = returns_matrix(stock_daily,stockspool,'20200601')
                                              #收益率矩阵


year_return = return_matrix.mean() * 252    #一个月约有21个交易日,一年约252个交易日
year_vol = return_matrix.std() * 252        #年化波动率
covs = return_matrix.cov() * 252            #收益率序列协方差矩阵
prets = []                                  #存放不同组合的收益率
pvols = []                                  #存放不同组合的风险
pweights = []                               #存放不同组合的股票权重
for w in range(50000):                      #5万次模拟
    weights = np.random.random(allnum)      #随机生成组合权重
    weights /= np.sum(weights)              #组合权重归一化
    prets.append(np.sum(return_matrix.mean() * weights) * 252)
    pvols.append(np.sqrt(np.dot(weights.T,np.dot(covs,weights))))
    pweights.append(weights)
prets = np.array(prets)
pvols = np.array(pvols)
pweights = np.array(pweights)
plt.rcParams['font.sans-serif'] = ['SimHei']
plt.rcParams['axes.unicode_minus'] = False

plt.figure(figsize=(15,8))
plt.scatter(pvols,prets,c=(prets-0.03)/pvols,marker='o')
                              #以夏普比率为颜色轴,无风险收益率设置为0.03
plt.colorbar(label='夏普比率')
plt.xlabel('预期风险')
plt.ylabel('预期收益')
plt.grid()
plt.title('不同投资组合风险收益图')


def stat(weights):
    pret = np.sum(return_matrix.mean() * weights) * 242
    pvol = np.sqrt(np.dot(weights.T,np.dot(covs,weights)))
    sharpe = (pret-0.03)/pvol
    return np.array([pret,pvol,sharpe])

def min_variance(weights):
    return stat(weights)[1]
```

```
weights = np.random.random(allnum)                #随机生成一组优化组合权重作为初始数据
weights /= np.sum(weights)                            #权重归一化
bons = tuple((0,1) for  x in range(allnum))          #将各组权重的值控制在 0~1
contrain = ({'type':'eq','fun':lambda x: np.sum(x)-1},
            {'type':'eq', 'fun': lambda x: stat(x)[0]-tr})
                        #设置两个优化条件,一个权重之和为 1,一个是目标收益率(tr 为目标收益率)

target_returns = np.linspace(-0.4,0.1,60)            #从-0.4 到 0.4 给定 50 个目标收益
tvols = []
for tr in target_returns:
    res = sco.minimize (min _ variance, weights, bounds = bons, constraints =
contrain)
    tvols.append(res.fun)
tvols = np.array(tvols)

plt.figure(figsize=(15,8))
plt.scatter(pvols,prets,c=(prets-0.03)/pvols,marker='o')
                            #以夏普比率为颜色轴,无风险收益率设置为 0.03
plt.scatter(tvols,target_returns,c=(target_returns-0.03)/tvols,marker='x')
                                        #绘制有效边界
plt.colorbar(label='夏普比率')
plt.xlabel('预期风险')
plt.ylabel('预期收益')
plt.grid()
plt.title('不同投资组合风险收益图')


tr = 0.2                                            #给定目标 20%的收益率
res = sco.minimize(min_variance,weights,bounds=bons,constraints=contrain)
                                        #根据给定目标优化
x = res['x']                                        #优化得到的组合权重
window = 21
start = '20200601'
end = '20201218'
pro = ts.pro_api('eb13b3bfd2bd07fd9eb40234f19941c73f230e1e98cc212b8cd407c7')
dates = pro.trade_cal(exchange='', start_date=start, end_date=end, is_open=
1).cal_date.tolist()
circle = len(dates)//window
portfolios = []
for  i  in range(circle):
    date = dates[i * window]
    return_matrix = returns_matrix(stock_daily,stockspool,date)
    covs = return_matrix.cov() * 242
    res = sco.minimize(min_variance,weights,bounds=bons,constraints=contrain)
    portfolio = res['x']
    portfolios.append([date,portfolio])

capital = 1000000
cap_returns = pd.DataFrame()
for j in range(len(portfolios)-1):
    start_date = portfolios[j][0]
    end_date =dates[dates.index(portfolios[j+1][0])-1]
    new_daily = stock_daily[(stock_daily['trade_date']>=start_date) & (stock_
daily['trade_date']<=end_date)]
```

```
    matrix = pd.DataFrame()
    for   stock in stockspool:
        data = new_daily[(new_daily['ts_code'] == stock)].rename(columns={'
close':stock})
        data = data.set_index('trade_date').sort_index()
        matrix = pd.concat([matrix,data[stock]],axis=1,join='outer')
    returns = np.log(matrix/matrix.shift(1))
    returns = returns.dropna()

    port_returns = np.dot(returns,portfolios[j][1].T)
    port_returns = pd.DataFrame(port_returns,columns=['port_returns'],index
=returns.index)
    cap_returns = pd.concat([cap_returns,port_returns],axis=0)

cap_returns['port_returns'].cumsum().plot(figsize=(15,8))
plt.grid()
plt.xlabel('时间')
plt.ylabel('收益率')
plt.title('投资组合收益率曲线')

cap_returns['净值'] = 1 * (1+cap_returns['port_returns'].cumsum())

cap_returns['cumsum'] = cap_returns['port_returns'].cumsum()

cap_returns

cap_returns['净值'].cummax().plot()
max_drawdown = ((cap_returns['净值'].cummax() - cap_returns['净值'])/cap_
returns['净值'].cummax()).max()
```

运行上述代码后获得如图 7.12 所示图形。

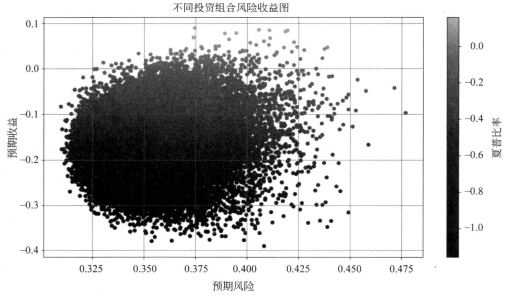

图 7.12　Python 工具求解有效边界

小结

本章中学习了投资组合的基本原理,介绍了现代投资组合理论及其分析方法和模型,并运用 Excel 和 Python 两种方法分别实现了投资组合的实现方法。

习题

判断题

1. 投资组合理论研究的是理性投资者的投资行为。　　　　　　　　　　　　（　）

2. Python 实现投资组合理论的方法是借助"模拟分析"中的"模拟运算表"功能。

（　）

3. 现代投资组合理论归结了厌恶风险型投资者如何利用分散投资来优化他们的投资组合。　　　　　　　　　　　　　　　　　　　　　　　　　　　　　　　　（　）

4. 所谓均值,是指投资组合的期望收益率,它是单只证券的期望收益率的加权平均,权重为相应的投资比例。　　　　　　　　　　　　　　　　　　　　　　　　（　）

5. 所谓方差,是指投资组合的收益率的方差。我们把收益率的标准差称为波动率,刻画了投资组合的风险。　　　　　　　　　　　　　　　　　　　　　　　　（　）

第 8 章

实 验 内 容

实验一 字符串和列表的应用

1. 实验目的

- 熟练掌握常见的运算符和内建函数。
- 熟悉字符串和列表的常用方法。

2. 实验原理

(1) 序列共有的运算符和内建函数,如图 8.1 所示。

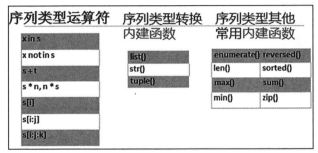

图 8.1 序列共有的运算符和内建函数

(2) 字符串和列表的常用方法,如图 8.2 所示。

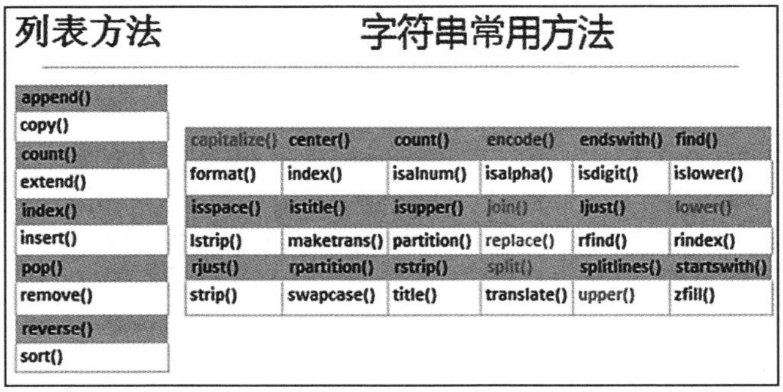

列表方法 字符串常用方法

图 8.2 字符串和列表的常用方法

3. 实验内容

1) Python 基本数据类型和运算符练习

使用 Python 运行下面的各个表达式,记录输出的结果并理解。

(1) [1,2] + [3,4]

(2) "abc" + "defg"

(3) [0] * 5

(4) 9 ** 0.5

(5) 7 // 4

(6) '123' > '134'

(7) 3 < 5 > 2

(8) 10 in [9,10,11]

(9) print(1, 2, 3, 4, 5, sep=',')

(10) len([1,2,3,4])

(11) sum([1,2,3,4])

(12) max([1,2,3,2,1])

2) 字符串连接操作

利用运算符+,将需要拼接的字符串连在一起。注意：变量内的数据类型必须为字符串型才可进行拼接！例如：

```
hero = '亚瑟'
enemy = '敌方'
action = '秒杀'
gain = '获得'
number = 5
achieve = 'Penta Kill'
print(hero+action+number+enemy+gain+achieve)
```

结果显示报错：

```
TypeError:can only concatenate str (not "int") to str
```

这是一个类型错误：只能将字符串与字符串拼接。

试着修改上述代码,使代码正确运行。

3) ST 股票查询实验

1998 年 4 月 22 日,沪深交易所宣布,对财务状况或其他状况出现异常的上市公司股票交易进行特别处理(Special Treatment),由于"特别处理",在简称前冠以"ST",因此这类股票称为 ST 股。如果哪只股票的名字前加上 ST,就是给市场一个警示,该股票存在投资风险。

现在假设已经有如下 5 只股票为 ST 股,股票代码分别为

"002006"、"600265"、"601558"、"002234"、"600301"

现在有一只股票代码为"600261"。现在需要用 Python 代码解决如下需求。

(1)"600261"对应的股票是否为 ST 股?

提示：使用列表存储上述股票代码,使用运算符 in 检查"600261"是否在此列表中。

(2)很不幸,这只股票也成为 ST 股了,将上述股票代码插入 ST 股列表的倒数第 2 个位置。

4）股票数据的描述性分析实战

现在有一只股票一周内的开盘价格，存储在列表变量 price 中：

```
price = [11.43, 11.40, 11.18, 12.10,11.75]
```

现在使用合适的 Python 代码计算一周内开盘价格的平均值和极差。

提示：极差＝最大值－最小值。

实验二　字典和集合数据类型

1. 实验目的
- 熟练掌握字典的创建方式。
- 熟悉字典的使用。
- 熟悉集合的使用。

2. 实验原理
- 直接创建字典。
- 利用 dict()函数生成字典。
- 字典的使用（基本操作和内建函数的使用以及字典方法）。
- 集合的运算。

3. 实验内容

1）字典创建

已知下面的一个列表，包含 5 支股票代码、公司全称和昨日收盘价。

```
stock = [('AXP', 'American Express Company', 78.51),
         ('BA', 'The Boeing Company', 184.76),
         ('CAT', 'Caterpillar Inc.', 96.39),
         ('CSCO', 'Cisco Systems,Inc.', 33.71),
         ('CVX', 'Chevron Corporation', 106.09)]
```

编写合适的 Python 代码，生成一个字典 stockA：

```
{'AXP': 78.51, 'BA': 184.76, 'CAT ': 96.39, 'CSCO': 33.71, 'CVX': 106.09}
```

提示：使用列表和元组下标的方式，获取列表 stock 中每只股票的信息。例如，stock[0][0] 就可以获取第一只股票的名字 AXP。

2）股票信息查询

字典 stockA 中保存了股票代码和股票名称，priceA 中保存了股票代码和股票昨日收盘价。现在要求使用代码判断"青岛啤酒"这只股票是否在字典 stockA 中，然后将"青岛啤酒"的股票代码（600600）和昨日收盘价（39.20）分别添加至字典 stockA 和 priceA 中。最后，同步在 stockA 和 priceA 中删除"北大荒"股票的信息。

```
stockA= {'600664':'哈药股份', '600598':'北大荒', '600095':'哈高科', '600811':'东
方集团'}
priceA = {'600664':'4.25', '600598': '12.53', '600095': '9.31', '600811': '3.42'}
```

3）集合运算

小李同学感兴趣的股票名称保存在列表 stockA 中,小张同学感兴趣的股票名称保存在列表 stockB 中:

```
stockA = ['哈药股份','北大荒','哈高科']
stockB = ['哈高科', '青岛啤酒','哈药股份','东方集团']
```

现使用集合以及对应的运算符,分别求出两名同学共同感兴趣的股票名称和只有小李同学感兴趣的股票名称。

提示:可以先使用类型转换函数(set())将列表转换为集合,也可以直接定义集合。

实验三　选择结构与循环结构

1. 实验目的
- 掌握 Python 中的编程语法习惯。
- 熟练掌握选择和循环的实现方法。

2. 实验原理

1）if 语句格式

```
if  expression1:
    expr_true_suite
elif expression2:
    expr2_true_suite
elif expressionN:
    exprN_true_suite
else:
    none_of_the_above_suite
```

2）range()函数的使用
- range（start，end，step＝1）
- range（start，end）
- range（end）

功能:产生一系列整数,返回一个 range 对象。

3）for 循环的基本过程

3. 实验内容

1）条件选择练习

使用 if 语句编写下面的代码,如果输入值为奇数,则打印输出这个数本身;如果输入值为偶数,打印输出它的一半。(这里先不考虑输入非法的问题。)

```
#样例代码,直接原样输入即可
number = int(input("请输入一个整数"))
if number % 2 != 0:
    print(number)
else:
    print(number / 2)
```

2) 个人所得税计算器

利用循环结构设计个人所得税计算器(不超过5000元的不交税,超过5000元但在1万元以内的,超出部分收取3%的税,1万元以上的收取10%的税),并允许用户多次输入(以♯键结束)。

运行结果:

```
请输入您的工资:5500
您应缴纳的个人所得税为:15
```

```
#给出部分代码,缺少部分xxxxxx由读者补全
#在练习中,体会break和continue的作用
for i in range(10000):
    income = input("请输入您的工资,#号表示停止输入")
    if income == "#":
        break
    income = int(income)
    if income < 0:
        print("请输入大于0的收入")
        continue
    elif income xxxxxx 5000 :
        tax = 0.0
    elif 5000 < income <= 10000:
        tax = (income - xxxxxx) * xxxxxx
    else:
        tax = (income - 10000) * 0.1 + 5000 * 0.03
    print("您应缴纳的个人所得税为:",tax)
```

3) 股票收益率分析

在分析股票的收益率数据时,往往需要求出收益率大于0的天数或是收益率小于0的天数。假设收益率数据为一个列表,写一个for循环,求出收益率大于0的天数。已知收益率数据的列表为

```
[-0.3454,-1.3436,-2.2762,-0.0284,0.1747,-0.8783,-0.7817,-0.5067,0.8737,
-0.1765,0.1314,-1.5081,-0.5736,0.9888,2.5778,-0.5307,0.6178,-1.3252,0.1776,
0.3571,-1.1371]
#这里给出部分代码,xxxxxx地方由读者自己补全
profit=[-0.3454,-1.3436,-2.2762,-0.0284,0.1747,-0.8783,-0.7817,-0.5067,
0.8737,-0.1765,0.1314,-1.5081,-0.5736,0.9888,2.5778,-0.5307,0.6178,-1.3252,
0.1776,0.3571,-1.1371]

days = 0
for x in profit:
    xxxxxx
print("收益率大于0的天数为:", days)
```

4) 使用循环创建字典

已知下面的一个列表包含5只股票代码、公司全称和昨日收盘价:

```
stock = [('AXP', 'American Express Company', 78.51),
         ('BA', 'The Boeing Company', 184.76),
```

```
       ('CAT', 'Caterpillar Inc.', 96.39),
       ('CSCO', 'Cisco Systems,Inc.', 33.71),
       ('CVX', 'Chevron Corporation', 106.09)]
```

使用循环语句,编写合适的 Python 代码,生成一个字典 stockA:

```
{'AXP': 78.51, 'BA': 184.76, 'CAT ': 96.39, 'CSCO': 33.71, 'CVX': 106.09}
```

实验四　匿名函数与函数式编程

1. 实验目的

- 掌握匿名函数的用法。
- 掌握函数式编程的用法。
- 使用匿名函数和函数式编程解决实际问题。

2. 实验原理

常见 Python 函数式编程工具及用途如表 8.1 所示。

表 8.1　常见 **Python** 函数式编程工具及用途

函　　数	用　　途
sorted()	对序列进行排序
map()	对序列进行映射变换
max/min()	对序列元素求最大值和最小值
filter()	对序列根据条件进行过滤

3. 实验内容

1) 匿名函数基本用法

练习下面两个匿名函数,运行代码输出结果。

```
f1 = lambda x: x * 2
print(f1(5))

f2 = lambda x,y: x * y
print(f2(5,10))
```

2) max()/min()函数

假设 info 中存放股票代码和股票价格的二元组:

```
info = [("1002706",1.7),("1600265",3.2),("1601558",5.1),("1002234",2.6)]
```

使用匿名函数和 min()函数,如何找到哪只股票的价格最低?

3) sorted()函数

根据 stock 中几只股票简称的长度对股票进行由大到小排序,提示:使用 sorted()函数,为 key 参数和 reverse 参数设置合适的值。

```
stock = ['BABA','ZH','NIO']
```

4) filter()函数

假设 price 中存放某只股票连续几日的收盘价格。使用 filter()函数和匿名函数,查找收盘价格小于 12.5 元的价格。

```
price = [12.43, 12.40, 12.18, 13.10,12.75]
```

5) map()函数

假设 name 中存放以下几只股票名称:

```
name = ["精功", "景谷","锐电", "民和", "南化"]
```

很不幸,这几只股票最近状态不太好,被标为 ST 了,请结合使用 lambda()函数和 map()函数,为每只股票名称前面加上字符串"ST"。

提示代码:

```
t = map(lambda _____,name)
```

在横线上写上合适的表达式。

实验五　文件读写

1. 实验目的
- 掌握使用 open()函数读取文件的基本方式。
- 掌握使用 with 上下文管理器读取文件的方法。

2. 实验原理

1) 文件读写的基本方法

(1) 文件打开方式。

```
file_obj = open(filename, mode='r', buffering=-1, …)
```

(2) mode 属性,如表 8.2 所示。

表 8.2　mode 属性及其功能

mode 属性	功　　　　能
r	以读模式打开
w	以写模式打开(清空原内容)
x	以写模式打开,若文件已存在则失败
a	以追加模式打开(从 EOF 开始,必要时创建新文件)
r+	以读写模式打开
w+	以读写模式打开(清空原内容)
a+	以读和追加模式打开

（3）文件读写的方法。

关闭和读写文件相关的函数/方法如下。

```
f.read(),f.write(), f.readline(), f.readlines(), f.writelines(),f.close(),
f.seek()
```

2）基于 with 上下文管理器的读取文件的方法

```
with open(filename,mode) as f:
    f.read()
```

3. 实验内容

现有文件 companies.txt，里面存放了若干家上市公司的名字，内容如下。

```
GOOGLE Inc.
Microsoft Corporation
Apple Inc.
Facebook Inc.
Tencent Technology Company Limited
```

请完成以下操作。

（1）请从第 12 个字符开始读取文件剩下数据。

（2）请读出第 3 行内容。

（3）找到名字最长的上市公司并输出。

（4）请将奇数行写入一个新文件 new.txt 中。

提示：需要先将该文件手动创建。

实验六　NumPy 数组

1. 实验目的

- 掌握 NumPy 模块中关于数组的基本操作。
- 了解 NumPy 模块中的统计分析功能。

2. 实验原理

NumPy 模块中的统计函数如下。

```
numpy.amin()      #用于计算数组中的元素沿指定轴的最小值,等价于数组的 min 方法。
numpy.amax()      #用于计算数组中的元素沿指定轴的最大值,等价于数组的 max 方法。
numpy.ptp ()      #函数计算数组中元素最大值与最小值的差(最大值-最小值)。
numpy.median()    #函数用于计算数组 a 中元素的中位数(中值)。
numpy.mean()      #函数返回数组中元素的算术平均值。如果提供了轴,则沿其计算。算术平均
                  #值是沿轴的元素的总和除以元素的数量。
numpy.average()   #函数根据在另一个数组中给出的各自的权重计算数组中元素的加权平均值。
numpy.var()       #统计中的方差(样本方差)是每个样本值与全体样本值的平均数之差的平方
                  #值的平均数。
numpy.std()       #标准差是一组数据平均值分散程度的一种度量。标准差是方差的算术平
                  #方根。
```

3. 实验内容

1) NumPy 数组访问基本操作练习

```
b= np.array(([1,2,3],[4,5,6],[7,8,9]))
```

请完成下面的练习。

主题一：访问数组 b 的某个元素

(1) 访问第 0 行第 2 列的元素。

(2) 访问第 1 行第 1 列的元素。

(3) 获取第 1 行所有元素。

(4) 获取第 2 列所有元素。

主题二：修改数组 b 的某个元素

(1) 将数组第 2 列的值都设为 4,并输出数组 b。

(2) 将数组第 1 行的值都设为 2,并输出数组 b。

主题三：数组与标量、函数、数组的运算

(1) 构造一个新数组 c,这个数组由数组 b 的每个元素扩大两倍再加 1;输出 c。

(2) 构造一个新数组 d,这个数组由数组 b 的每个元素求 4 次方而来;输出 d。

(3) 数组 d 和数组 c 按对应位置相减,并输出值。

主题四：数组的筛选

找到 b 中所有小于 4 的元素;注意这个筛选后结果数组的形状。

2) NumPy 统计函数练习

通过下面 numpy.amin() 示例,来学习以上几个统计函数的用法。

```
import numpy as np
na = np.array([[1,2,3,4],
               [9,10,11,12],
               [5,6,7,8],
               [13,14,15,16]])
print(na)

#求出数组 na 中最小值
#完成代码
#求出每一列的最小值,注意是每一列,所以应该按 0 轴方向计算
#完成代码
#求出每一行的最小值,注意是每一行,所以应该按 1 轴方向计算
#完成代码
```

3) NumPy 统计函数实战

使用一个 NumPy 数组,存储某只股票连续四天的开盘价、收盘价、最高价和最低价四个价格,分别计算这只股票的下面几个信息,数据见下面的示例代码。

(1) 连续四天的开盘价的最大值以及对应是哪天。

(2) 连续四天的最高价的最小值以及对应是哪天。

(3) 连续四天的收盘价的平均值。

(4) 找到收盘价和开盘价的差的最大值,以及对应是哪一天。

```
import numpy as np
price = np.array([[50.29,50.65,49.69,50.46],
                  [50.72,50.72,49.86,50.25],
                  [50.2,50.63,50.05,50.5],
                  [51.15,51.15,50.02,50.43]])

print("连续四天的开盘价的最大值以及对应是哪天")
#写出代码
print("连续四天的最高价的最小值以及对应是哪天")
#写出代码
print("连续四天的收盘价的平均值")
#写出代码
print("找到收盘价和开盘价的差的最大值和对应是哪一天")
#写出代码
```

提示：读者自行查看 numpy 文档，学习 argmax( )和 argmin( )函数用法。

实验七　Pandas 模块的使用（初级）

1. 实验目的
- 学会加载 Pandas 包。
- 掌握 Series 和 DataFrame 数据类型的创建。
- 掌握利用索引对 DataFrame 数据进行切片的方法。
- 了解 DataFrame 数据的统计计算。

2. 实验原理
1）创建

```
import pandas as pd
pd.Series()
import pandas as pd
a=pd.DataFrame()
```

2）数据访问

```
.loc[ ]
```

3）统计分析

```
.mean()
.std()
.var()
```

3. 实验内容
（1）图 8.3 是 3 只银行股票某日的最新价格情况，根据图示内容生成对应的 DataFrame 数据。

	最新价	最高价	最低价	昨收价
招商银行	34.19	34.49	33.62	33.91
平安银行	12.25	12.36	12.16	12.20
中国银行	3.05	3.05	3.03	3.03

图 8.3　3 只银行股票某日最新价格

(2) 在图 8.3 的基础上追加一行新数据,如图 8.4 所示。

工商银行	4.39	4.39	4.34	4.35

图 8.4　新加数据

(3) 使用代码,计算中国银行股票的收益率。

提示:收益率=(最新价-昨收价)/昨收价×100%

(4) 使用标准差计算 4 只银行股票收益率的整体波动情况。

(5) 使用代码,计算中国银行股票当日价格的振幅。

提示:振幅=(最高价-最低价)/最低价×100%

(6) 结合振幅情况,比较工商银行和中国银行两组数据的当日股票活跃程度,给出结论和依据。

实验八　Pandas 模块的使用(高级)

1. 实验目的

- 掌握数据预处理的基本操作。
- 学会使用 Pandas 对数据进行预处理的基本操作。

2. 实验原理

(1) 数据合并 concat()。

(2) 属性(列)增加。

(3) NaN 数据查找与修改 isnull()。

(4) 重复数据删除 drop_duplicated()。

(5) 数据排序 sort_values()。

3. 实验内容

图 8.5 和图 8.6 有两组股票数据。

名称	最高	最低	今开	昨收
华夏银行	5.16	5.12	5.12	5.11
交通银行	4.59	4.56	4.58	NaN
中国银行	3.04	3.02	3.03	3.02

图 8.5　数据 1

名称	最高	最低	今开	昨收
建设银行	5.51	5.48	5.50	5.49
工商银行	4.35	4.32	4.34	4.34
中国银行	3.04	3.02	3.03	3.02

图 8.6　数据 2

完成以下操作。

(1) 根据数据 1 和数据 2 的内容,创建对应的 DataFrame 数据,保存在变量 dapan1 和 dapan2 中。

(2) 将 dapan1 和 dapan2 合并成一个新的数据 data。

(3) 在 data 中增加一个列:振幅。

$$振幅=(最高-最低)/最低×100\%$$

(4) 在 data 中,找到含有 NaN 的行,并将 NaN 数据替换为该列的平均值。

（5）在 data 中，去掉重复的数据。

（6）在 data 中，根据振幅对数据进行由大到小的排序

实验九　金融数据获取

1. 实验目的

- 学会使用 baostock 包。
- 掌握股票数据从网络获取的途径。
- 掌握股票数据的文件读写方法。
- 自行查找并了解 tushare 工作包获取数据的方法。

2. 实验原理

1）Python 安装软件包

```
pip install 包名
```

2）baostock 包使用

步骤 1：引入 baostock 包
```
import baostock as bs
```
步骤 2：登录系统
```
lg = bs.login()
```
步骤 3：获取某只股票的历史 K 线数据
```
rs = bs.query_history_k_data(code="sh.600036",
fields="date,code,open,high,low,close,preclose,volume,amount",start_date='
2018-01-01', end_date='2018-6-30',
frequency="d")
```
步骤 4：遍历返回的数据，存储到 DataFrame 数据结构中
```
####打印结果集 ####
data_list = []
while (rs.error_code == '0') & rs.next():
#获取一条记录，将记录合并在一起
data_list.append(rs.get_row_data())
result = pd.DataFrame(data_list, columns=rs.fields)
```
步骤 5：将结果写入本地文件中
```
result.to_excel('data.xlsx')
```
步骤 6：退出系统
```
bs.logout()
```

3. 实验内容

1）使用 baostock 包接口获取股票行情数据

利用 baostock 包中的接口函数获取招商银行（股票代码 SH.600036）2018 年上半年的股票数据并完成如下数据处理和分析任务。

（1）数据只保留 date（作为索引）、open、high、close 和 low 这几个属性。

（2）获得上述数据中的 open 和 close 列，以及前 100 条记录。

（3）将上述数据写入 data100.xlsx 文件中。

2）tushare 工具包的调研

针对 baostock 和 tushare 工具包在获取数据时的异同，给出对比分析。

实验十 Matplotlib 绘图

1. 实验目的

（1）学会加载 Matplotlib 包。

（2）掌握利用 Matplotlib 中的 plot()函数绘制一般图形。

（3）掌握利用 figure()和 axes()创建绘画区域的方法。

（4）掌握利用 subplot()实现多个子图的绘制。

（5）掌握一个图中多条曲线的绘制。

2. 实验原理

1）修改图像属性

（1）坐标。

范围：plt.xlim(最小值,最大值)

　　　　plt.ylim(最小值,最大值)

标签：plt.xticks(location,labels,rotation＝度数)

　　　　plt.yticks(location,labels)

- location：坐标位置，一般为由浮点数或整数组成的列表。
- labels：坐标的标签，一般为与 location 等长的字符串列表。

（2）添加文本。

标题：plt.title(s,loc),s 为字符串,loc 值为 center,left 或 right,默认为 center。

轴标签：plt.xlabel(字符串),plt.ylabel(字符串)。

图背景网格：plt.grid(True,axis＝'both/y/x')。

图例：plt.legend()。注意：需要在 plot()函数中指定 label,否则不显示图例。例如：

```
plt.plot(bocClose,label='Close')
plt.legend()
```

（3）线条属性：如图形颜色、线条类型、数据点形状、宽度。

例如：

```
plt.plot(bocClose,c='r',marker='o',linestyle='dotted',linewidth=2)
```

2）各种图形的绘制

（1）柱状图：bar()。

（2）直方图：hist()。

（3）饼形图：pie()。

（4）箱型图：boxplot()。

3）子图的设置

```
fig=plt.figure()
ax1=plt.subplot(211)
ax2=plt.subplot(212)
```

4）一图多条曲线的绘制

```
fig=plt.figure()
ax=fig.add_axes([0.1,0.1,0.8,0.8])
ax.plot(cmbClose,label='Close')
ax.plot(cmbOpen,'-- * ',label='Open')
ax.plot(cmbHigh,'-+',label='High')
ax.plot(cmbLow,'-.>',label='Low')
plt.legend()
```

3. 实验内容

（1）使用 baostock 或者 tushare 工具包获取招商银行 2020 年上半年股票的开盘价、收盘价、最高价、最低价、成交量的数据（招商银行股票代码：SH.600036）。

（2）请绘制招商银行 2020 年的开盘价走势的折线图，并对其进行美化。

（3）请绘制招商银行 2020 年的收盘价箱型图。

（4）利用 subplot() 函数将招商银行的四种价格分别绘制到一张图的四个子图区域中。

（5）将招商银行这支股票的收盘价曲线（折线图）和成交量（柱状图）绘制在同一个图中。

实验十一　一元回归分析

1. 实验目的

- 理解一元线性回归的含义。
- 掌握一元线性回归分析的 Python 解决方案。

2. 实验原理

利用 Python 的 sklearn 工具包实现一元线性回归的解决方案。

步骤：

（1）导入线性回归模块，简记为 LR。

```
from sklearn.linear_model import LinearRegression as LR
```

（2）利用 LR 创建线性回归对象 lr。

```
lr = LR()
```

（3）调用 lr 对象中的 fit() 方法，对数据进行拟合训练。

```
lr.fit(x, y)
```

（4）调用 lr 对象中的 score() 方法，返回其拟合优度（判定系数），观察线性关系是否显著。

```
Slr=lr.score(x,y)                                    #可决系数 R²
```

(5) 取 lr 对象中的 coef_、intercept_属性,返回 x 对应的回归系数和回归系数常数项。

```
c_x=lr.coef_                                         #x 对应的回归系数
c_b=lr.intercept_                                    #回归系数常数项
```

3. 实验内容

现在有一个某款金融理财产品的销售额(xse,单位:万元)和销售人员数量(rs,单位:名)的数据表格如表 8.3 所示,使用 Python 对其建立一元线性回归模型。

表 8.3　某金融理财产品数据

xse	385	251	701	479	433	411	355	217	581	653
rs	17	10	44	30	22	15	11	5	31	36

根据得到的回归模型,回答以下问题。

(1) 回归方程是什么?

(2) 可决系数(R^2)是多少?

(3) 将原始数据和模型的拟合结果绘制出来。

(4) 如果销售人员的数量是 25 名,预计销售额是多少?

实验十二　多元回归分析

1. 实验目的

• 理解多元线性回归的含义。

• 掌握多元线性回归分析的 Python 解决方案。

2. 实验原理

利用 Python 的 statsmodels 中的 API 实现多元线性回归的解决方案。

步骤:

(1) 读取数据:

```
pd.read_excel()
```

(2) 绘制散点图:

```
plt.scatter(x,y)
```

(3) 增加截距项并指定 y 值:

```
sm.add_constant(x)
```

(4) 建立模型:

```
model=sm.OLS(y,x)
```

```
model_result=model.fit()
```

（5）显示回归模型的分析报告：

```
model_result.summary()
```

3. 实验内容

对某一待投资行业进行分析是金融数据分析中的常见任务，多元回归分析是行业影响因子分析的常用方法之一。为了检验美国电力行业中企业总成本的影响因子，Nerlove 收集了 1955 年 145 家美国电力企业的总成本（TC）、产量（Q）、工资率（PL）、燃料价格（PF）及资本租赁价格（PK）的数据，部分数据如图 8.7 所示。试以总成本为因变量，以产量、工资率、燃料价格和资本租赁为自变量，利用多元线性回归分析方法研究它们之间的关系。

编号	TC/百万美元	Q/千瓦时	PL/美元·千瓦时$^{-1}$	PF/美元·千瓦时$^{-1}$	PK/美元 千瓦时$^{-1}$
1	.082	2	2.09	17.9	183
2	.661	3	2.05	35.1	174
3	.99	4	2.05	35.1	171
4	.315	4	1.83	32.2	166
5	.197	5	2.12	28.6	233
6	.098	9	2.12	28.6	195
…	…	…	…	…	…
143	73.05	11796	2.12	28.6	148
144	139.422	14359	2.31	33.5	212
145	119.939	16719	2.3	23.6	162

图 8.7　美国电力企业数据

（1）下载 145 家电力企业的数据 DLSJ.xls（扫描下方二维码下载）。

（2）使用 statsmodels 包中的 OLS 模型建立多元线性回归分析模型，建立回归方程，得出分析报告。

（3）根据分析报告的内容，对电力企业的总成本与其他几个影响因子的关系进行分析。

DLSJ.xls

第 9 章

函 数 专 辑

9.1 range()函数和 random 模块的应用

我们经常会遇到这样的情况,需要借助序列数和随机数来处理数据、验证一些方法和模型等。例如:

(1) 快速生成一系列有序的整数。

(2) 快速生成一系列无序的随机整数或实数。

range()函数

9.1.1 range()函数

1. 语法结构

```
range([start,] stop [, step])
```

2. 功能

返回值为[start,stop)左闭右开区间,以 step 为步长的整数序列。

3. 例题

例如,range()函数中只有一个参数的情况。

```
print(range(5))              #range(0,5)
print(list(range(5)))        #[0,1,2,3,4]
print(tuple(range(5)))       #(0,1,2,3,4)
```

解析:当 range()函数只有一个参数时,系统认为这个参数就是语法结构中的 stop,也即终止值,但是这个值取不到,只能在 stop−1 处结束;而起始值 start 默认为 0。

上述例题中,第 1 行 range()函数生成了一个 range 对象;第 2 行将这个 range 对象以列表的形式显示出来,由于 range()函数的功能是生成左闭右开区间[0,5)范围的整数,因此在这个区间中只有[01,2,3,4]是返回值;第 3 行是将这个 range 对象以元组的形式显示出来。

例如,range()函数中含有两个参数的情况。

```
print(list(range(2,5)))          #[2,3,4]
```

解析:当 range()函数中出现两个参数时,系统认为第一个参数是语法结构中的start,第二个参数是语法结构中的 stop。上述代码将生成一个从 2 开始到 4 结束的整数列表。

例如,range()函数中含有三个参数的情况。

```
print(list(range(2,8,2)))                #[2,4,6]
```

这个例题中 range()函数出现了三个参数,其中,2 为起始值 start,8 为终止值 stop,第二个 2 为步长。它将从 2 开始,每次加步长为 2 输出一个整数,即 2、4、6 这三个数。

这里需要注意的是,当 6 再加 2 是 8,但是 8 这个值是取不到的,因此这道题的输出是[2,4,6]。

例如,range()函数中步长为负数的情况。

```
print(list(range(2,8,-2)))               #输出为:[ ]
print(list(range(8,2,-2)))               #输出为:[8, 6, 4]
```

解析:这个例子中第 1 行代码显示,range()函数的起始值为 2,终止值为 8,但步长为 −2,这个是系统无法做到的。因此,输出结果显示为空。可以得出这样的结论,当 range()函数的步长为负数时,它的起始值要大于终止值。

思考:如果 range()函数的步长为负数时,它的起始值等于终止值,可以吗?

例如,range()函数与 for 循环的搭配使用。

```
for i in range(10):
    print(i,end=' ')                     #输出为:0 1 2 3 4 5 6 7 8 9
```

解析:range()函数在 Python 语言中往往配合 for 循环来使用。如代码所示,for 循环中关键词 in 的后面一定是一个可遍历的对象,而 range()函数正满足了这个要求。本例中循环变量 i 从 range(10)函数产生的第一个数值 0 开始,循环遍历到 9,循环体输出 0 1 2 3 4 5 6 7 8 9。

思考:如果在循环体中 print()函数去掉参数 end=' ',输出结果会是怎样的呢?

【小结】　第一,range([start,] stop [, step])语法格式中哪些参数可以省略,哪些不可以省略? 如果省略了,用什么默认值代替? 第二,range()生成的是一个左闭右开区间的范围,右侧的 stop 值取不到,只能取到 stop−1,这是初学者经常容易出现的错误点。第三,range()函数输出的是一个有序的整数,这与后面学到的其他函数有区别。

9.1.2　random 模块

random
模块(上)

在 9.1.1 节中,使用 range()函数可以很容易地产生一组有序的整数,而在实际应用中一方面不仅需要有序的数还需要随机数;另一方面,也需要产生一些浮点数、字符串等不同类型的数据,有时还可能对生成的数据有重复或不可重复的要求。下面讲解一个功能非常强大的模块——random 模块,可以轻松实现上述需求。

1. random 模块中的常用函数
首先,在使用这个模块之前需要把它加载到内存中,使用的是 import 命令。

```
import random                            #方法一
from random import *                     #方法二
```

思考：配合着 dir( )函数，可以分析一下上述两条代码的不同之处。

加载完成后如果没有提示错误，说明加载成功。

1）生成随机的浮点数

语法格式：random( )

功能：生成一个在[0,1)区间的随机实数。

例如：random.random( )

random( )生成一个实数，它的语法格式非常简单，就只有括号，没有参数。本例的运行结果如图9.1所示。

解析：在这个例题中有两个 random，但含义不同。第一个 random 是模块名，也就是文件名；后面的 random 是这个文件中的 random( )函数。

当然也可以通过 from 模块的 import( )函数的方法来调取 random 模块，这种写法将一劳永逸，当需要调取 random( )函数时可以不需要加模块名，则此处可以直接写为 random( )，如图9.2所示。

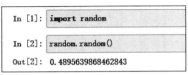

图9.1　运行结果

图9.2　不加模块名

方法一的加载模块方法，虽然加载时语句简洁，但后面在调取函数时需要把模块名写完整，否则就会报错，如图9.3所示。

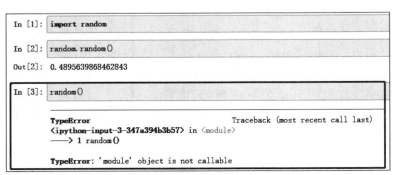

图9.3　报错

但本书为了告知读者某个函数归属于哪个模块，将采用方法一加载模块，并书写后续代码与例题讲解，读者在自己练习使用时，如果非常熟练了，就可以采用方法二来加载模块。

2）生成随机整数方法1：randint( )函数

语法格式：randint(a,b)

功能：生成一个在[a,b]区间的随机整数。

注意：这个函数的取值区间是左闭右闭的，这与之前学习的 range( )函数不同，而且与后面要学习的 numpy.random.randint 也不同。

例如：

```
random.randint(1,100)
random.randint(-100,0)
```

解析：这个例子的第 1 行是生成了一个在[1,100]范围的随机整数。第 2 行是生成了一个负数，范围是[-100,0]。

运行结果如图 9.4 所示。

| In [3]: **random. randint (1, 100)** | In [6]: **random. randint (-100,0)** |
| Out[3]: 55 | Out[6]: -80 |

图 9.4　生成指定区间内随机整数

3）生成随机整数方法 2：randrange([start],stop[,step])

功能：生成一个在[start,stop)区间的随机整数。注意：start 省略时为 0 值。

优点：弥补 randint()能取到右侧闭区间的问题；randint()无法控制步长。

例如：

```
In [1]:random.randrange(6)           #输出:1
In [2]:random.randrange(1)           #输出:0
In [3]:random.randrange(2,5,2)       #输出:4
In [4]:random.randrange(-1,5,2)      #输出:1
In [5]:random.randrange(-5,-1,2)     #输出:-3
```

解析：第 1 行代码，randrange()函数中只有一个参数 6，它代表的是该函数中的 stop 参数，start 参数在没有的情况下默认从 0 开始，它将从[0,5]区间内随机产生一个整数。

第 2 行代码的含义是从 0 开始到 0 结束，随机产生一个数，所以它每次运行都将只能产生 0 这个数。

第 3 行代码中 randrange()函数的三个参数都已指定，那么该代码的含义就是从 2 开始，在[2,4]区间内，随机产生一个步长为 2 的随机数，也就是在 2 和 4 中随机产生一个数。

第 4 行代码是从[-1,4]区间内随机产生一个步长为 2 的随机数，也就是在-1、1、3 中随机产生一个数。

第 5 行代码是从[-5,0]区间内随机产生一个步长为 2 的随机数，也即在-5、-3 中随机产生一个数。

例如：随机生成一个 1~100 的奇数，或 1~100 的偶数。

解析：这个题目如果在 C 语言等其他类型高级语言中可能会考虑使用循环来实现。但在 Python 中借助 randrange()这样的函数可以避免使用循环，来降低程序的时间复杂度，这也是 Python 在处理大数据时的优势所在。

```
randrange(1,100,2)
randrange(2,101,2)
```

思考：为什么第 2 行的结束值不是 100 呢？

random
模块(下)

4）其他随机函数

（1）choice()函数。

先来看一个例题，然后分析该函数的功能。

例如：random.choice(["中国银行","工商银行","农业银行","建设银行"])

♯输出：'建设银行'

解析：对照输出分析 choice()这个函数是将作为参数的列表中某一个元素随机输出出来。

语法格式：choice(序列)

功能：生成一个序列中的元素。

注意：该函数的参数一定是一个序列。

再看以下两行代码。

```
random.choice([11,22,33,44])                    #输出：22
random.choice([1.0,1.5,2.0,2.5,3.0])            #输出：2.5
```

而作为序列的元素，可以是任何类型的数据，如整数、浮点型数据都可以。

（2）choices()函数。

Python 在此基础上又引入了一个叫作 choices 的函数，其功能更为强大，下面来看一个例子。

例如：

```
random.choices("中工农建",[1,0,0,0],k=2)            #输出：中，中
choices("中工农建",[4,3,2,1],k=2)                   #输出：中，工
```

语法格式：choices(序列,权重,k)

功能：生成序列中权重较大的 k 个元素。

解析：根据 choices()函数的语法规则和功能，本例中是在"中工农建"这个字符串中随机输出了两个权重较大的字。注意权重是用列表给出的一组数，它的个数要与序列元素个数一致。

（3）sample()函数。

例如：

```
random.sample(range(10),2)                        #输出：[0,4]
random.sample([11,22,33],2)                        #输出：[33, 22]
random.sample(["中国银行","工商银行","农业银行","建设银行"],2)
#输出：['建设银行', '工商银行']
random.sample("中工农建",2)                          #输出：['中', '建']
```

本例中出现了一个新的函数 sample()，这个函数的语法格式和功能如下。

语法格式：sample(序列,k)

功能：从序列中随机抽取 k 个元素，以 list 形式返回。

解析：从本例中的四行代码可以看出，sample()函数非常灵活，参数可以是字符串、列表等序列，它与前面的 choices()函数的不同之处在于，choices()可以输出重复数据，但是 sample()将输出无重复的数据。读者可以在自己的编辑环境中多次测试一下来验证

这一不同点。

2. random 模块中的其他函数

1) shuffle()函数

语法格式：shuffle(列表)

功能：将列表的所有元素随机排序。

例如：

```
alist=["中国银行","工商银行","农业银行","建设银行"]
shuffle(alist)
print(alist)                    #输出:['中国银行', '农业银行', '建设银行', '工商银行']
```

解析：本例中首先定义了一个存储了 4 个字符串的列表 alist，执行了 shuffle(alist) 后，alist 列表被重新随机排序。

思考：是否可以使用上述 4 种随机函数生成一个随机 4 位数的验证码呢？如果验证码中既包含英文又包含数字，该如何实现？

2) seed()函数

语法格式：seed(n)

功能：改变随机数生成器的种子，可以在调用随机函数之前调用此函数。

例如：

```
In [1]:from random import *
In [2]:random()                  #输出:0.11146576088475146
In [3]:random()                  #输出:0.0026387619261577751
In [4]:seed(314)
In [5]:random()                  #输出:0.19643127513153125
In [6]:seed(314)
In [7]:random()                  #输出:0.19643127513153125
```

解析：本例中第 2 行和第 3 行代码显示，调用 random 模块中的 random()函数将随机生成一个实数，也就是说，每次调用 random()函数都将生成一个与上一次不同的随机实数，但在实际做数据分析时，往往为了进行对照分析或对比分析，需要固定一个随机数，这时就可以借助 seed()函数来实现。seed(n)函数中的参数 n 可以是一个任意整数，本例中是 314，运行 seed(314)后调用 random()函数生成的随机数将被记录下来，再次使用 seed(314)后调用 random()函数，该随机数将被重现。

3) uniform()函数

语法格式：uniform(x,y)

功能：将随机生成一个在[x,y]范围内的实数。

例如：

```
from random import *
uniform(5,6)                     #输出:5.152701482032178
```

解析：本例中在加载了 random 包中所有函数后，可以直接调取 uniform()函数。两个参数分别是 5 和 6，将在 5 和 6 之间(注意：这里包含 5 和 6)输出一个实数。

思考：如果将上述代码写为 uniform(5,5)，输出结果是什么？

random 包中常用函数如表 9.1 所示。

表 9.1　random 包中常用函数

函　数　名	功　　能
random()	生成一个在[0,1)的随机实数
randint(a,b)	生成一个在[a,b]的随机整数
randrange(n)	生成一个在[start,stop)区间的随机整数。注意：start 省略时为 0 值
choice(seq)	随机生成一个序列中的元素
choices(序列,权重,k)	生成序列中权重较大的 k 个元素
sample(序列,k)	从序列中随机抽取 k 个元素，以 list 形式返回
shuffle(列表)	将列表的所有元素随机排序
seed(n)	改变随机数生成器的种子
uniform(x,y)	将随机生成一个实数，它在[x,y]范围内

numpy
.random
模块（上）

9.1.3　numpy.random 模块

导入：random 模块与 numpy.random 模块有什么区别？先来看 numpy.random 模块中的常用函数，如表 9.2 所示。

numpy
.random
模块（下）

表 9.2　numpy.random 中常用函数

numpy.random 模块	功　　能
random(size)	[0.0,1.0)实数
randint(a,b,size)	生成指定 size 的在[a,b)区间的随机整数
rand(d0,d1,…,dn)	多维随机实数
randn(d0,d1,…,dn)	生成多维符合标准正态分布的随机数
choice(a,size,replace)	生成指定 size 的序列中的元素
shuffle(a)	将数组按行乱序
seed(n)	同 random 模块中的 seed()函数
uniform(x,y,size)	生成指定 size 的 0~1 实数

numpy.random 模块中常用函数的函数名和 random 模块的常用函数名完全一致，不同点在于函数同名但参数不同，所带来的功能也会稍有不同。由于 NumPy 模块是针对数组的操作，因此 NumPy 模块中的子模块 random 生成的随机数就都是针对数组来产生的，都带有对维度的设置。具体内容如下。

1. random() 函数

语法格式：random(size=(a,b))

功能：生成 a 行 b 列个在 [0.0,1.0) 区间的随机数。

例如：

```
from numpy.random import *
random(size=(3,4))
```

运行结果如图 9.5 所示。

```
In [1]: from numpy.random import *
   ...: random(size=(3,4))
Out[1]:
array([[0.48347068, 0.0459495 , 0.44040624, 0.71142241],
       [0.47408486, 0.95035039, 0.43085672, 0.94241446],
       [0.27563075, 0.49073287, 0.97873846, 0.0685073 ]])
```

图 9.5　运行结果

解析：本例中 random 的参数 size 设置为一个元组，代表的含义是生成一个 3 行 4 列的随机数构成的数组。需要注意的是，这里的随机数取值范围是 [0.0,1.0)，左闭右开区间，即 1.0 这个值取不到。

2. randint( ) 函数

语法格式：randint(a,b,size)

功能：生成指定 size 的在 [a,b) 区间的随机整数，a 为起始值可以省略，默认值为 0。

例如：

```
randint(10,size=(3,4))
randint(5,10,size=(3,3))
```

运行结果为

```
array([[8, 0, 4, 0],      array([[7, 6, 5],
       [7, 3, 5, 8],             [9, 8, 8],
       [0, 1, 9, 8]])            [5, 8, 7]])
```

本例中，第 1 行代码中 size 值为 (3,4)，将生成一个 3 行 4 列的数组；数组元素由 0~9 中的一个随机数构成。由于函数的参数值中没有起始值，因此系统默认从 0 开始。

第 2 行代码中 size 值为 (3,3)，将生成一个 3 行 3 列的数组；数组元素由 5~9 中的一个随机数构成。

3. rand( ) 函数

语法格式：rand(d_0,d_1,$\cdots$,d_n)

功能：与 random 类似，但可以生成多维的随机数。d_i 代表维度。

例如：rand(3,4)

输出结果为

```
array([[0.27334842, 0.30240316, 0.26438415, 0.52675985],
       [0.19710885, 0.06021773, 0.1452428 , 0.52536357],
       [0.81260024, 0.95687891, 0.70106248, 0.55763025]])
```

本例中的参数为 (3,4)，因此运行本程序代码后，生成了一个 3 行 4 列的数组，其中数组元素为随机实数，取值范围同 random( ) 函数。

注意事项：前面学到的两个函数中都由 size 这个参数来指定数组的维度,是因为在函数的参数中除了 size 还有其他性质的参数,但是本例中的 rand()函数,是一个只有维度作为参数的函数,因此它的维度是直接呈现的,没有用 size 和圆括号来指定,这是初学者容易混淆和不理解的地方。

4. randn()函数

语法格式：randn(d0,d1,…,dn)

功能：生成多维符合标准正态分布的随机数。

例如：randn(2,2)

输出结果为

```
array([[-1.83045978,  0.10628889],
       [ 0.04072298,  1.18324936]])
```

本例中生成的是一个 2 行 2 列的数组,数组元素是由满足标准正态分布的随机数构成。

5. choice()函数

语法格式：choice(a,size,replace=True)

功能：生成指定 size 的序列中的元素。

例如：

```
choice([11,22,33,44,55,66],(2,3))          #输出结果如图 9.6 所示。
choice([11,22,33,44,55,66],(2,3),replace=True)
choice([11,22,33,44,55,66],(2,3),replace=False)
```

```
In [9]: choice([11,22,33,44,55,66],(2,3))
Out[9]:
array([[11, 11, 44],
       [55, 22, 11]])

In [10]: choice([11,22,33,44,55,66],(2,3),replace=True)
Out[10]:
array([[22, 55, 11],
       [66, 55, 44]])

In [11]: choice([11,22,33,44,55,66],(2,3),replace=False)
Out[11]:
array([[22, 44, 66],
       [55, 11, 33]])
```

图 9.6　输出结果

解析：In[9]中,生成 2 行 3 列的数组,其中的元素为指定列表[11,22,33,44,55,66]中的随机元素,由于 replace 参数未指定,则默认允许出现重复数据,因此生成的数组中出现了 3 次 11 这个元素。

In[10]中,指定参数 replace 为 True,因此 55 这个元素出现了两次。由此,可以知道,replace 这个参数默认值为 True,即允许出现重复元素。

In[11]这一行中,replace 参数为 False,则要求生成的元素中不允许出现重复。因此看到 Out[11]中出现的 2 行 3 列 6 个元素中没有重复数据。

例如：

```
choice(['中国银行','工商银行','农业银行','建设银行'],(2,3))
In [13]: choice(['中国银行','工商银行','农业银行','建设银行'],(2,3))
Out[13]:
array([['农业银行', '中国银行', '中国银行'],
       ['工商银行', '中国银行', '工商银行']], dtype='<U4')
```

解析：同样可以在列表中出现中文元素，在本例中要生成的是一个 2 行 3 列的数组，其中的元素是在"中国银行""工商银行""农业银行""建设银行"中随机产生，没有 replace 参数，因此可以重复。

思考：可以思考这样一个问题，如果在本例中设置 replace 为 False，结果会怎样？进一步该如何修改呢？

例如：

```
choice(10,(2,3),replace=False)
In [16]: choice(10,(2,3),replace=False)
Out[16]:
array([[1, 0, 2],
       [4, 6, 9]])
```

解析：在本例中首先发现 size 可以省略，但是圆括号不可以省略；第二，choice() 函数中的第一个参数是一个数字 10，这个位置默认认为是将从 0～9 中生成一个随机数，也就是等同于 range(10)，读者可以试一下，10 的位置换为 range(10)，是不是会得到相同的答案；第三，replace 参数为 False，因此，在生成的数组中没有重复数字。

6. shuffle( )函数

语法格式：shuffle(数组)

功能：将数组按行随机排序。

例如：

```
a=randint(0,10,(3,3))
shuffle(a)
```

数据前后变化如图 9.7 所示。

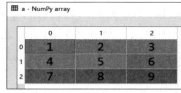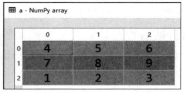

图 9.7　数据变化

解析：图 9.7 中左侧为原始的 a 数组，当执行了 shuffle() 后，变为右侧结果。仔细观察可以发现，shuffle() 仅是对纵向进行了乱序，每一行中的元素保持了原有的位置。

7. seed( )函数

语法格式：seed(n)

功能：改变随机数生成器的种子，可以在调用随机函数之前调用此函数。

例如：seed(123)

解析：图 9.8 中左侧代码，如果调用 random((3,3)) 函数，每次执行都会获得不同的 3 行 3 列数组，但设置了种子 seed(123) 后，则再执行 random((3,3)) 时将获得相同的随机数数组。

```
In [2]: random((3,3))
Out[2]:
array([[0.87487952, 0.02751187, 0.5875156 ],
       [0.92594727, 0.68191446, 0.69595928],
       [0.40866241, 0.17087063, 0.82620399]])

In [3]: random((3,3))
Out[3]:
array([[0.90473156, 0.30198618, 0.79955336],
       [0.48242686, 0.29485401, 0.29611188],
       [0.37639615, 0.63279837, 0.51573877]])
```

```
In [4]: seed(123)

In [5]: random((3,3))
Out[5]:
array([[0.69646919, 0.28613933, 0.22685145],
       [0.55131477, 0.71946897, 0.42310646],
       [0.9807642 , 0.68482974, 0.4809319 ]])

In [6]: seed(123)

In [7]: random((3,3))
Out[7]:
array([[0.69646919, 0.28613933, 0.22685145],
       [0.55131477, 0.71946897, 0.42310646],
       [0.9807642 , 0.68482974, 0.4809319 ]])
```

图 9.8　seed() 函数示例

8. uniform( ) 函数

语法格式：uniform(x,y,size)

功能：将随机指定 size 的实数，它在 [x,y) 范围内，x=0.0，y=1.0。

例如：uniform(0.1,0.9,(2,3))

输出为

```
In [8]: uniform(0.1,0.9,(2,3))
Out[8]:
array([[0.41369401, 0.37454241, 0.68323977],
       [0.4508578 , 0.14774232, 0.4184354 ]])
```

解析：本例中 x 为 0.1，y 为 0.9，size 为 (2,3)，则输出为由 [0.1,0.9) 之间的随机实数构成的 2 行 3 列数组。

enumerate()
函数

9.2　enumerate() 函数

Python 语言中有一种数据类型叫作序列数据，如常见的列表、元组、字符串都属于序列数据。序列数据的特点是数据是按照某种顺序依次存放在序列的结构之中，每个数据都对应着一个数值位置，叫作下标。在 Python 语言中，序列下标的位置通常都从 0 开始，依次加 1。

序列数据在金融数据分析的场景中很常见，常常需要遍历序列数据中的每一个元素。在遍历序列数据时，可以直接使用 for 循环控制结构来完成。但在某些特定的场景中，在遍历序列的每个数据时，也需要同时知道每个数据在序列中的位置，也就是下标的具体值。一种可能的解决方式是使用 range() 函数配合 len() 函数来解决。此外，也可以使用枚举函数来更加优雅地解决这个问题。

枚举函数的函数名为 enumerate。枚举函数是 Python 的内置函数，使用时不需要引入额外的包。注意与 C 语言中的枚举类型 enum 区分开。enumerate() 函数用于将一个可遍历的数据类型对象（如列表、元组或字符串）的每个元素和对应的下标组合成一个新的可迭代的枚举对象。

枚举函数的用法如下。

```
enumerate(sequence, [start=0])
```

- sequence：一个序列、迭代器或其他支持迭代的对象。
- start：下标起始位置。

枚举函数的第一个参数 sequence 为要组合下标和数据的序列，可以为元组、字符串、列表；第二个参数 start 是一个带有默认值的参数，如果不提供这个参数，则使用默认值 0，表示下标从 0 开始。如果是 1，则表示下标从 1 开始。枚举函数的返回值为一个 enumerate（枚举）对象，这个对象是一个可以迭代的对象，每次迭代，会产生一个二元组，该二元组的两个成员为序列的数据下标和数据本身。下面的代码演示了 enumerate() 的具体用法。

```
seasons = ['Spring', 'Summer', 'Fall', 'Winter']
list(enumerate(seasons))
```

```
[(0, 'Spring'), (1, 'Summer'), (2, 'Fall'), (3, 'Winter')]
```

上述代码中，首先定义了一个列表对象 seasons，有春夏秋冬四个字符串元素。将 seasons 对象传递给枚举函数，由于返回值是一个 enumerate 对象，并不能直接看到其内容。但由于它是一个可迭代对象，可以使用 list() 函数将其转换为列表类型，从而可以看到枚举函数返回的二元组的具体内容。可以看出，每个二元组都为下标和数据的组合。

接下来，设置枚举函数的参数 start 为 1，而不使用默认值 0，如下面的代码所示。

```
list(enumerate(seasons, start=1))
```

运行结果如下。

```
[(1, 'Spring'), (2, 'Summer'), (3, 'Fall'), (4, 'Winter')]
```

从上述代码得到的结果可以看出，下标的起始值由 0 变为 1。

接下来演示使用枚举函数配合 for 循环来对一个序列进行遍历的操作。具体的代码和运行结果如下。

```
seq = ['one', 'two', 'three']
for i, element in enumerate(seq):
    print(i, seq[i])
```

运行结果如下。

```
0 one
1 two
2 these
```

上述代码定义了一个序列 seq，这是一个列表，有三个元素，分别为字符串 one，two，three。然后将 seq 序列传递给枚举函数，并使用 for 循环遍历枚举函数的返回值；由于该返回值的每一次迭代会同时产生下标和数据，因此需要在 for 循环中使用 i 和 element 两个变量进行解包。每遍历一次，同时输出下标和数据。

【例 9-1】 枚举函数金融实例。

假设现在有 5 支股票和对应的价格，分别存储在 name 和 price 列表中，如下面的代码所示。如何求出哪只股票的价格最高？

```
name = ["股票 1", "股票 2", "股票 3", "股票 4", "股票 5"]
price = [3,5,7,3,7]
t = [name[index] for index,value in enumerate(price) if value==max(price)]
print(t)
```

运行结果如下。

["股票 3","股票 5"]

上述代码使用枚举函数和列表推导来解决这个问题。首先通过将 price 变量传递给枚举函数，结合 if 条件，就可以获得价格最大元素的下标。由于 price 和 name 两个序列的元素位置是一一对应的，因此可以进一步地用 price 最大值的下标来访问 name 列表中对应的股票名字。

lambda
函数（上）

lambda
函数（下）

9.3　lambda 函数

在 Python 语言中，函数是组织好的、可重复使用的，用来实现单一或相关联功能的代码段。Python 中有很多的内置函数，如 print（）函数、range（）函数、zip（）函数、enumerate（）函数等。可以使用 def 语句来自己创建一个函数，这样的函数叫作用户自定义函数。在自定义函数时，需要为函数指定一个名字。

自定义函数可以实现需要函数的所有场景需求，但是在某些特定场合中，常常可能只需要一个一次性的函数功能，因此不需要特意在定义一个函数的时候，为它绞尽脑汁想一个合适的名字，这个时候只需要一个能满足功能的函数对象就可以使用 Python 的匿名函数。此外，Python 语言在一定程度上支持函数化编程，可以把一个函数对象作为参数传递给另外一个函数，这个时候用匿名函数往往会比较方便。

匿名函数，顾名思义，就是无须使用 def 这样的语句来定义标识符（函数名）的函数。

匿名函数的语法格式如下：

lambda 形参列表 : 表达式语句

从上面的语法格式可以看出，匿名函数由关键字 lambda 发起，后面接上匿名函数的参数列表，加上一个冒号，冒号的后面写上一个表达式语句，这个表达式的值将作为返回值返回。当匿名函数不需要参数的时候，lambda 后面则什么都不需要写，直接接冒号即可。对于表达式部分，要注意不需要使用 return 语句来获取返回值。

匿名函数的具体用法如下面的示例代码所示。

```
def addMe2Me(x):
    return x + x
addMe2Me(5)
运行结果如下。
10
```

```
r = lambda x : x + x
r(5)
运行结果如下。
10
```

在左面的代码中,使用自定义函数的方式定义了一个名为 addMe2Me 的函数,参数为 x,函数体中将 x 和 x 进行求和,然后作为返回值返回。右面的代码则是等价地用匿名函数的方式定义了一个函数对象,注意函数体内直接使用 x + x 这样的表达式,不需要使用 return 语句。因为匿名函数本身是一个函数类型的对象,因此可以把这个对象赋值给一个变量 r。变量 r 可以进行函数调用,就像定义了一个名为 r 的函数一样。不过这里要严格说明一下,左边代码中的 addMe2Me 是函数名字,右边的 r 则只是一个变量名字,只不过这个变量此刻引用一个由匿名函数创建的函数对象。

匿名函数最常见的一个应用场景,即作为参数传递给另外一个函数。例如:

```
li=[{"age":20,"name":"Tom"},{"age":25,"name":"Any"},{"age":10,"name":
"Lucy"}]
li=sorted(li, key=lambda x:x["age"])
print(li)
```

运行结果如下。

```
[{'age': 10, 'name': 'lucy'}, {'age': 20, 'name': 'tom'}, {'age': 25, 'name':
'emily'}]
```

上述代码首先定义了一个列表 li,列表有 3 个元素,每个元素是一个字典,每个字典存储了某个人的名字和年龄。现在想根据每个人的年龄对列表 li 进行排序。排序可以使用内置函数 sorted()。sorted()有一个参数 key,可以接收一个函数,sorted()函数会把这个函数作用在每个元素上的返回值作为指定排序的依据。从最终的输出结果中可以看到,使用匿名函数实现了按照年龄来进行排序的目的。

作为对比,如果不使用匿名函数,也可以等价定义一个自定义函数 comp(),同样返回表达式 x["age"],也能起到同样的效果。相比自定义函数,匿名函数更加简便,代码如下。

```
def comp(x):
    return x["age"]
li=[{"age":20,"name":"Tom"},{"age":25,"name":"Any"},{"age":10,"name":
"Lucy"}]
li=sorted(li, key=comp)
print(li)
```

运行结果如下。

```
[{'age': 10, 'name': 'lucy'}, {'age': 20, 'name': 'tom'}, {'age': 25, 'name':
'emily'}]
```

下面结合具体金融数据背景，介绍 lambda 函数和 max()、min()、filter()、reduce()
函数结合使用的例子。

lambda 函数与 max()、min() 函数配合使用示例。

```
#假设 info 中存放股票代码和股票价格的二元组
info = [("1002006",1.7),("1600265",3.2),("1601558",5.1),
        ("1002234",2.6),("1600301",2.9)]
#找到哪只股票的价格最高
t = max(info, key=lambda x:x[1])
print(t[0])
```

运行结果如下。

```
1601558
```

在上述代码中，假设 info 中存放股票代码和股票价格的二元组，想找到哪只股票的
价格最高。通常，可以使用 max() 函数来找到某个序列数据的最大值，由于要比较的是
股票价格，所以可以定义一个 lambda 函数，输入为 x，由于 x 将会被传递进来一个二元
组，因此直接返回 x[1] 即可表达股票的价格。但不要忘记，max() 返回的是 info 的一个
二元组元素，所以获取最终价格最高的股票代码则需要打印输出 t[0]。

lambda 函数与 filter() 函数配合使用示例。

```
#假设 name 中存放以下几只股票名称，
name = ["ST 精功", "ST 景谷","ST＊锐电", "ST 民和", "ST 南化"]
#找哪只股票的状态是 ST＊
t = filter(lambda x:x[:3]=="ST＊", name)
print(list(t))
```

运行结果如下。

```
['ST＊锐电']
```

上述示例代码中，假设 name 中存放了几只股票名称，目的是想找到哪只股票的状态
是 ST＊。可以使用 filter() 函数进行筛选，由于要筛选的股票名称的前缀需要是 ST＊，
所以，可以为 filter() 函数的第一个参数提供一个 lambda 函数，函数的参数 x 将来会是每
一个股票名称字符串，函数表达式则是判断 x 的前三个字符组成的子串是否和字符串 ST
＊相等。如果相等返回 True，不相等返回 False，这样就完成了筛选。

lambda 函数与 reduce() 函数配合使用示例。

```
#计算股票价格的几何平均值
#几何平均数是对各变量值的连乘积开项数次方根
from functools import reduce
price = [12.43, 12.40, 12.18, 13.10,12.75]
t = reduce(lambda x,y:x * y,price)
geo = pow(t, 1/len(price))
print("%.2f" % (geo))
```

运行结果如下。

12.57

上述示例代码中,假设 price 中存放某只股票最近几日的价格,现在想求出这几日股票价格的几何平均数。为了得到几何平均数,先想办法求出近几日价格的乘积。这时可以使用 reduce() 函数进行计算。定义一个二元乘法的 lambda 函数作为参数传给 reduce,让 reduce() 对 price 进行归约计算,最终得到几日价格的乘积 t。为了得到几何平均数,再使用 pow() 函数对 t 进行开方运算,最后输出几何平均数。

9.4 map() 和 apply() 函数

map() 和 apply() 函数

9.4.1 map() 函数

1. 语法结构

map(功能函数, 序列, …)

其中,序列可以是一个或多个序列。
该函数返回一个迭代器。

2. 功能

根据提供的功能函数对指定序列做映射。即对序列中的每一个元素调用功能函数,返回包含每次功能函数返回值的新列表。

3. 例题

例如:

```
8    def square(x) :           #计算平方数
9        return x ** 2
10   print(map(square, [1,2,3,4,5]))  #返回迭代器
11   #计算列表各个元素的平方
12   print(list(map(square, [1,2,3,4,5])))
13   #使用list()转换为列表        [1, 4, 9, 16, 25]
14   print(list(map(lambda x: x ** 2, [1, 2, 3, 4, 5])))
15   #使用lambda匿名函数        [1, 4, 9, 16, 25]
```

运行结果如下。

```
<map object at 0x000001990506F5B0>
[1, 4, 9, 16, 25]
[1, 4, 9, 16, 25]
```

解析：

本例中首先自定义了一个函数 square(x)，该函数功能是实现对 x 求平方并返回。在第 10 行代码中，通过 map() 函数，对序列 [1,2,3,4,5] 中的每个元素应用了 square() 函数，即对 [1,2,3,4,5] 分别求其平方。但因 map() 函数仅返回一个 map 对象，因此在输出值位置没有看到对应元素的平方。在第 12 行代码中，使用 list() 函数将上述对象转换为列表，就可以显示出 [1,4,9,16,25] 这个结果了。

这个例题还可以利用 lamdab 函数来解决上述问题，如第 14 行代码所示。

例如：

```
import numpy as np
import pandas as pd
a=np.random.rand(10)
s=pd.Series(map(lambda x:x * 0.1+x,a),index=range(101,111),name='price')
```

运行结果如图 9.9 所示。

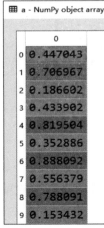

图 9.9　运行结果

这个例子中 a 变量是一个由 10 个 0～1 的随机数构成的数组，s 变量的 value 值是将 a 中的每个元素乘以 0.1 再和原始值相加构成，s 的索引值是由从 101 开始至 110 结束的整数构成，且列标签名为 price。

例如：

```
import numpy as np
import pandas as pd
df=pd.DataFrame(np.random.rand(6,4),index=range(101,107),columns=list('ABCD'))
dff=pd.DataFrame(map(lambda x:x * 100,df.values),df.index,df.columns)
```

运行结果如图 9.10 所示。

df - DataFrame

Index	A	B	C	D
101	0.986116	0.13515	0.656967	0.524544
102	0.613068	0.951696	0.994298	0.655795
103	0.357491	0.208877	0.668946	0.470868
104	0.255257	0.516617	0.901765	0.831934
105	0.293839	0.743878	0.713252	0.808106
106	0.502775	0.00179885	0.444337	0.435925

dff - DataFrame

Index	A	B	C	D
101	98.6116	13.515	65.6967	52.4544
102	61.3068	95.1696	99.4298	65.5795
103	35.7491	20.8877	66.8946	47.0868
104	25.5257	51.6617	90.1765	83.1934
105	29.3839	74.3878	71.3252	80.8106
106	50.2775	0.179885	44.4337	43.5925

图 9.10　运行结果

本例题中，首先 df 变量是一个 6 行 4 列的由 0～1 随机数构成的 DataFrame 数据，其行标签是 101～106，列标签是字母 A、B、C、D。其次，dff 变量的行标签和列标签都来自于 df 变量。最后，dff 变量的 value 值是在 df 值的基础上乘以 100。

注意：map 是 Python 自带函数，用于元素级别的操作。而接下来要介绍的 apply()函数，是 DataFrame 数据类型的方法，用于对 row 或者 column 进行计算。

9.4.2　apply()函数

1. 语法结构

```
DataFrame.apply(func,axis=0)
```

其中，func 是要作用到各列的函数。

2. 功能

DataFrame 的 apply( )方法是将 func 函数默认作用于 DataFrame 的各列。如果想作用于行，可以设置参数 axis=1。

3. 例题

```
df=pd.DataFrame(np.random.randint(0,10,(4,3)),columns=list('bde'), index
=range(4))
f = lambda x: x.max() - x.min()
print(df.apply(f,axis=1)) #作用在一行上
print(df.apply(f,axis=0)) #作用在一列上,axis=0 可省略
```

运行上述代码后，df 原始值为

```
   b  d  e
0  4  1  6
1  0  3  8
2  4  9  1
3  8  3  1
```

执行第一次 df.apply(f,axis=1)后，df 值为

```
0    5
1    8
2    8
3    7
dtype: int64
```

执行第二次 df.apply(f,axis＝0)后,df 值为

```
b          8
d          8
e          7
dtype: int64
```

思考：读者运行的结果大概率与上述结果不同,原因是什么?

参 考 文 献

［1］ 黄恒秋，张良均，谭立云，等. Python 金融数据分析与挖掘实战［M］. 北京：人民邮电出版社，2020.

［2］ 王浩，袁琴，张明慧，等. Python 数据分析案例实战［M］. 北京：人民邮电出版社，2020.

［3］ 朱顺泉. Python 商业数据分析［M］. 北京：人民邮电出版社，2020.

［4］ 邓立文，俞心宇，牛瑶. 数据分析从 0 到 1［M］. 北京：清华大学出版社，2021.

［5］ 法比奥·内利(意). Python 数据分析实战［M］. 2 版. 杜春晓，译. 北京：人民邮电出版社，2021.

［6］ 丹尼尔·陈［美］. Python 数据分析：活用 Pandas 库［M］. 武传海，译. 北京：人民邮电出版社，2020.

［7］ 李庆辉. 深入浅出 Pandas［M］. 北京：机械工业出版社，2021.

［8］ 王国平. Python 数据可视化：微课版［M］. 北京：人民邮电出版社，2022.

［9］ 陈为. 数据可视化［M］. 2 版. 北京：电子工业出版社，2019.

［10］ 黑马程序员. Python 数据分析与应用：从数据获取到可视化［M］. 北京：中国铁道出版社，2019.

［11］ 蔡立尚. 量化投资以 Python 为工具［M］. 北京：电子工业出版社，2017.

图书资源支持

感谢您一直以来对清华版图书的支持和爱护。为了配合本书的使用，本书提供配套的资源，有需求的读者请扫描下方的"书圈"微信公众号二维码，在图书专区下载，也可以拨打电话或发送电子邮件咨询。

如果您在使用本书的过程中遇到了什么问题，或者有相关图书出版计划，也请您发邮件告诉我们，以便我们更好地为您服务。

我们的联系方式：

清华大学出版社计算机与信息分社网站：https://www.shuimushuhui.com/

地　　　址：北京市海淀区双清路学研大厦 A 座 714

邮　　　编：100084

电　　　话：010-83470236　010-83470237

客服邮箱：2301891038@qq.com

QQ：2301891038（请写明您的单位和姓名）

资源下载：关注公众号"书圈"下载配套资源。

资源下载、样书申请

书圈

图书案例

清华计算机学堂

观看课程直播